侠气仁心

重庆中软律师事务所成立十周年谨庆

靳村 丁酉秋

# 法律实践的维度

FALV SHIJIAN DE WEIDU

主编／梅传强
副主编／蒋　夏

中国检察出版社

图书在版编目（CIP）数据

法律实践的维度/梅传强主编. —北京：中国检察出版社，2017.11

ISBN 978-7-5102-2023-4

Ⅰ.①法… Ⅱ.①梅… Ⅲ.①法律－中国－文集 Ⅳ.①D920.4-53

中国版本图书馆 CIP 数据核字（2017）第 279078 号

## 法律实践的维度

梅传强　主编　　蒋　夏　副主编

| | |
|---|---|
| 出版发行： | 中国检察出版社 |
| 社　　址： | 北京市石景山区香山南路 109 号（100144） |
| 网　　址： | 中国检察出版社（www.zgjccbs.com） |
| 编辑电话： | （010）86423751 |
| 发行电话： | （010）86423726　86423727　86423728 |
| | （010）86423730　68650016 |
| 经　　销： | 新华书店 |
| 印　　刷： | 北京朝阳印刷厂有限责任公司 |
| 开　　本： | 710 mm×960 mm　16 开 |
| 印　　张： | 12.5　插页 4 |
| 字　　数： | 203 千字 |
| 版　　次： | 2017 年 11 月第一版　2017 年 11 月第一次印刷 |
| 书　　号： | ISBN 978-7-5102-2023-4 |
| 定　　价： | 39.00 元 |

检察版图书，版权所有，侵权必究
如遇图书印装质量问题本社负责调换

# 序

  法学学科是一门实践性极强的学科。强调理论教学与实践教学相结合，拓展实践教学渠道、丰富实践教学形式，进而增强学生从事法律实践的能力已成为我国法学教育的共识。西南政法大学是新中国最早建立的高等政法学府之一。建校60余年来，学校共为国家培养了各级各类高级专门人才20多万人，是全国培养法学专门人才最多的学校。在长期的办学过程中，学校逐渐形成了"务实教育"和"论辩文化"两大办学特色。

  西南政法大学法学院，是西南政法大学师资力量最雄厚、科研教学成果最丰硕、学生层次最为完备的二级学院之一。2002年，经学校院系调整成立法学院以来，学院高度重视实践教学。通过多年努力，已建立起"校内""校外"两个平台、多层次、多形式的实践教学体系。其中，学院邀请公检法司及律师事务所的各类型法律实务专家定期和不定期的来校为本科生、研究生举办形式多样、内容丰富的法律实务讲座、论坛已成为实践教学体系的重要组成部分，成为学生了解司法实践、提升法律实践能力的重要平台。

  2014年5月，西南政法大学法学院与重庆中钦律师事务所协商一致，由重庆中钦律师事务所出资与法学院共同设立"中钦法律实务大讲堂"，专门邀请法学教授、法律实务部门的专家来我校举行法律实务讲座。"中钦法律实务大讲堂"从设立至今，已举办近20场，内容涉及司法改革、审判实务、检察业务等方方面面，已成为我院法学实践教学的重要品牌。2017年5月，重庆中钦律师事务所又再度出资，为我院从近3年来举办的数十场实务讲座中遴选出的10场讲座结集汇编提供经费支持，本书得以出版面世。

本书遴选的 10 场讲座主题均与我国司法实践有着极为紧密的关联，10 场讲座的主讲人既有学界知名教授，也有来自重庆、广东等地的法官、检察官；内容涵盖了刑事司法、民事司法以及证据法。特别值得说明的是，在过去的 3 年间，正值党的十八届四中全会作出"全面推进依法治国"的重要决定，启动新一轮司法改革之际。司法改革不仅是法学学术研究，也是法学教育中的热点问题。所以，在此书的编撰过程中，将 3 场关于司法改革的讲座专门收入其中。最后还需要说明的是，为尽量还原讲座时的原貌，主讲人、主持人以及嘉宾的职称、职务等均以讲座时为准，未作调整。

本书的出版，可视为我院对法学实践教学内容和形式的一种新探索，希望对学生法律实践能力的提升有所裨益；同时，这也是法学院系与律师事务所协同创新的一种新形式，衷心希望我院与重庆中钦律师事务所的合作能结出更为丰硕的成果！本书最终得以出版，还要特别感谢法学院副院长颜飞副教授、法学院刑法教研室副主任胡江副教授、司法文书教研室副主任毋爱斌副教授以及乔宇飞、田昆等同学在编辑选稿、文字校对等工作上所付出的辛勤劳动，在此一并致谢！

梅传强

2017 年 10 月

# 目 录

**01** 司法公开的本质和体系建构

主讲人：**王小林**（重庆市涪陵区人民法院院长、全国审判业务专家、法学博士）

时　间：2014 年 4 月 24 日　　　　　　　　　　　　　　　　001

**02** 贪污贿赂疑难案件透视

主讲人：**刘　晴**（重庆市人民检察院第一分院副检察长）

时　间：2014 年 5 月 14 日　　　　　　　　　　　　　　　　015

**03** 司法改革三人谈

主讲人：**王小林**（重庆市涪陵区人民法院院长、全国审判业务专家、法学博士）
　　　　**陈　斯**（广东省东莞市第一人民法院院长、教授、法学博士）
　　　　**高一飞**（西南政法大学法学院教授、博士生导师）

时　间：2014 年 9 月 16 日　　　　　　　　　　　　　　　　041

## 04 死刑改革下一步

主讲人：**刘仁文**（中国社会科学院法学研究所刑法室主任、教授、博士生导师）

时　　间：2014年9月21日　　　　　　　　　　　　　　　　　　063

## 05 深化司法改革　推进法官职业化

主讲人：**孙海龙**（重庆市第四中级人民法院院长、法学博士）

时　　间：2014年11月6日　　　　　　　　　　　　　　　　　　086

## 06 如何做实务调研
——以检察实务调研为例

主讲人：**黄常明**（重庆市人民检察院第三分院副检察长）

时　　间：2015年4月17日　　　　　　　　　　　　　　　　　　109

## 07 客观主义与客观义务的融合
——案件审查的检察官视角

主讲人：**陈荣鹏**（重庆市江北区人民检察院副检察长、第五届全国十佳公诉人、西南政法大学2014级刑法学专业博士研究生）

时　　间：2016年4月27日　　　　　　　　　　　　　　　　　　125

## 08 法人环境犯罪刑事责任问题

主讲人：**曾粤兴**（昆明理工大学教授、博士生导师、法学院院长、中国刑事诉讼法学研究会理事、中国刑法学研究会理事）

时　间：2016 年 5 月 28 日　　　　　　　　　　　　　　　　146

## 09 虚假诉讼司法应对机制的构建与完善

主讲人：**陈　斯**（东莞市第一人民法院院长、教授、法学博士）

时　间：2016 年 12 月 24 日　　　　　　　　　　　　　　　164

## 10 商业秘密案件审判的实践理性

主讲人：**陈　斯**（东莞市第一人民法院院长、教授、法学博士）

时　间：2017 年 5 月 24 日　　　　　　　　　　　　　　　180

# 01

# 司法公开的本质和体系建构

主讲人：**王小林**（重庆市涪陵区人民法院院长、全国审判业务专家、法学博士）
主持人：**唐　力**（西南政法大学法学院院长、教授、博士生导师）
嘉　宾：**高一飞**（西南政法大学法学院教授、博士生导师）
　　　　**高维俭**（西南政法大学法学院教授、博士生导师）
　　　　**马登科**（西南政法大学法学院教授、博士生导师）
时　间：2014年4月24日
地　点：西南政法大学毓才楼三楼学术报告厅

**唐力**：中钦法律实务大讲堂第一讲今晚正式开讲。

首先我简单介绍一下讲堂的成立以及中钦律所的基本情况。今年4月，法学院与重庆中钦律师事务所签订了合作的协议，共同设立中钦法律实务大讲堂。讲堂以法律实务教育为主题，每年拟邀请司法实务部门的专家到我院举办10场左右的实务讲座，并将讲座的内容结集出版。通过这种形式拓展同学们了解实务的渠道，加深对于司法实践的理解和把握，进而提高人才培养的质量。在此，我特别提议，感谢重庆中钦律师事务所对我院工作的大力支持。重庆中钦律师事务所成立于2007年，现有专兼职执业律师100多人。中钦所有来自全国各个著名学府的毕业生，很多都取得了硕士学位，同时也有来自西南政法大学和重庆大学做兼职律师的教师，他们当中有硕导、有博导，在相关领域拥有深厚理论水平和丰富办案经验。这些已经成就了一支能够满足多层次专业化法律服务需求的律师精英队伍。中钦律师事务所长期以来支持我院本科生的专业实习，我们在中钦所建立了本科学生的实践基地。我院在中钦所实习学生反映非常好，我们也非常满意。今年我们想在中钦所做一个试点，就本科生实习做一些规范化的探讨：一是指导队伍的遴选；二是指导过程的规范化。在这个方面还是非常感谢中钦所所做的努力。此次中钦所专门出资设立大讲堂，更彰显了法律人热心公益、回馈社会的责任意识。在此，让我们再次以热烈的掌声向中钦所表示衷心的感谢。

今天，我们非常有幸邀请到了重庆市涪陵区人民法院院长王小林博士莅临本场讲座。下面我简单介绍一下王院长的基本情况：王小林，男，汉族，重庆人，伦敦大学比较法学硕士、西南政法大学诉讼法硕士、法学博士、兼职教授、硕士研究生导师，三级高级法官，现任重庆市涪陵区人民法院院长。最为关键的是，王小林院长是全国审判业务专家。全重庆只有两位，非常不简单。他的主要学术观点是主张用辩论主义的对话式诉讼模式替代职权主义的纠问制诉讼模式和当事人主义的对抗式诉讼模式。他先后在《现代法学》《人民司法》等中外法学核心期刊用中英文发表了高水平的论文。在法律出版社、中国检察出版社、中国法制出版社、北京大学出版社、人民大学出版社、人民法院出版社等著名出版社出版参编的教材和专著达七部，有三篇论文获得重庆市高级人民法院和全国法院系统学术论文一、二、三等奖。下面我们以热烈的掌声欢迎小林院长为我们做讲座。

**王小林：** 今天回母校和老师们同学们交流，是非常愉快的事。虽然还没有吃晚餐，但似乎已经饱了，这来自你们的热情。今天我主讲的题目也是我们部分老师的研究方向，高一飞教授就此类问题写过专著《司法公开基本原理》。我所讲的观点和高教授以及其他教授部分相似，但又有所差异，希望同学们在听到异同点时自己也有所思考。本次讲座题目我今年已讲过多次，在广泛性和多样性上不同于教授们的学术论文、专著，本人主要对部分问题进行深入探究，涉猎不及教授广博。

今天对此题目的选择源自于我对司法公开这一问题的长期关注。在此之前，我想先请问大家一个问题："司法公开是不是公开程度越高越好？"请大家举手表达。持反对意见的同学稍占多数。那么先请持赞成意见的同学阐述一下你的观点。

**同学：** 原因有两点：第一，司法运行需要对权力进行监督，而权力的监督能让权力在阳光下运行，司法公开是达到这一效果的必要手段。第二，司法公开是国际惯例，符合司法客观规律，大部分司法制度健全的国家都以公开为原则、不公开为例外。

**王小林：** 该同学的观点既有实践通说，也有理论支持，是目前对于司法公开的通行观点。是否还有同学对其观点进行补充？

**同学：** 我认为司法是需要公信力的，司法公开有利于重塑司法的公信力。另外，为杜绝司法暗箱操作需要进行公开。但是司法公开并非简单的媒体、律师等对司法的随意评价，以香港为例，虽然具有健全的司法公开制度，但仍然限制媒体、律师对司法的随意评价。

**王小林：** 谢谢你的意见。现在请持反对意见的同学表达你们的观点。

**同学：** 我认为老师提的问题是司法公开是否越公开越好，我对该问题持反对态度。公开要有一个度，在司法实践当中，掌握好这个度，法官才能够更好地保障司法裁量权，更好地实现司法正义。

**王小林：** 你对题意的理解十分准确，请下一位同学。

**同学：** 我的观点与这位同学相似，公开是原则，不公开是例外，但是公开要有一个度。这涉及人权和国家利益、私人利益、国家安全，并非越公开越好。

**王小林：** 希望大家不要混淆公开的范围与公开的程度，本次问题的重点是公开的程度，而非范围。有同学说公开是原则、不公开是例外，请赞成这一观点的同学举手。下面请大家思考一下公开的含义。

本次选题为"司法公开的本质与体系建构"。司法公开在官方和民间的关注度正不断上升，在理论界也逐渐成为研究热点问题。截至目前，我在三个场合讲过这一题目。第一次在重庆市高级法院培训课上，重庆法官学院邀请了一些全国法律人士前来交流指导，我讲解的题目即为司法公开。第二次在厦门大学，我在学习的同时也将这一题目提出来交流。第三次是在最高人民法院所举办的当代司法公开的体系论证论坛上，本人作了司法公开的主题发言。由以上事实可看出该题目在司法界的热度。

本次我主讲有三个观点：第一个观点为司法公开的感性热闹；第二个观点是司法公开的知性茫然；第三个观点是司法公开的理性归位。司法公开的本质为何，鲜有学者作出界定，大多倾向于将其作为公理，而不具备界定的必要性。

第一，司法公开的感性热闹。

所谓司法公开的感性热闹，是指实践中的需求，最关键的是老百姓对司法公开的期望值不断升高。在互联网上，以司法公开、诉讼公开、审判公开作为检索关键词能检索到大量相关文章，在《人民法院报》等平台上有关报道与文章则更为丰富。最具影响力的文件为《中共中央关于全面深化改革若干重大问题的决定》，该文件强调推进审判公开，保留全庭审资料，增强法律文书说理性，推动公开法院审判文书。涉及全面规定法院改革的文件，在本人记忆中最早的为2006年底最高人民法院出台的第11号文件。其强调要加强中国的审判公开，这也从侧面对我国审判公开所存在的问题作出了官方定位。2013年11月27日在深圳召开了全国首次推进审判公开的会议，强调当前中国法院推进审判公开需做的三项工作，分别是庭审过程公开、裁判文书上网与执行基本信息公开。这三项工作的开展在法院内部与理论界均出现了不同程度的问题。最高人民法院出台了《切实践行司法为民，大力加强公正司法，不断提高司法公信力的若干意见》，这是官方对于百姓对司法公开的期望的回应。老百姓需要司法公开，我们就应该将司法向其公开。这些措施都基于一种假设，该假设是媒体一直炒作的对象，即司法暗箱操作，但是否有相关单位得出了司法暗箱操作的真实数据？这值得我们深思。

　　就具体个案而言，从立案、审判到执行阶段，在哪一个阶段存在司法暗箱操作，并无人知晓。因此，我认为司法暗箱操作是一个假设的命题，其在一定程度上不是基于理性提出的，而是媒体对个别案件的无限放大。我国各级法院每年的结案量十分庞大，但对判决不服的案件不超过万分之二，这足以证明司法公信力并非媒体所说的缺乏。对于司法公开的感性热闹这一观点，可能部分同学不能赞同，是否照此逻辑最高人民法院的决定就是错误的？事实并不是这样，我的认为产生此观点，是因为老百姓有一种担忧，担心案件进入法院、检察院后，有相关具体程序就进入了暗箱而不可见。虽然事实并非如此，但百姓的这种担心也不无道理，其希望司法公开是没有错的。比如，去医院治疗需要一个明确的诊断，去菜场买菜需要一个具体的价格，百姓希望能有明白清楚的交易，在其眼中，到法院诉讼也是一种交易。百姓预交诉讼费到人民法院解决纠纷，希望得到明明白白的审判，即使是国家承担诉讼费的诉讼，其交易过程也需要清楚明白，这是老百姓固有的心理需求。官方的行为是对百姓需求的回应，也是法院的一种自我表白，对当事人来说是一种自我需求。依我分析，诉讼当事人期望诉讼从过程到结果都明明白白，这种热是真热，是发自内心的希望，叫"热切"。这个热对当事人来说，是整体热，是其对司法过程清楚明晰的期望。而司法界对此期望的回应，通过发布文件、召开会议、网络推助等方式，这叫"热烈"，系形势所迫下的一种被动回应。

当事人需要公开的内容具体所指为何？比如，离婚案件的当事人，虽未涉及个人隐私，也未申请不公开审理。裁判文书上网后其到法院上访，理由是裁判文书上网后，身边人都知道其打了离婚官司，这与其低调离婚的想法相违背。从此案例中可以看出，当事人并非一定需要裁判文书上网。此外，两个商人之间产生交易上纠纷，其至法院诉讼的目的是让法院为其公正解决此纠纷，但双方并不希望他们以外的人知道。虽然不涉及商业秘密，但当事人不希望裁判文书上网，不希望更多人知道他们在诉讼当中。两个商人在法院进行诉讼，这会引起其合作伙伴的误解，甚至影响其商业信誉，所以当事人不希望审判公开，更不希望把裁判文书上网。我们目前采取的司法公开措施多样，以审判流程公开为例，在审判流程公开中我们采取的最典型形式是微博直播，还规定此种形式应达到一定比例，但若当事人连裁判文书都不希望公开，是不会允许法院将整个审判过程都公之于众的。除此之外，执行基本信息公开中也存在类似问题。民事案件公开尚且如此，刑事案件的公开就更应慎重。刑事案件的被告人，即使是成年人，犯罪后也不希望社会对其犯罪事实全然知晓。但在实践中，公开是原则、不公开是例外，只要法律未禁止的一律公开。从以上两个案例我们可以看出，现在由司法机关、执政团队推动的司法公开与老百姓需要的公开，二者存在明显落差。

因此本次讲座的第一个问题是"司法公开的感性热闹"——民求官应中的行为落差。官方的热切和当事人的热切是有落差的，当事人的行动和司法人员的行动是有落差的，而我们如何做到官要应民、司法供给要回应司法需求，如何避免二者的错位，就需要真正了解百姓需要公开什么，需要如何公开。但目前有关部门的做法仅规定今年7月1日后所有的裁判文书要上网，周强院长强调将其建设为全世界最大的信息公开库，江必新院长提出八个字，即深化、实质、全面、有效公开，这种说法显示出领导阶层对司法公开的美丽愿景，但是否与实践相符有待进一步检验。全国共有法院3000家，涪陵法院是200家国家司法公开示范法院之一，在本院推进该项工作的进程中，既要贯彻上级组织的要求，更重要是满足当事人的诉求。基于此，我们实践中的一大误区即在于法院在贯彻落实中央文件要求的同时并未考量百姓的实际需要。我第一次在重庆高院提出这一问题时也与相关人士进行过探讨，最高人民法院司改办的副主任就认为司法公开必须与最高人民法院党组织保持一致，对于这种观点我持怀疑态度。诉讼当事人对司法公开的热切，是整体热，必定是热在心头上；而司法人员是慢热，是局部热，可能热在口头上和热在字面上，二者利益攸关度不同。换言之，诉讼参与人对司法公开之热切是内在需求，旨在维护自身的诉讼权益，因而具有主动性；而司法人员对于司法公开的热切，可能是外在需求，其不只回应诉讼参与人的要求，更是岗位职责的要求，因而具有被动性。司法公开原动力差异导致司法人员与诉讼参与人在语言表述上的实质落差。这种落差表现在规则制定上，即尚未摆脱官本位管理理念的思想，虽然该理念被社会管理和社会治理的术语替代，也一定程度上蕴含着从着眼于对立对抗到侧重于交互联动，再到致力于合作共赢的思想变动，但这些都仅为话语，比如从一元单向制走向多元交互共治结构变化，归根结底其只是一种口号，而未转化为实际的行为。而行动上，司法公开对司法机关和司法人而言，仅仅是司法程序和司法文书向社会的一种形式性公开。其体现的形式象征意义远远大于其形成的实质保障的程序功能。司法公开的行为时效在这种落差中、分裂中逐渐消解。司法公开不是宣传问题，而是实践问题，行为上的问题。在司法公开过程中行为出了问题，是由于思想出了问题。目前我国法院系统在司法公开中出现这样偏差，是对司法公开制度的构建、对司法公开的认知出了问题。问题关键在于如何定位"公开"。有请这位同学解释何为司法公开？

**同学：**我认为公开就是把不知道的变为知道。

**王小林：**对的。还有不同的回答吗？

**同学：**我理解的公开是一种传播方式，就是让公众所知道。传播方式就是一种手段，变不知为知就是公开，司法公开定位就是手段。

**王小林：**是否有人认为公开是目的，其只是一种手段吗？这就可以引出本次讲座的第二个话题——司法公开的知性茫然。

知性即认知，知性茫然指认识上存在盲区。方才同学们对公开进行了解释，但大家对此可能存在认识盲区。其实，公开可以是一个动作，但是这个动作是一个过程，被公开对象随后出现了一种状态。公开这个动作是手段，但同时出现了一个结果，长期保持这种结果，使其处于一种暴露在外的状态。对于司法公开的本源，可以从语言的结构得到解释，公开二字，一个是开，一个是公，至少面对的受众为两人以上的，才能称为公开。

当事人到法院提起诉讼，公开首先在诉讼主体之间发生，其作用究竟为何？通说观点认为司法公开是为了司法公正，进而推进司法公信。但未曾有人从哲学角度审视这一问题，司法公开不仅是一个手段。在诉讼过程中，原告对被告说、被告对原告说、当事人对法官说、法官对当事人说，其整个过程莫过于是诉辩裁三方的相互对说。此处的"说"，即指彼此信息的公开展示，此类信息是一种诉讼信息或审判信息，但这种信息并不仅仅为一种手段。从哲学的存在论上讲，以男女繁衍后代为例，自然生命体里面最小的信息为DNA，若男性的DNA和女性的DNA通过精子卵子的传递，通过生命信息向对方有效公开，新的生命即因此诞生，如果公开无效，则生命无法延续。

司法制度的规定，一定程度上是为执政团队利益而设的，因此司法公开制度，乃至整个司法制度，其第一要务是巩固政权基础。部分学者将其定义为管理型司法，而真正回应性司法，即将救济百姓权利放在首位的司法是我们努力的目标。从总书记的三句讲话中，可以看出国家执政团体对于司法、司法公开、司法制度的定位。政法机关的三大任务，首先，维护社会稳定是政法机关的基本任务；其次，保障民生权益；最后，维护公平正义。从排序中即可以看出国家对其的价值位阶评价。就司法制度而言，执政团体因其价值取向的不同而有着不同的司法制度设计。本次讲座的讨论对象之一即司法公开在整个司法制度当中其价值取向。按照现有的制度设计，无论我国还是其他国家，其第一价值追求仍为秩序价值，秩序价值在一定程度上是公平价值的前提。从价值论角度分析司法公开，必须回答的问题是：司法为谁而公开？同学们，请发表你们的意见。

**同学：** 应该是为广大公众而公开。

**王小林：** 按照谁要求而公开？

**同学：** 为老百姓而公开。

**王小林：** 百姓数量如此庞大，真正涉及诉讼的只是其中小部分。以涪陵法院为例，涪陵区共有人口一百一十余万，本院收案量每年约为一万件，当事人仅占百姓中小部分。这位同学的观点是为老百姓公开，而问题在于当事人和老百姓是混同的。从价值论角度来说，我国的目前的制度设计与制度运行中司法公开有两个偏离。第一，本应为保障当事人权益而设计司法公开，但其往往都承载了教化社会的功能，进一步实现维护社会稳定的功能。第二，名义上为老百姓而公开，但实际并未考虑百姓的需要。比如一系列的裁判文书公开、庭审直播等措施，其目的是让百姓观看，甚至非当事人的百姓也看，根据最高人民法院法律研究所的一项研究表明，我国截至目前上网的裁判文书被点击观看的比例达不到万分之一。因此司法公开为百姓公开，但此公开是否为百姓需要，是否为当事人需要，都是值得深思的问题。从价值论的角度讲，目前的司法公开是存在问题的。

大家目前对司法公开的总体认知为：派生性认知多于本源性认知，司法公开被定性为司法制度的派生属性而未将其上升到本源性的存在属性；表象性认知多于实质性认知，司法公开被视作司法外部形象扩展职能的形式，这也是某些载体和平台出现的原因，而作为司法的内涵性结构却常常被忽视；工具性认知多于目的性认知，司法公开被认为是实现公信公正的手段，而未将其上升为司法目的本身。如此而言，价值取向和路径全部不一样。本人理解的司法公开与通常意义上的司法公开是不同的，我从存在论价值论这个角度去理解司法公开，而大部分人平常都是将司法公开作为一种手段、一种表象论来看待。

本次讲座的第三个话题——司法公开的理性归位。首先，司法公开的理性归位，涉及从理论上把司法公开归位到本源，当作一种目的，其本身就构成了司法，没有公开就没有司法。其次，司法公开要准确定位为谁而公开。要定位于为当事人而公开，满足当事人的需求，司法的消费者是当事人而不是广大的人民群众。关于司法公开目前立法规定公开是原则、不公开是例外。如此的指导思想混淆了行政管理法和司法本身的不同作用，其本身是存在问题的。基于此，我认为司法公开将认知归位的时候，司法公开制度的设计应该有合意公开原则。具体在民事司法公开方面，双方当事人是否可以就公开实现意思自治或者是否可以将处分权理论适用于该项领域需要研究；在刑事司法公开方面，这种公开是否和刑事诉讼法基本价值之一的保障基本人权相冲突需要重点考量。未成年人作为被告人的案件自不必说。成年人为被告人时，社会公开实际上是国家赋予了司法机关社会管理的职能。同时，我认为刑事司法的首要价值是保障人权。从保障人权的视角看，是否公开应当取决于被告人的意愿。原因在于，如今刑事司法的目的是制裁而不是治疗。如果我们把刑事被告人都当作得了社会病的病人，那么司法机关应该去治疗而不是制裁。如此，我们就应该尊重接受治疗的社会主体的意见。综上，我认为几大审判应当确立不公开的原则，并将公开作为例外。例外之一便是合意。当事人合意公开的可以公开，合意不公开的不公开，这是主观方面合意公开。主体方面要求平等公开，客体方面要求要对等性公开。上述便是我的几个观点。

从政治角度讲，上述观点不太符合当前司法管理者的要求。但作为一名人民法院院长，本人依然会贯彻最高人民法院的规定和中央的指示。在遵守现行制度的同时，我们应该思考。例如，应然的司法公开制度应该是最大化地满足当事人需求的制度，也是救济权利的一种制度。

**唐力**：谢谢小林院长。作为基层人民法院的院长，您对最高人民法院推进司法改革提出了质疑。当然，您是以我校兼职教授的身份作出的上述学术探讨。

下面我们进入讲座的第二个阶段，点评和提问阶段。

**高维俭**：我相信该话题是包括我在内的很多法律人共同关心的。虽然我没深入细致地进行研究，但也有些思考。对讲座做一定的评价，我认为可用三个词形容：思想独到、旁征博引和生动有趣。我也想对这个问题作出一定的回答。什么叫公开？根据我的理解，我认为公开是向公众开放。小林院长所理解的公开叫作信息传递。这和我们一般意义上理解的公开不太一样。如果信息传递也算一种公开，那么悄悄话便可成为"公开"的话。上述观点是不违反逻辑的。但从常识上，很多人恐怕难以理解。但是，整个逻辑小林院长一以贯之，我认为建立在这样的逻辑之上的观点可以成立。另外，小林院长提出一个问题涉及公开是向公众公开还是向当事人公开。我的观点是向公众公开。这样的理解和老百姓常谈的司法公开有关系。向公众的公开可以提高司法监督的力度。我对司法公开本质的理解关乎到我对司法是怎样一个过程的理解。司法是在个案中回到立法者的一个过程。所以，司法是在执行立法者的意志，依法，其实依的内在是立法者的意志。从契约论观点来看，法律是一种公民契约，那么公民便是立法者。立法者是"老板"，司法者是"经理"。老板需要知道经理的工作情况。于公众，他们有知情权。我认为从方法本质上说，公开是博弈的结果。

**高一飞**：谢谢王院长！我们交流了多次，我也受王小林院长邀请去其单位讲过司法公开，我们也对彼此的观点有所了解。听到王院长这个讲座，我认为如此独到的视角让我们对司法公开有了另外一些方面的认识，特别是强调司法公开是司法服务的一项内容。我们现在很多当事人不同意案件向社会公开。实际上，案件公开以后关注率很低。这样的现象，我认为应该提出来让我们看到问题的另一面。我们应该创新司法服务的形式以及点对点公开的方式。这样的制度在酝酿当中。广西法院创新了一项为当事人服务的方式：当事人打电话通过密码可以听到判决书的全文朗读。司法公开的含义在全世界各国已经有共同的结论。公开的方式包括两种，一种是王院长谈到的信息传递；另一种是面对公众的公开。对于法院来讲，很多国外的杂志都有信息公开的栏目。我称为"法院信息公开法"的俄罗斯的《获取法院信息法》中规定的思路和王院长的思路相似。我们经常谈到的司法公开有三种方式、两种途径。一是点对点公开，二是面向公众公开，三是一种很特别的方式，即面向来到法院进行查询的人公开。为什么不仅仅向当事人公开还要向全社会公开？为什么公开的程度越高越好？答案在于对司法公开本质的理解。司法公开的本质是广义政府信息公开。司法的特殊性不能否定这项基本的原则。广义上的政府信息公开包含了法院信息公开。在我国台湾地区和英国，法院信息公开规定于信息公开法。这说明法院不能特殊化。公开的理论基础是民众的知情权。这项权利既是手段又是目的。我作为公民，有权知道我的公仆在干什么，法院不应例外。我有权利了解法院的主要工作，即判案。在美国，所有的诉讼档案，不仅是裁判文书，都要在网上公开。人民有权利去了解法院的审判过程，这样的权利不受当事人的意志的拘束。在侯耀文遗产继承案件中，当事人均申请法院不公开审判，法院最终公开。公开的目的除了维护正当程序和当事人权利，更重要的是维护司法公信力和公民的知情权。所以美国的刑事案件，法律规定不允许公开的司法档案要隐去当事人的姓名。举一个不恰当的例子，犯罪嫌疑人在意志层面都不想让社会知道其犯罪经历。在美国，未成年人的性犯罪要公开。这样的规定是为了维护广大公民的知情权。王院长举例谈到的离婚案件是公民知情权和隐私权的较量。王院长的设例把一些极端的个案普遍化了，因为并不是每个案件都有各种价值需要衡量。法院的公开实际是法院的信息公开化。这样的公开经历了从最初的只有庭审公开到后来的四大公开，再到2009年的六大公开。我个人提出了八大公开，即除了法院业务的公开之外，还要增加法院基本情况的公开和法院行政事务、经费方面的公开。这是因为司法公开的本质是法院作为一个政府部门的信息公开。三中全会决定和最高人民法院的司法解释提到司法公开，要进一步完善司法体制，加大司法公开，这个方向是正确的。

**马登科：**简单评述一下。第一，王小林院长给了我们丰富的信息启蒙。比如讲到公开无处不在，即从人的诞生、人的交往以及整个社会，没有公开就没有一切。第二，公开是目的而不仅仅是手段。第三，王院长提到公开的本源或者说权利的来源是基于当事人的原因，进而指出公开是诉辩审相互之间的信息交流，只有他们都认为应该向社会公开的时候才可以公开。这样一系列极富冲击力的思想，令人受益匪浅。但是，我仍要提出以下几点：

第一点是司法公开的基本缘由为何，是当事人的需求，是社会的需求还是司法本质的需求？当事人的需求在某些时候是希望得到一个公正的结果，也不排除当事人希望通过公开这一手段获取不正当利益。在社会需求方面，目前还存在官商勾结通过司法判决损害社会公共利益的情形。比如在前年曝光的某市政协主席在任期间为一个涉黑的地产商进行一个大规模土地转让，要求法院通过调解强行将物权变动包装出合法外观。该名政府官员以副市长身份干预司法，通过一种不公开的方式掩盖了违法的事实。这样一种情况下，地产商也好，背后运作的副市长也好，作为审理该案的法官以及该案的院长也好，绝不希望公开案件的来龙去脉。调解结案便是理想的处理手段。所以当事人不要求不公开并不代表无黑幕。长此以往，社会便有最基本的司法公开需求来寻求对司法的信任。司法本质的需求方面。高一飞教授已提到，按社会契约的基本观点，其一是法院系统的运作由纳税人支持。纳税人，即一般公民，作为公众财源权利的提供者，有权知道这种资源在司法运行中是否被滥用。其二是司法本身是将立法规定的抽象法律规范演化为在现实生活中可以实现的活生生的法律规范的过程。没有公开，我们看到的永远是那种抽象的静态化的法律。其三，权力限制本身的需要。我们可以看到各种各样司法权被滥用的事实。从权利来源上说，我认为王院长的提法是站不住脚的。

第二点是我国司法公开的方向问题。首先，从外部环境来说，我们现行的司法公开是自上而下的，有别于某些国家的自下而上。这种制度的方向和我们国家现阶段的社会结构有很大的关系。一个重要原因是公民的财产权得不到正常法律保护的时候，我们需要一项制度给是否滥用司法权力划定边界。但是，我国现在资本基本上是和权力垄断结合在一起的。一般来说，和行政权力结合在一起的大型国有资产的运作，也需要公开。其次，民间资本的运作需要得到公权力的支持，其没有要求权力被限制的原生需要。在这种情况下，社会需求也许不要求司法公开。但考虑到社会丧失对司法的基本信任，并由此导致的国家不稳定危机，我们可以意识到司法公开是国家工具成立的自然需求。最后，司法公开有最基本的边界。司法公开这样一种制度受到法官的抗拒，因为其加大了法官的工作量，而且与现行的法官职业待遇保障不相适应。由此，我认为司法公开应有边界。一是法官不言。意思是判决之前不需要发表观点也不允许发表观点。二是法官权责对应。现行制度为法官规定了不平衡的权责。例如合议制度，虽说合意，但实属承办法官负责制。合议庭中另外两位审判人员完全属于陪审，其在整个司法程序中完全不负责任。这种情况下，承办法官很难公开全部的材料。若要改革，制度层面必须推进落实法官助理与法官的相应职责，以及其他一系列配套措施的改革。而不能够基于现在法官、当事人的诉求，以简单的立法，否认司法公开。

**唐力**：谢谢点评嘉宾，对我们的主讲人提出了善意的批评。下面由主讲人做回应。

**王小林**：如果我不回应，可能果真会有更大的误识，更大的误判，更大的误事。有两点我可以回应，这个理由，请大家辨别。

第一，实证观点和理论观点是不太相同的。三位嘉宾的实证观点或者实证的判断没有数据支撑，而是猜想。全国法院处理的案件中，刑案不到所有案件的10%或8%。所有最大化公开的案子，80%—85%是民事案件，加上行政案件，则可以达到90%以上。这便是实证数据。这是对三位嘉宾要求我提出的对我的观点起支撑作用的实证数据。

第二，我归纳出大家有一个观点是共同的，即都赞成公开。但这里的公开存在几个问题，即公开的主体是谁、谁有权公开、为谁公开、公开什么、在哪个范围公开、采取什么手段公开。联系起来考虑，我们应当回到对公开的最本质的理解，就是价值取向。我们的哲学从来就是主体哲学或者主客体哲学。今天存在有我接受批评的环节是因为唐力教授作为主持人安排的。唐力教授作为主人，我们都是客人。这便体现了主客体哲学的哲学理念，有主就有客。人与人有主客人之分，往往就会导致我是主你是客。但从后现代哲学去看，所有人都是主人。在教学上，教授与学生都是主体。说的人是主体，听的人也是主体，两者平等。这样的哲学理论认为任何人都是主体。基于此，我们的国家理论、政治理论和法学理论中所有自然人都是主体。我们应该反思，司法制度、公开制度这样一些制度中谁有权做主。如果每个人都是主体，这种价值取向就不能以人民的名义把谁给枪毙。这就是为什么西方兴起恢复性司法被称为治疗性司法，而不是制裁性司法。前面几位嘉宾强调很多的是多数人的制裁，谈到当事人在法院打官司，公开第一位要考虑到公众需求，同时否定了当事人对司法公开的第一位需求。这二者本身是不矛盾的。在程序对立公开方面，我主张对等性、彻底性的公开。程序对外只能应需而公开，程序对内只能彻底、平等完全有效的公开。这一定要有一个程序内外的区别。但这并非是马教授所说的边界，也并非高维俭教授的误判，也不是高一飞教授的独到。不管怎么说，我讲的这些看来还是有些孤独，但估计在我梦中还是会有几分热烈的回忆的，谢谢大家！

**唐力**：谢谢主讲人。王院长的内心认为公开是以当事人的需求为第一要务，而王院长以后的工作要服从最高人民法院的规定。我认为作为一名法官，应当服从于法律，但关键法律是怎样被司法从业者理解。由于时间问题，我们在座的同学可以提问两个问题。

**提问一**：现行法院的公开，主要是向社会公开，而您所说对当事人的公开是更本质的。请问王院长：这二者公开的联系和区别是什么？各自的限度又是什么？

**王小林**：公开本质都一样，不一样的是程序对内、程序对外的边界。主要的区别是价值取向不一样。程序对内公开是保障当事人的救济权利，而程序对外的公开是为了保障公共管理权，或者是人民大众的知情权。价值取向存在区别，但方式是都要公开。由于价值取向不一样，我们选择公开的方式也不一样，启动的方式也不一样。对内要自动性公开，对外要申请性公开。

**提问二**：您认为当事人的利益，例如隐私权和抑制司法黑幕相比，哪一个更值得在公开制度设计中应该得到重点关照？公开制度是否会加重审判人员的工作量？

**王小林**：如果司法程序不能保障当事人的利益，社会公开还有什么法律意义呢？程序对内的公开远远比程序对外的公开的制度设计更重要，并且二者并行不悖。至于工作量是否会过重，从现行的院长制度来讲，院长的负担都不会加重，因为业务性工作由法官和书记员操作。同时，在现代科技传媒的助力下，公开业务的负担也会大大减轻。

**唐力**：王院长的负担马上就要加重了。最高人民法院已经在试点取消院庭

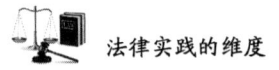

长批案制，使院长、庭长都要参加合议庭审理案件。

**王小林：**我们涪陵法院作为这项改革的前头兵，已经形成了涪陵法院的司法改革大纲，取消院庭长批案制也在其中。唐力教授今天下午在重庆高院讲授司法去行政化时，肯定会使大家得出司法要去行政化的结论。这便是个伟大的错误。原因在于，法院内部对案件、程序的管理强调行政化。法官独立并不意味着让法官独裁。监督法官对应的权力便是院庭长权以及审判委员会的权力，同时形成审委会的相应职能，如审判职能、监督职能。在法官严重违反程序、歪曲事实时，法院可以通过审委会、院庭长加强司法行政管理和对法官裁判权的监督。这样才能在审判权和管理权中间实现一种制衡。审判管理权就是法院内部的行政权，这种权力只能加强不能废除。

**唐力：**今天的讲座大家可以感受到小林院长内心的非常矛盾，刚才说的要坚决贯彻最高人民法院的政策，但现在又对法院行政化表现出热衷。在今天这个讲座，王院长带来一个新的视角，述及司法公开最本质是向当事人公开、程序内的公开。正确与否我们还有讨论的余地。感谢王院长给我们带来的讲座。

# 02

# 贪污贿赂疑难案件透视

主讲人：**刘 晴**（重庆市人民检察院第一分院副检察长）
主持人：**梅传强**（西南政法大学法学院党总支书记、教授、博士生导师）
嘉　宾：**陈 伟**（西南政法大学法学院教授、博士生导师）
　　　　**高 峰**（西南政法大学法学院副教授、硕士生导师）
　　　　**李昌盛**（西南政法大学法学院副教授、硕士生导师）
时　间：2014年5月14日
地　点：西南政法大学毓才楼三楼学术报告厅

**梅传强：** 各位嘉宾、老师和同学，今天中钦法律实务大讲堂第二讲开讲。今天的主讲人是我校校友、重庆市一分院刘晴副检察长，他多年从事和分管职务犯罪侦查工作。此外，还邀请了我院青年才俊，陈伟教授、李昌盛副教授、高峰副教授。下面有请刘晴副检察长开讲。

**刘晴：** 反贪仍旧是民众关注的焦点，特别是去年下半年至今，反腐高潮迭起。作为法律人，应当明确反腐应该走法治化的道路，习总书记也强调反腐的法治化道路。为了给同学们提供更多法律实务信息，本次讲座我用了"透视"这个词，意在结合我的检察经验，给大家一些启示，告诉大家实践中存在的一些贪污贿赂案件难题。

这里讲的反贪是一个大概念，包括贪污贿赂类案件。国际反贪大会不仅关注反贪污，也关注渎职、贿赂类犯罪的预防和惩治实务。重庆市检察院是全国第一个在全市检察机关设职务犯罪侦查局的，市检察院职务犯罪侦查局下又有反贪处、反渎处和综合处。目前，最高人民检察院也可能在全国推广这种设置。

首先，我们在实践中涉及最多且又最难处理的是涉房地产的案件。在计划经济向市场经济的转变的过程中，国家和各地方的房地产政策变化十分复杂。这里先谈一个发生在西藏自治区的"三套马车"案。该案涉及自治区基本建设部门三个局长，计划局长、基建局长、建工局长涉嫌贪污、受贿在1986年被检察院立案侦查。新华社记者以内参方式上报，得到了胡耀邦（时任总书记）同志的批复，在全国震动较大。该案中，有一笔犯罪金额涉及房地产，两位局长将某工程发包给成都某国有公司，之后，该公司在成都为这两人分别购置了一套价值3万元的房产，该公司只收了这两位局长一人1万元房款。有人认为，这两人仍构成受贿罪，金额为2万元；也有人认为他们不构成犯罪，因为他们毕竟出了钱，当时的干部住房都是不出钱的。我们以书面请示最高检，最高检批复认为构成受贿。检察院起诉到法院，但法院判决时党委意见表示："自治区党委、政府无力为西藏干部解决住房问题，鼓励多渠道解决干部住房，如果谁能解决干部住房问题，我们欢迎。希望法院妥善处理。"最后，法院没有认定该笔犯罪。

第二个案子，是我20世纪90年代末在重庆办的案子。案件的被举报人是某学会的办公室主任张某某，该学会是由国家财政全额拨款。张某某用公款为学会办公室工作人员每人购置了一套房子。在此次买房前，他们都分了福利房并优惠购买。没有房改依据，就直接用公款买私房，10套房价值380多万元，用法律衡量，这属于贪污行为。我们当时请了法院领导来一起讨论，法院领导觉得两难，按照法律应该是犯罪行为，认定犯罪吧，金额大量刑重，不好表态。最后，该案没有按照犯罪处理，移交给了纪委，由纪委进行纪律处分。给了纪律处分，张某某仍然不服，长期找纪委闹。其实，很多单位那个时期也干这个事，只是程度不同、办法不同、具体情节不同。大多数单位不敢拿这么多钱去买，大胆的单位规定每个人自己可以去买房，处级干部25万元以内，你自己买多了自己出，反正单位只给你报25万元，科级以下干部20万元以下。那这个政策有根据吗？不是用公款买房吗？他报了25万元就是不犯罪？张某某给一个人报了38万元那就是犯罪吗？会有一系列的问题让你来评价，让你来判断是否公正。我们执法，不只是从条文上衡量它是否符合构成犯罪的要件，我们的基本价值追求是公正，不得不顾及当时当地的客观环境，包括政策等。

接下来一个涉及房地产的案件也是我办的。一个杂志社的主编黎某某，1995年他申请了一个书号，他把这个书号发包给胡某某。这个书号给胡某某赚了300

万元。90年代一个书号赚了300万元是发财了。胡某某赚了钱表示要给黎某某好处。但是，在黎主编看来这个胡某某是社会上混的人，不愿意直接收胡某某的钱，怕胡某某今后看不起他。所以胡某某提出来要给他钱的时候，他既想要钱又不想直接收胡某某的钱。黎某某跟我是这么讲的，他说：我知道这个人很杂，我直接要他的钱今后他在我的面前说话都很大气，我不愿意他在我的面前说话那么强的口气，所以我不会直接要他的钱，我就给他提出两点。第一点，你给我们单位拿10万元买个桑塔纳（那时候桑塔纳是很好的汽车）；然后你再给我拿40万元到房地产公司去，我给单位买套房子。那个老板就这样做了。其实车是公家的车，他坐。买了那套40万元的房子直接登记黎主编女朋友的名字，成了他再婚的新房。我们如果按照法律条文，按前面那一段来看，这个40万元是不是受贿？应该是没有问题。这个案子更复杂的情节在于，他对其他的副主编说，我们给班子成员每人买一套房子，你们去找地方选，每人20万元以内，公款支付。结果那几位也用公款买了，但没给主编自己买。在那样的环境下，每个单位都在出房改政策，每个单位都在想尽各种办法为自己的职工谋房子福利的时候，定不定他的罪？如果定他的受贿罪，那么那几个副主编的房子又算是什么性质呢，这也是摆在我们面前的难题。这个黎主编，他另外有一笔直接收受现金的问题。他说当时准备退休，不想干了，他说最后不得不大着胆子叫胡某某拿钱，他硬要了胡某某18万元。最后检察院以18万元贿赂起诉了他，判了刑，房子问题没有起诉他。

  上述都是没有作犯罪处理的涉及房子的案件，主要原因是当时的经济、社会环境问题和法律解释滞后。从这里也可以看出贪污贿赂疑难案件的成因。有些问题后来政策变化了、制度逐步健全了、法律解释跟上了，疑难问题就容易解决了。法律解释之所以说"跟上"，不好说完善，因为这样的解释只能在跟随社会环境发展变化，界限清楚了才出台，否则也出台不了。那时候这样的案件无法统一认识，也只能成为疑难案件。

  "两高"在2007年出了《关于办理受贿刑事案件若干问题的意见》，其中对于交易形式收受贿赂作出了解释，有些问题在这里面得到解决，比如刚才说的西藏"三套马车"案件。但是有同学会问：这个意见出台为什么那么晚呢？这些问题早就出来了，80年代为什么就不出解释呢？应该出不等于能够出，事实上当时也不能出，当时政策背景，当时在法律上怎么处理这些案件，认识上

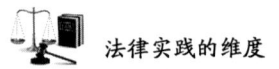

显然不能统一。

出了这个意见以后，我们办了这样一个案件。某区建委一个副主任和科长，他们是管城市建设的，城市建设要修下水道，本来修街上的下水道应该修到小区口上，给这个小区一个接口，让小区的下水道接到街上的下水道里面来。但是他修下水道的时候直接修到小区里面去了，把别的开发商开发的小区里面的下水道一块修啦，开发商就节约了几百万元。开发商为了感谢他，就说你有什么要求，他说就想买个房。好，可以，你看中哪一套房子，给对折，只付50%的款。其中，有一个建委副主任买了这套50%还不满意，他又给开发商提出来：另外有一套房子我不想要了，我干脆给你去处理。开发商说可以可以。然后他那套房子卖给了开发商，当然以该副主任说的价格为准。但是第二年，那位副主任把那套卖给开发商的房子又买回来了，他对开发商说房子还是要，他要买回来，再买回来就比他卖的价格少了20万元，他就赚了20万元。就这两件事情，这副主任和科长以受贿罪被起诉判了刑。从这几个案件的情况来看，在房地产问题上，是比较复杂，但它的复杂不只是法律问题。认识的统一要有这样一个过程，通过这样一个司法解释，以前没有以犯罪处理后来又以犯罪处理了。我们可以看到，反贪是在不断地深化、不断地深入。法律也在不断地完善，过去没有定论的东西现在有定论了。立法虽然有一定的预见性，但是还有很多不可预见的因素，我们在实践中发现新的情况，出现了一些危害社会的行为，刑法当时不是很明确或者解释不是很清楚，但是这些行为是不是要用刑法来加以打击，值得我们执法、司法者深入思考，这里面既有政策的问题，也有司法理念的问题。有的同学在课间给我提出一个违法行为的例子，他说这个问题很不好解决，刑法好像打不住它。我说不一定要用刑法来打击所有的问题，包括对社会有比较明显的危害的行为，也不一定都靠刑法来解决，这是一个社会管理问题。正如贝卡利亚所讲："凡是超过必要限度的刑罚权就是擅权，是不公正的。""刑法应该既要惩罚犯罪更要保障人权，当两种价值之间存在矛盾时，把哪个放在第一位这是专制社会刑法与法治社会刑法的根本区别。"后面这句话是陈兴良讲的。但是从几十年的办案经历来说，我对刑法理念问题的体会，办案无论是科以刑罚还是采取的强制措施，对每一个人来讲都是十分严厉的，所以我们在用时就要十分慎重，既要考虑反腐是群众的要求、社会的需要、关系到我们党和国家前途命运，在其他刑事案子中，还要考虑保护被害人，保护受到这些违法行为所侵害的法益，同时我们必须考虑保护犯罪嫌疑人的合法权益。就反贪来讲，每一个我们查办的对象基本上都有辉煌的过去，基本上都有很大的成就，做出了很多的业绩，这些贡献和业绩可以另外评论。而且都有他的生活圈，都有他的爱恨情仇，就像刚才讲的那个案件，执行逮捕时，把人犯（当年的称呼）送走的时候，我在窗户里面看见吉普车后面有个小孩跟着追，那是他的小儿子，那个情景很凄惨，所以对每一个人逮捕和定罪都要慎重。

就房地产的案件，大家现在看来很多明显的犯罪行为以前为什么不追究？是因为有单位的干涉吗？是因为政策有各种解释吗？还是我们的法律解释没有跟上？这些因素都有一定影响，但是那些因素想想是不是有合理的成分在里面，我们还是要讲公平，所以我还是觉得陈忠林教授讲的常理常情常识确是我们司法当中需要用的。美国大法官卡多佐写的《论司法过程的性质》中讲的那些分析处理案件的基本方法，我认为都是我们适用的，我们在实践中也在用。

第二个难题，涉及承包的案件。涉及承包的问题是我们争论和困扰多年的问题，还是刚才那个"三套马车"案件里就有一个环节涉及承包。当时西藏成立了一个"四十三项工程"建设指挥部，指挥长是政府主席，这三个局长各任一个组的组长，他们虚报支出，贪污了一部分钱。犯罪嫌疑人提出一个辩解，说这是包给他们的经费。这是我第一次遇到承包。找财政厅长作证，我问财政厅长是不是包给他们了。财政厅长一听我说承包，他立即说那就是包了。我和财政厅长谈了两个小时，详细询问是怎么包的，责任是什么，义务是什么，权利是什么。他解释不了承包，最后他不得不承认这个不是承包。事实上不可能承包，那时候作为国家机关来讲，不可能把这个经费承包给他们几个人，最后他自己也认可不是承包。但是这几个犯罪嫌疑人又辩解说当时主席已经承诺了，主席同意了。我不得不找主席作证。政府主席很生气，说他们自己乱搞，他没有同意。我这辈子找的最高级别的证人是自治区政府主席，就是省长。结果这几个局长的贪污就定上了。所以这个承包问题必须深究，不能一句话、一个词就叫承包，必须搞清楚主体，即发包人、承包人、承包的内容以及权利、义务和责任必须一一搞清楚，从这里面去分析是真承包还是假承包。

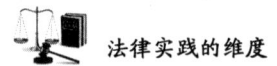

前面讲的主编涉嫌犯罪的案件中,另外有一笔他也是有这样的问题。那是1998年,纪委"双规"了主编,我头天晚上先和他的会计谈到12点,然后晚上我就跟这个主编住一个房间,我们两个检察人员加他,一个房间三个床,住了一晚上,第二天一清早吃过早饭我就给他谈话,他第一句话就给我讲:你不要跟我谈。我问为什么,他说昨天晚上我差点死了。他说:我把钥匙拿到厕所里面插电那个孔插了一下,结果把我弹出来了,就没死成。他的说法把我吓一跳。后来他就不说话了。我问为什么不说话。他说我不能说,说了就得死。当时我意识到这个问题肯定很严重。他不说话了,没办法,我从早上八点半开始谈,我的搭档又是不爱说话的,就我一个人谈,我一个人像说单口相声一样,被迫跟他谈到下午一点钟,他终于开口问了一句话说:我说了算不算自首?我说可以算。他说他写。我叫他简单地讲一下情况。他用一个小时简单给我说了一下,刚才说的那几点他都说出来了。他说:我写。我说:你这个大主编当然会写啦,你写。他写到天黑的时候写了15页,交代了150多万元的经济问题。但是这个事情,我们在办案过程当中争论得非常非常的激烈。当时也有人提出主编承包了,我们查到他跟主管部门确实有一个承包协议,承包协议的内容是任命这个黎某某为杂志社主编,他的责任就是每年达到什么样的收入,达到收入以后,会给他多少奖励,其中增加的部分收入还要拿出20%来由他给其他工作人员发奖。在决定逮捕期限的最后一天下午,下班以后检察长组织我们讨论,没有形成定论,最后检察长决定先逮捕,继续侦查。侦查终结后,只起诉了他18万元,就因为我们检察机关内部争论得很厉害,关于他是不是承包、是不是贪污受贿罪的主体问题。起诉了其中部分受贿犯罪到法院去,法院就判了。那个主审法官到我们检察院来,说除判决没收18万元以外,还没收财产5万元,他说我们来请检察院协助执行没收5万元。我问他,关于这个承包的问题,你们怎么讨论的?他说这个承包就是一个内部管理问题,不是什么承包,法院没有任何争论,大家一致意见是这肯定构成犯罪。我们检察院争论很厉害,到法院没争论,就是这样——疑难是相对的。

我还遇到一个涉及承包的案子。有一些人来检察院举报一个渔场场长受贿、索贿。场长把渔场分片承包给别人,签合同的时候还要求每个承包人给他5万元,场长在合同之外每年要收入45万元。这个渔场是国有的,这个肯定是犯罪啊,我们就开始初查。在查的过程中，我们听说有一个承包合同，于是我们就把合同找过来看。我看了合同，就要求立即停下来，我认为这个不是犯罪。因为这个人叫唐某某，原来他是这个国有渔场的场长，后来了任期满了，这个渔场亏损了，于是上级决定发包给个人经营，唐某某又去承包了。为了方便经营，他写了个报告，要求给他任命个场长，于是就把他任命为场长。渔场原有的渔船、渔网都由他使用，随便他自己投资多少，随便他怎么经营，每年要固定交给渔场几十万元。这明显就是一个全承包。这个分包合同就是他自己的经营行为，不是作为国家工作人员从事管理活动的行为，所以既不能定贪污，也不能定受贿。那时候我是处长，就要求立即把调查停下来。停下来以后，举报人不服，到处反映。有一天，四个举报人来我办公室坐了很久，要求我们认真办案，我说我们很认真，他说听说你们办这个案件有阻力。我说这个案件没有人来说情、打招呼，我们没有阻力。后来有同事提醒我才明白了，原来他们说的这个阻力就是我，是我叫停下调查的嘛。后来举报人到处去反映，上级机关开会，强令我们立案侦查、逮捕渔场场长，我们就把唐某某逮捕了。关键是，上级机关也不是随便作出的决定，是公检法一起开会讨论的，只有我们检察院不认为是犯罪，法院、公安局都说构成受贿犯罪，我们也没有办法。最后为了保险，起诉之前请了法院的院长、副院长、庭长开会讨论、研讨案件，请他们给我们提出意见，他们一致认为构成犯罪。庭长觉得这个是受贿罪，没问题。院长、副院长说这个受贿不一定构成，但是这个渔场承包以后也算得上是个企业，这个企业的人受贿也算是商业受贿，这个渔场厂长是商业受贿。就是说，无论如何，犯罪是构成的，只是此罪与彼罪的问题。后来就起诉了，结果法院作了无罪判决。所以不要相信什么跟法院一起研究，研究的意见不一定就是判决结果。实际上这个制约关系还是在的。当然，这个案子从一开始我就知道是无罪的。

承包是不是该定罪，应该区分情况。承包按照不同的分类，有集体承包和个人承包，经营性承包和劳务承包，当然也有工程承包。原来有国有企业和集体企业，集体企业从事公务的人员也是贪污、受贿罪主体。1995年之前，没有公司人员职务犯罪的规定。几种情况，罪与非罪都用一条法律去衡量，所以大家不容易分清楚，加上承包关系更难以分清。我们当初办那个主编的案子，处里的同志也有消极办案。我当处长，办案人员也通过别的跟我关系好的同志来和我谈话，他说：他们都叫我来劝你，不要办冤案啊！我说你放心，这个案子我有把握的。确实我拿得非常准，包括这样一些案子我在法律上认识得非常清楚。这得益于好的基础，我1983年在西政毕业，1990年去中国高级检察官培训中心，那一次学习对我办贪污贿赂案子的帮助非常大，对我今后的工作帮助很大。那一次高铭暄教授给我们讲了整整一个星期的刑法总论有关问题；王作富教授讲了一个星期的贪污贿赂犯罪若干问题，其中对于承包问题作了深入细致的分析，王作富教授那本讲义我至今还保存着，是现在的最高人民检察院公诉厅黄海龙副厅长、当时培训中心的青年教师根据录音整理的油印本。所以同学们在学校中学习好了理论，以后对分析案子是非常有帮助的。

现在我们再来看，对于承包应当分清楚这几种情况：工作责任的承包、工作任务的承包和经济指标的承包，要认真区分是不是有经济自主权，有多大的经济自主权，他的报酬从哪里来，报酬由谁决定，这直接影响到是否定贪污、受贿罪。前三种一般情况下是可以定的，大包干肯定是不能定的。现在的承包逐渐减少了，但是第五种承包——挂靠经营承包兴起了，而且现在变调了。现在我们国企不允许挂靠了，因为风险大。但是如果某某教授拿到了一个工程，完全立刻可以加入某某市建工集团，做项目经理，双方签一个合同，这个项目就是国有建工企业的项目，然后向该企业缴5%至8%的项目管理费，这个项目就由该教授去经营。这样的经理一般不能构成贪污罪，他手里没有国有资产。一般情况下，还要区分情况，当中还有关于资金的、债务的更多的权利义务关系要搞清楚。如果项目经理把项目资金侵吞了，给国企留下没有完成的工程和债务，应该认定贪污罪。这样的案子今后会出现，事实上已经开始出现了。去年我们遇到一个国企举报境外的一个项目经理。我们仔细分析了合同，他不是挂靠的情况，不是他拿的项目，企业不是只收管理费，而是企业直接管理的。所谓承包是基于以前的一个合同，让他管理，给他配了一个团队，问题是这个团队管理他领头，但是资金管理是总公司派人监督管理，不是他自己可以随便用，经营活动中他可以支出，但是必须在这个金额内，超出金额就要被惩罚，盈利了企业再给他奖励。在这一种情况下，如果他把工程款非法占有了，肯定是贪污罪。

第三个问题是主体问题。我们遇到的主体问题很多。有一个轻工局的会计，当时她所在的处里买了一个企业的股票，用了10万元买10万股。这个股票快要上市的时候，处长叫她把股票卖掉，当时处长跟她说你卖8元、9元就已经很不错了。她卖了 11 元一股，回来说就卖了 10 元，显然少报一块就是 10 万元，她自己就得了 10 万元。后来移送起诉后，公诉人跟侦查人员讲，定不上犯罪。我们的办案人员就吓坏了，跑来给我讲说坏了坏了，他们说这个案子不构成犯罪，那我们不是办了冤案了？我说让公诉人来给我讲，这个公诉人就来跟我讲了这样的理由：她觉得犯罪嫌疑人主体不构成，说是机关吧，她不是正式的机关工作人员，说是企业吧，不在哪一个企业工作。这边贪污定不上，那边公司企业人员职务侵占罪也定不上，应该是无罪。大家就觉得很奇怪：为什么主体不构成呢？这个局是国家机关、政府部门，其工作人员应该是国家机关工作人员，为什么主体会不构成国家机关工作人员呢？但是那时候（1998 年）的干部制度跟现在不一样，这个人是从集体企业里面抽调到机关来工作的，在机关拿工资，工资的标准是企业的标准，档案里面是企业的人员，没有机关的编制，没有进入现在我们说的公务员序列。但是那个时候都是身份论，最高人民法院也坚持身份论，所以公诉人认为这个显然不是国家工作人员。是一个集体企业的工作人员，那至少也构成犯罪吧，那时候企业也有职务侵占罪的。这种机械的身份论，肯定是不行的，国家公务人员就是在国家机关从事公务的人员，这样一个主体是很明确的。

当然了，由于这个身份论问题，造成许多案件处理得不公正。当年的西南铝加工厂，有的部门处长和副处长都同时被查办。这些处长在工厂里有不同的身份待遇，有的是大学毕业了就直接去企业，档案里面的身份就是国家干部；有的原来是工人，调到企业的管理部门工作或者表现好可以转为干部，转为干部以后可以当领导。20 世纪 90 年代，随着国有企业改革，企业淡化了工人和干部的区分，工人和大学生都可以当领导了。工人也可以当处长，有的人是工人被提拔上来当处长，档案里面一直是工人。所以，同样是处长就有干部和工人两种不同身份。法院判决的时候，同样是处长，同样收受财物 20 万元，档案里是工人的，判非国家工作人员受贿罪，有期徒刑 5 年，国家干部的就判受贿罪，有期徒刑 10 年。出现这样一些案子，大家一看显然是不公正的。

2006 年我遇到一个案子，涉及企业人员的身份问题。犯罪嫌疑人是这个厂的破产清算组的一个女会计，她涉嫌贪污犯罪，检察院起诉到法院后，律师提出不能认定国家工作人员，因为这个企业是股份制企业，她是这个企业里面的留守人员，是非国家工作人员，按照当时的刑法规定，只能认定职务侵占罪。侦查时我们没有发现这个企业有其他股份,现在律师说有证据证明企业股份中有1%的职工股,这个企业不是标准的国有企业。我要求职侦局再补充侦查。职侦局查了以后说,确实有这样一个证据,职工股1%。我说你们再去查查股金的缴纳情况。再查,发现是企业为了应付上级,完成股份制改革的任务,虚拟了职工股,实际上职工没有交一分钱,企业仍然是全资国有。最后,这个案件判决认定贪污罪成立。它说明股份制不只是看名称,在贪污贿赂案件中,要查清实际股份。现在又要搞混合所有制了,中石油、中石化、中国电信都在公布混合所有制方案,改革中我们还会遇到这样的案件问题。以前我们一直在争论到底百分之几算国有企业、百分之几算国有控股企业、控股企业里面哪些算是国家工作人员,好在最高人民法院、最高人民检察院已经作出了非常明确的解释。2010年最高人民法院、最高人民检察院《关于办理国家出资企业中职务犯罪案件具体应用法律若干问题的意见》可以解决国有出资的混合所有制企业里中的国家工作人员的认定问题,这里就不再讲了。

行贿受贿案件,现在不像以前了,一个送钱一个收钱,现在更多的是由很多的中介,有的是多层中介来完成。我们现在遇到的一个案子。某一个开发区管委会主任,他的舅子来跟他说情,要求他把某个工程包给某个工程公司,但是他的舅子又通过中介A去找,中介A又通过中介B找工程公司。这个主任就照顾工程公司,让中介B找的工程公司中标。这个工程公司给中介B1000万元,中介B又分给那个中介A800万元,中介A又分给主任的舅子600万元,主任的舅子分给主任300万元。那么这一串的人,哪些人构成犯罪,哪些人不构成犯罪,哪些人属于受贿罪的主体,哪些人是行贿罪或者介绍贿赂罪的主体,该定什么性质,实践中争论很大,当然我有我的观点,今天没有时间讲,我想把这个问题提给同学们去思考,以后肯定会遇到这样的问题的。当然教授们要是研究出来了,就更利于以后指导我们的实际工作了,可能今后还要请教授们讨论。

第四个方面的疑难就是利用职务上的便利为他人谋取利益。我在实践当中就遇到这样几个案子:第一个是一个县人大主任,他不分管财政,也不分管管委会,也不分管林业局,但是他可以给某些局长打招呼。打了招呼,照顾了某人,某人给了他好处。遇到了这样的案子,有的定了罪,有的就提出了辩解,说不是他的职务范围,有的就没有认定犯罪。但我认为没有认定犯罪是错误的,显然他利用了他的职务便利。还有,某公安副局长,他给这个片区的某某公司或者街道打招呼，说你们那个什么工程给谁谁，照顾一下。你说公安局长有这个职权吗？这个问题产生了争论，但是这个还是定罪了的，只是有人有争议。还有法院的审判委员会委员，他不办案，有人去找他说情，同时给他送了钱。还有法官给律师介绍案源收受律师的贿赂，2009年重庆查处了很多，几十个法官，我们一分院就办理了15个庭长、副庭长。这样的案子虽然有不同的认识，有些争论，但是对于法官、检察官来讲肯定是从严把握，只要是有一部分定得上那肯定都定上。不同的意见认为，法官也没有利用职务之便，只是因为认识，甚至有的人说因为朋友才介绍认识。但只要收了钱的都定受贿。对于利用职务上的便利为他人谋取利益的问题，《全国法院审理经济犯罪案件工作座谈会纪要》（法〔2003〕167号，2003年11月13日）规定："（一）关于'利用职务上的便利'的认定。刑法第三百八十五条第一款规定的'利用职务上的便利'，既包括利用本人职务上主管、负责、承办某项公共事务的职权，也包括利用职务上有隶属、制约关系的其他国家工作人员的职权。担任单位领导职务的国家工作人员通过不属于自己主管的下级部门的国家工作人员的职务为他人谋取利益的，应当认定为'利用职务上的便利'为他人谋取利益。"

对于虽然收钱了但是没有去谋利，或者就没有办什么事，或者办的事都是合法的，按照程序办的，《全国法院审理经济犯罪案件工作座谈会纪要》已经说清楚了："（二）'为他人谋取利益'的认定。为他人谋取利益包括承诺、实施和实现三个阶段的行为。只要具有其中一个阶段的行为，如国家工作人员收受他人财物时，根据他人提出的具体请托事项，承诺为他人谋取利益的，就具备了为他人谋取利益的要件。明知他人有具体请托事项而收受其财物的，视为承诺为他人谋取利益。"

贪污的手段是第五个难点。法律规定得很清楚，侵吞、窃取、骗取或者其他非法手段占有公共财物的，是贪污罪。我们办过一个案子。一个交警，专管交警支队的报账，支队所有的账都是他去总队报，他报着报着发现支队长的签字他可以模仿，他就模仿支队长的签字，拿到总队去再审核报账。后来，他发现审核也不是很严格，他就刻了那两个审核人的印章，他自己一个人全部办了，直接到出纳那里拿钱。他胆子越来越大，就买他自己需要的东西，包括给他情妇买了一套很贵的音响，拿发票去报账。最后查出来他贪污了60多万元，就判了他贪污罪。这个案件认定没问题。但是，那些年我们在改革当中，很多检察院遇到这种情况：总经理、厂长都有总经理基金、厂长基金，他用总经理基金、厂长基金直接给老婆、给情人买首饰，他不回避任何人，买了以后让秘书去报销。大家说这个是什么手段？当年很多这样的案子没有以犯罪论处。因为一般都认为贪污犯罪都偷偷地干，他这么公然地干就不认为是犯罪。还有我们国企的采购人员，他明明谈好这个材料单价2万元一吨采购，但是他自己另外去办一个公司，或者他老婆办的一个的公司，开发票，就开成3万元一吨回国有企业报销，骗取企业资金。争议就在于有人认为是他自己公司的经营活动，不是贪污。这种案子也有定了的也有没定的，大部分没有定。

在20世纪90年代后期，一部分国企经营管理人员的家属同时办一个公司，把国有企业进货的全部材料原料都通过那家公司买进来，实际上，还是企业人员自己操作，他那个公司根本不用人，有一个人收钱就行了，都在里面加价格。企业好销的产品全部通过他们那个公司开票出去，有的是代理销售，有的还是国企人员来销售，但是开出去还是私人公司的发票，赚的钱是家里私人公司的。后来我们就看到，那个私人公司的资产就远远大于国企的资产，国企资产就瘦身了，有的净资产为零或者负数了，最后只好一元钱拍卖。一元钱拍卖，外面人谁敢去买啊？一般人会认为它都卖一元钱了肯定不值钱了。那谁去举牌呢？你去举牌不是拿了个火炭丸嘛？你必须把那些企业职工都要安置好，否则天天找你闹，你有钱给他们发工资吗？就发生活费你都发不起。但是原来的企业主要负责人敢举牌，他知道那个企业是赚钱的，他有家属公司的现金注入经营。自然这个国有企业就成为他们自家的企业了，他那个私人公司的使命也就完成了。我们国企因此付出很多代价！管理学讲微笑曲线，简单地讲，就现代企业赚钱利润主要在两端——前端和后端，前端是产品开发设计等，后端是销售渠道等，中间是生产。现代化中前端和后端的利润越来越高，中间的利润越来越小。我请教管理学教授这个微笑曲线是什么时候发明的，他告诉我大概是1994年前后。我一回想，许多国企领导早就明白这个原理了，正好也是这几年他们知道这个理论。有些人可能是以理论为指导，有的可能是实践感悟出来的，他们用这个理论为自己捞取了资本，从法律上看，还构不成贪污贿赂犯罪。

后来刑法和司法解释对改革中的这些问题也逐步有界定。有的是界定为公安机关应该管辖的犯罪，1997年《刑法》第165条规定，国有公司、企业的董事、经理，自己经营或者为他人经营与其所任职公司、企业同类的营业，获取非法利益，数额巨大的，是非法经营同类营业罪。《刑法》第166条规定了为亲友非法牟利罪：国有公司、企业、事业单位的工作人员，利用职务便利，有下列情形之一，使国家利益遭受重大损失的，处3年以下有期徒刑或者拘役，并处或者单处罚金；致使国家利益遭受特别重大损失的，处3年以上7年以下有期徒刑，并处罚金：（1）将本单位的盈利业务交由自己的亲友进行经营的；（2）以明显高于市场的价格向自己的亲友经营管理的单位采购商品或者以明显低于市场的价格向自己的亲友经营管理的单位销售商品的；（3）向自己的亲友经营管理的单位采购不合格商品的。但是这些案件，办得很少，至少我没看见。

第六个难点贪污贿赂案件的证据。反贪最大的难点在是什么？有的人说是官官相护；有的人说是因为刑不上大夫，官大了查不到；有人说是关系网太复杂。我从事了31年检察工作，其中大部分时间是反贪。我感觉前面说的因素有，在很多的案件里面会出现，比如前面我讲党委会有意见，法院要考虑。但地方党委的意见更多的是从地方的政策、地方的发展来考虑。再有，党委也很少对于具体案件发意见，主要还是支持检察院、法院依法办案。真正对反贪影响很大的，是我们的社会文化。大家知道中国最大的特点是人情社会。平时上网看的信息，要说打老虎大家双手赞成，巴不得早点打，巴不得打出大老虎、老老虎。但是如果打到一个苍蝇，是某人家的亲戚、朋友，或者是某人的同学、亲近的人，大家就会想到他的好，大家就会想到他兢兢业业工作这么多年，作出这么多贡献，有人甚至说：我知道的，以前有人送他钱，他都没要的，我就根本不相信他会去收人家的钱。实际上很多人都会这样想的。有一次我们和区公安局长一起谈论某某区人大副主任因为受贿被抓了，办案的检察院给我们通报，人大副主任一次性收受别人40万元。这个公安局长就讲：真是想不到，他以前做国土局局长都还是很廉洁的，但是他为什么就那么傻呢？收个几千块钱的小红包就算了，他怎么会几十万元的坨坨钱也会收呢。当时我也很感慨说，是啊，真是糊涂，很可惜，都56了，快退休了，这时候被抓了，一切都没有了，归零了。但是没想到，过了半年这个公安局长又被抓了，他也是收的坨坨钱。他说别人不该收坨坨钱，他怎么自己也收了呢？一个人情社会，如果他的熟人朋友遇到这种情况，他会找各种理由为他开脱。还有的人千方百计去找人打听案情，找熟人去说情。检察机关最近再次重申打听案情、说情的登记制度，每一个办案人员，不管是检察机关内部还是外部的人来找你说情，你都要报告，做登记，管理是很严格的。我跟大家讲，如果有熟人被抓进去了，有人告诉你找了检察院的某一个人，是某某反贪局的、职侦局的，他告诉你什么什么消息，如果是侦查的关键环节，如果是这个人透露了这样的消息，是严重违反纪律的行为。现实中，大部分人打探的侦查案件消息，要么是无关紧要的程序性的信息，要么是重要的道听途说的信息，有的就是假消息。最近我们一个区检察院一个工作了 28 年的干部被抓了，曾经是我的部下，这次逮捕还是我签的字。他就是替别人打探案情，然后收了别人 12 万元。但是他打探到的案情多半是边缘的信息，多半是加上他自己的分析，而这些分析，就要看他的水平了，也是要看听的人识别能力。他打探的案情对当事人的家属、朋友、犯罪嫌疑人来讲基本没有帮助，实际上对绝大多数人没什么用处。所以，有这方面的干扰时，检察机关尽量从工作机制上去排除。在我们这样一个社会里，你说没有干扰是不可能的，但是这些干扰实际上对办案的影响不是特别大，因为绝大部分检察人员都严格遵守纪律，不会泄露侦查秘密。泄露侦查秘密的人，我们队伍里称为内贼，是检察机关侦查队伍所容不进的。反贪的最大难点不是因为权力，也不是关系。我记得 80 年代轰动全国的一个案件是修建江北机场时，江北县一个副县长任指挥长，当时被查出来有受贿问题全国轰动啊。现在，一个副县长、一个副处级干部涉嫌受贿，说实在的一年能办很多很多。2013 年全国检察机关共立案侦查贪污贿赂、渎职侵权等职务犯罪案件 37551 件 51306 人，涉嫌犯罪的县处级以上国家工作人员 2871 人，其中厅局级 253 人、省部级 8 人。重庆一个区检察院一年要办几个县处级以上国家工作人员，根本没有冒什么泡，大家并不是都知晓。在我们周围有这么多的原来认为是很大的官，被查办了，也没有引起很大的轰动。所以说现在权力对反贪虽然是有影响的，但不是核心的影响。

这些年来反贪案件的成功或失败真正的主要原因在证据上。能不能在法律限定的措施内，能不能在法律限定的时间内，取到合法有效的证据，这才是真正反贪的关键。大部分的反贪疑难案件都是证据问题。首先是反贪如何取得证据。1997 年刑事诉讼法规定了讯问不得超过 12 小时。规定一出来，大家觉得 12 小时你怎么办案啊？几乎没有人（犯罪嫌疑人）会传唤 12 小时就供认。2012 年这次修改刑事诉讼法再次恢复到 24 小时，但是现在仍然有一部分人打擦边球，有的先不确定谁是犯罪嫌疑人，那我们谁都可以问，这就没有 24 小时的限制了。

刑诉法规定讯问犯罪嫌疑人、被告人不得超过24小时，那么询问证人能超过吗？刑事诉讼法遵循的是什么原理？它是限制你的侦查权，保障涉及案件的有关人员包括犯罪嫌疑人、证人的合法权益。既然不得超过24小时是犯罪嫌疑人的合法权益，证人的自由权利应该更大。所以我认为证人也应该是可以满24小时走人。24小时要取得真实有效的言词证据，是有比较大的难度的。证据的取得还不仅是时间的问题，还在于中国人大多数都不愿意作证。我国台湾地区的曾有同教授就讲，他说大陆的诉讼法对于证人的强制力不够。我问台湾有没有不出庭的，他说证人都出庭，台湾规定很严格，你不来法官就强制你来。他说有的强制来了不说话，不说就罚款。你这次不说就罚款，下次你再不说，我再罚款。他是真的罚。不断地传，不断地罚，最后都要作证。但是在大陆，确实大家觉得在人情上过不去。本来都是邻居，看见谁把谁砍了，他是哪一方都不愿意得罪。他就说他们一会儿打过来一会儿打过去，一会儿就打完了，我没看清楚。这样的证人更多。那么遇到贪污贿赂案件怎么样？贪污可以用大量的书证，受贿罪基本上都是言词证据，依靠证人指证。这些言词证据中重要的就是行贿人的证据。今年抓了许多的行贿人。就是因为他不说，不说就要立案侦查他，对他采取强制措施。以前我们只把他找来教育教育，今天不说明天说，明天不说后天说，过两天他就说了。按照刑事诉讼法规定，追究之前主动坦白的，可以免于处罚，就可以不追究了。今天看见消息说，广东省今年第一季度行贿案子超过受贿案子。我们重庆也很多。最高人民检察院最近也开了会，要求要认真追究行贿的犯罪。我们去年办了一个某县人大主任受贿案。说某个老板给他送了60万元，就把那个老板请来，在证人席一坐，开水茶给他泡上，上午说没有送，下午接着谈，下午就说有。笔录做了，录像也给他录了，回去了。回去以后第三天，他又来检察院了，他说是前天我讲的那个不对，我没有送。但是那天你说了，我们都记录好，你也签字了，有录像的。他说那我也必须说没有。那就再来谈，给他做思想工作，他又说了实话了。他说，回去就跟做生意的合伙人讲了情况。合伙人说你要说起码关几天再说吧，你这么快说了就回来了，我们这个生意还怎么做啊。人家都知道我们送钱，检察院一找我们就说了，那谁还和我们做生意啊？那谁还来照顾我们呢？你赶快回去。他就回检察院来了。检察人员问他：那你说这怎么办呢，两次说的不一样，总有一次是假的，要追究你的责任的啊。他说那我还是说真话，确实是有，确实给他送了，但是你还是关我几天再回去，我不能马上回去了。现在就是这样一种情况，证据难以取得，更不要说有的人听说某某领导出问题了，很多跟他有关的老板赶快就隐藏起来了，找不到了。我们为了找一个人都要付出很大的成本，有的人他有外国的居留权，有的人有绿卡，或者是其他国籍，他跑出去一年两年不会回来，侦查机关也难办。

关于证明标准的问题。曾有田教授说在台湾办的贪污案件，判决有罪的不到60%，超过40%的判决无罪。大陆的有罪判决绝大部分是有罪供述，或者曾经作有罪供述后来又翻供的，从没有作有罪供述的几乎没有作有罪判决。有人统计，在初次审讯的时候有70%是有罪供述，在侦查终结的时候有90%的有罪供述。我不知道这个统计是不是科学，但我从实际办理案的情况，感觉它不是这样的。实际上，在立案的时候，在采取强制措施的时候，多半都作了有罪供述，侦查终结的时候，至少99%做了有罪供述，或者曾经作了有罪供述。

再有就是多少证据才能定案的问题。我国的证据制度，执行中实际上形成了口供依赖。今天下午我们检委会研究的三个案件都是口供有问题。其中两个是毒品案件，就是因为有人不供、有人翻供。毒品案件关于口供的问题，关于认罪不认罪的问题，怎么认定有犯罪故意的问题，现在越来越难。有的人用国际邮包将毒品从沿海城市邮递到内地来，或者用快递送来。他随便到街上吃个小面，就跟那个小面老板说，你给我一个地址，帮我收个邮包。老板同意后，他记下地址就走了。老板收到快递后，他看到安全了，他就去取，有的自己不去取，叫别人去取，不容易抓到他本人。抓到取包的人，他说这个我不知道，那是别人的。就算抓到他本人拿到邮包了，他还是说是别人让他来取邮包的，不知道邮包里是什么东西。有的犯罪嫌疑人去云南取货，到边境上神神秘秘，某天晚上的几点钟，到哪条路上，有人把东西交给他，他就按照约定的时间，背了一个包，到那个地方。有一个人过来，他就打开带来的包，别人丢一坨东西在里面就回去了。被抓住了，他说我不知道那个东西是什么。有人去云南把车开回来，在重庆我们拦住他，从车里搜出来几公斤毒品。他说我就是开车回来，不知道那里面有毒品。这样的案件已经很多很多，证明犯罪嫌疑人犯罪的主观故意成为争论的焦点、定案的难点。

贿赂案件常遇到所谓"一比一"的问题，还有二比一、三比一，但是我们的证据制度实践中主要是印证。我说我们的证据制度已经沦为机械的证据制度。

我们都强调印证，而没有真正理解好、把握好证据制度。这个证明标准它不可能很详细，再详细也解释不清楚。西方的证明标准它也是有很多解释，解释了半天，你要是没有实践经验，你也不知道那些解释说的是什么。应该说这次刑事诉讼法修改有了很大的进步，规定了排除合理怀疑。非法证据排除这个问题现在争议很大，直接涉及检察院，有的学者已经提出来，现在最大的刑讯逼供在检察院，最多的刑讯逼供在反贪。但是，是不是这样？哪些是刑讯逼供？有个概念问题，有个界定问题。哪些是非法证据？哪些是有瑕疵的证据？哪些是非法的侦查行为？哪些是违规的侦查行为？自侦工作，最高人民检察院往年提的是加大查办和预防职务犯罪的力度。今年最高人民检察院在年初布置工作的时候，关于职务犯罪侦查工作，讲的是"进一步提高查办和预防职务犯罪工作法治化水平，推动健全权力运行制约和监督体系"。也不是以前说的加强、加大力度，或者健康发展，今年说的就是法治化。

疑难案件形成的原因是多种多样的，既有司法理念的问题，也有法律解释不详细或者滞后的问题，还有侦查机关侦查能力和水平的问题，更有对证据规则和证明标准不同把握的问题。当然也有外部的干预，包括有些上访的问题，也包括"死磕派"的影响。"死磕派"我们不能一棍子打死，它是一个流派，是我们目前这个社会的一种现象，不能说他们死磕就完全没道理。但我们自己，做好自己的工作，站好你的立场。今后同学们做法官，你就做好公正的法官，做检察官当然也要做公正的检察官，做律师，你可以"磕"，"磕"多严重都是你自己的事情，当然钱多一点你可以狠"磕"。我把六个方面的难点给大家摆出来，同时介绍一些我们当时的处理情况，和我本人的一些想法，当然其中也谈到刑事法的一些原理在工作中怎么运用，和大家分享，也希望借这个机会，得到各位教授的指教，当然各位律师也可以提出批评。

**梅传强**：刘检通过自己办理的几起贪污案件，给我们介绍了在司法实践当中，贪污案件最典型的定性处理，从讲座当中可以看出来，刘检的讲座有理论分析，但更多的是把原计原味的实践中的一些情形向我们展现出来，对于没有实践经验的学生而言，刘检的讲座会给我们很多启示。关于这些非典型行为的定性，是不是恰当，包括后面提的一些疑难问题是不是真正的问题，贪污贿赂案件还有哪些问题，我们先来听听三位嘉宾的意见，同学们有什么问题要跟刘检交流，或者对我们嘉宾的意见有什么需要交流的，可以互动。我们先请陈伟教授做点评。

**陈伟：** 法治有一个曲折的过程，很多在现在已经作为犯罪来处理的，在当年的政策、环境下，相当部分的案件没有按照现在的思路处理，但这是法治的发展的过程，它必然会经历一个这样的步骤，这可能是在法治过程中我们需要付出的代价。今天我们重新审视法治的历程，我们应该感到作为法律人的责任，作为一个法学院校的责任。法治在逐渐地完善，我们的责任在逐渐地加大。

刘检的思维方式，对刑法的谦抑性的把握，在很多层面体现得非常明显，这是非常难能可贵的。耶林说过，用之得其当，国家与社会两受其利，用之不得其当，两受其害。但是在用的时候要从案件本身出发，并进行价值上的协调与平衡。怎么来权衡，怎么来调整其中的关系，虽然案内有相关的因素，案外也有相关的因素，但是法治的真谛在我们具体的办案过程中是不能放弃的。

有很多研究生希望刘检能够谈一谈对检察职业的感想，对检察执业人员的素质要求等。因为我们绝大部分是要走上司法岗位的。司法素养的培养很大一部分不是在课堂上能够完成的，很大程度上不是课堂上的事情，很多时候需要五年、十年或更长时间的体验。霍姆斯说法律的生命不在于它的逻辑，而在于它的实践。这样的一个实践一定是有逻辑的。也就是说在长期的办案过程中作为一个司法人员，一个类型化的思维把这样一些疑难性的案件提炼出来。刘检讲了六大类的问题，提出这些问题可能比解决这些问题的办法更重要。因为它指引我们思考，通过类型化的逻辑去选择、去寻找答案。

**梅传强：** 陈伟教授的点评没有针对刘检讲的内容展开。虽然刘检的六大问题他办案的时候没有结论或者没有定论，但是他讲的这些很多问题现在是有定论的，有明确的司法解释和规定。这些定论和结论，下面首先由高峰教授讲讲。

**高峰：** 这是我第二次聆听刘检的讲座非常精彩，非常深刻。尤其是刘检前面谈到受贿的坨坨钱的时候，我很有感触。在办案过程中，我也经常会遇到在工程发包领域的坨坨钱问题。比如开发商到银行取出几十万元，直接放到受贿人车的后备箱里。约到某个地点，然后就把钱给了受贿人。有的是直接送银行卡，在卡上写上密码、数字，然后跟领导说有个东西放在你办公室的抽屉里面。其他啥话都不用说了。坨坨钱的查处在证据法上的争议不是特别大。主要是我感受到现在行贿方式多元化，最近我在办一个广东的厅级领导的案子。这个大概受贿是2000多万元。之前我办的重庆的一个国有企业老总受贿的一个案子也是大概1000多万元的样子。前者很明显的是涉及坨坨钱，整个审理大概4个小时就结束了，而后面在广东的这个案子审了四天四夜。为什么呢？因为这里有很多的"白手套"，有很多一些正常的经济活动。涉及以投资的方式、以公司的名义来变现、隐名持股等，这些市场经济的新现象。罪与非罪问题在证据法上的确非常考验控辩双方。这是我的一个感受。

刘检刚才还提到了打听案情。打听案情是一个严重违纪的行为，这个我完全赞成。我业余时间也做兼职律师，感觉尤其是职务犯罪嫌疑人一旦被抓住就有点"侯门一入深似海"，可能收不到任何的信息。这是很痛苦的事情。因为你作为一个律师，你接受了委托但是没有办法开展工作。比如，在广东有的地方搞案管中心，应该说这是一个好事。但是接触之后，我发现问题就出来了。比如，在案管中心，律师会见、阅卷需预约。我从重庆跑过去，他说"对不起你没有预约，你今天预约第二天再来"，完全把我的行程打乱了。还有就是"你申请会见是可以的，但是要按我们的格式才行"。我拿出省检的，他说："对不起这是广东省检的，这到省检可以，在我们这里不行，需要我们的格式，而且一些部分需要手写，否则是不允许的。"那么它是一个服务机构呢，还是一种管理机构，设置它是对公权力的规范还是对私权利的一种保障？它的定位有问题。根源是在于它的办案人员的一种观念的问题。包括会见，你上午去申请会见，他下午给你驳回，今天申请，明天驳回。为什么呢？因为他说这个是重大的贪污贿赂案件。其实就我的了解，也不是很重大，行贿40万元左右，但一直就没有办法会见。而就会见这个问题上成了一种权力寻租的一种手段。比如，之前有律师通过检察长特许了安排会见了，那么之后的律师要再去会见就很难很难了。也就是说，这本来是属于犯罪嫌疑人的权利辩方的权利，事实上被剥夺限制，成为权力寻租的一个机会。这个是两个感受我再提两个问题。

第一个问题，刚才刘检谈到了国家出资企业，国家工作人员身份的认定问题。我想问刘检的是：对于国家出资的企业，包括国家控股一些公司、企业里面的一些中层领导，不是国资委委派的分公司的经理，这些人往往是通过市场聘任的，但是又不是刘检所讲的司法解释所谈到的，以党政联席会议或者是党委以决定的方式，会议决定的方式，没有任何的这种程序上的任命文件。这种委派从事公务的身份难以确定的前提下，能不能定他国家工作人员身份？据我所知，有的检察官说，如果否定他们国家工作人员身份，若一个大型国有企业只有六个领导才是国资委委派的，那就意味着我们只能抓这六个人，其他的大量的中层领导我们都没办法了，这个是难以想象的。第二个问题涉及是贪污受贿案件。广州有个厅级领导的案件由广东一个地级市的检察院要求指定管辖到他们那里。为什么呢，因为该院检察长是省检一个处长的校友，把这个资源给争取过去了，该案有几千万元罚没的收入，据说罚没的收入，地方可以分一笔，省检察院也可以分一笔作为办案经费。听到这个我是非常吃惊的。如果出现这种情况会不会导致检察机关在管辖容易混淆的领域在利益的驱动下把本来非国有的当成国有的，来进行分成？

**梅传强**：谢谢高峰教授。如果说陈伟教授是学者，又是在检察院挂职，所以从某种意义上讲陈伟教授和刘检是同一战壕的战友。所以基本上没有给他提问题，没有针对他的问题做评论。那么高峰教授除了是教授之外也是著名的刑辩律师，所以提的问题是站在辩方的角度。那么最后我们压轴的李昌盛教授，不仅是教授也是高级法院挂职的法官，听听他站在法官的立场怎么看刘检今天的讲座。

**李昌盛**：我跟刘检私下经常有一些交流，每一次不管是跟他交流还是做讲座、上课，我都能得到无数多的收获。我绝不是恭维，今天晚上就分享一下我的收获。第一位点评人陈伟教授说了一句非常让我伤心的一句话，他说今天晚上刘检给我们抛出了很多很疑难问题但是没有给出任何答案。我不知道同学们听出答案没有，反正我是听出来了，刘检告诉了我们反贪的七个必要的本领。我把它概括为反贪秘籍。秘籍一：要学会请示、汇报；秘籍二：要学会适度沟通协调；秘籍三：原则上服从领导；秘籍四：要手拿唐僧法宝；秘籍五：基础一定打牢；秘籍六：心态一定要好；秘籍七：刑法要学好，刑事诉讼法要学好，证据法更要学好。学会请示汇报，刘检在第一个例子就给我们展示了，他一直请示到最高人民检察院，但是最终还是服从了当地的领导。虽然最高人民检察院说2万元钱足够定罪，但最终却没定。适度沟通协调，刘检在很多案例中都跟我们说，有时候拿不准的时候就会去找法院提前沟通，我起诉过去你看是定还是不定？我不知道这种办案方式现在还有没有，应该说前面三种办案法宝是以前的老法宝。现在已经越来越少了，因为从刑事诉讼的公正性来说，那基本上是把辩护律师抛到一边不带你玩，公检法三家或者检法两家私底下定被告人。程序的透明公正一点都没有。所以这三个老法宝，同学们不需要学，需要学的是后面四个新法宝,其中之一就是一定要学会唐僧法宝。唐僧最大的本事是什么?就是念,就是说,就是可以"把死人给说活"!有一个犯罪嫌疑人跟刘检住在一起,第二天早晨起来以后他告诉刘检说:我差一点就死了。刘检就做他的思想工作,后来他不但不想死了而且还供述出了他的犯罪事实。这是"把死人给说活了",而且让说活了的"死人"供述出了他的犯罪事实。另一个说的功夫比较厉害的是重庆的一个案子,一开始这个犯罪嫌疑人不配合,保持沉默,说到下午的时候就开始承认了。承认了以后第二天跑回来又不承认了,不承认之后,刘检又说,他又承认了,而且刘检还把他说到关看守所里去。另外一个法宝就是基础一定要打牢,刘检给我们分享了他读书时的经历,尤其是他当检察官之后在高级检察官培训中心时的一些经历,他说王作富老师、高明瑄老师给他上课的材料他至今保留;而且后来成为他办案时非常重要的参考。刘检后来能够办好以及办的很多案子他之所以那么肯定,即使他的同事跟他说你不担心办冤假错案,但是他稳如磐石,因为他基础扎实,他知道自己的定性没有错。这里的底气不是靠权力也不是靠哗众取宠,靠的是扎实的专业基础。第三个新法宝:心态一定要好。检察官办案子有的时候会遇到外部的各种各样的权力的干预,各种各样人情的关系网。有的时候我们明知道这个人有可能有罪,但是由于某一个领导的干预,我迫不得已就把他放了。有的时候,我们甚至明知道他有可能不构成犯罪,却要违心地追究他的责任,当然我们不能在这些情形下心里面没有一点愧疚感,对被害人也好,对被告人也好。但是有的时候更多的是你共和国体制下的检察官必须学会的痛,这样的一种痛就需要有一种好的心态来化解。

最后一点比较重要,他提到了我们法学教育目前存在的问题。十三门主干核心课程,毕业时一大部分都已经学完了。但是你们学过证据学没有?可能有的同学选了,有点同学没选。但是稍微有实务经验的人,比如刘检这样工作多年的老反贪、老检察长、老检察官都知道证据是实务当中最重要的东西。我不是说其他法律不重要,同样重要,但它是基础。但是很多同学忽视这一方面问题的学习。这是同学们在学校期间就要确定的一个新方向,这是刘检给我们指明的。以上是我的七点收获。

那么最后我简单地请教一个问题。刘检说我国的证据制度是一种机械证据制度,机械证据制度该怎么理解在我们国家不管是检察官也好还是法官也好,他在证据的采信方面有没有裁量权?这种裁量权是不是很大?

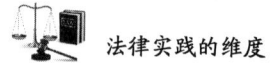

**梅传强：**请刘检对三位点评嘉宾的提问做一个简单的回应。

**刘晴：**好，我来做一个回应，这是西政讲座的传统。刚才李教授的点评，我也听起来感觉是糖，但这个糖呢，实际上是棒棒糖，包括7大秘籍，表扬的同时也是对我们的做法的一些责问，也包含了一些批评。但是我也觉得其中很多即便是批评也是很有道理的，如果从教师的角度我很赞同。但是在实践中，我尽量站在公正的立场。我记得2012年全国讨论刑事诉讼法修改草案，所有的组织和个人都可以提意见，我还请来潘金贵教授参加讨论，最后我签发了一分院向全国人大常委会提交的《关于对刑事诉讼法修正案的修改意见》，我们提了19条对草案的修改意见，最终刑事诉讼法出来的定案，我们提出的19条有7条被采纳了。当然并不一定采用的是我们的，也许别人也提了。我这里要说的是，我们提的第1条修改意见就是要把保障人权写进刑事诉讼法里，就是要把宪法的规定落实到刑事诉讼中。在这里我如果对每一个案件进行剖析没有时间，以后给大家上课时再讲，最主要的是案件给我们的启发。我刚才讲美国的大法官在解决疑难案件的方法时就讲了要历史地看。原则性问题后来都解决了，都明确了，是从理论上和司法解释上逐步解决的。如果我们知道有这样一个解决的过程，以后遇到相关联的案件还是容易把握的。刚才高教授提出了两个问题，国家工作人员的解释现在已经明确了，但是还有一条，就是说国家机关派出的单位或者组织，他们下面的人员还是不是国家工作人员？实际上就是到哪一级的问题。目前我们这样理解，比如具体到我们的央企，四大银行，他们的工作人员都是国务院任命的这些人肯定属于国家工作人员没问题，如分行的行长、总会计师，我认为他们是国家工作人员。但是再往下，委派的人再委派就不是啦，像支行行长就不应以国家工作人员论。现在检察机关在防止利益驱动办案这一块做得比较好，至少我们重庆做得比较好，前提是政府的财力支持，以前财力不足以保障检察机关的办案。现在检察院每年要对扣押财物进行清理，再有违规扣押就要处理人，所以这个问题在我们重庆管理的比较好。刚才提到嫌疑人的权利保障的问题，这也是我们目前需要重视的，之所以现在反贪反腐要法治化，就是实践当中有些潜在的问题。检察机关正在走向法治化、正规化，严格执法。对于违法办案，严重侵犯犯罪嫌疑人、被告人合法权利的，绝不客气。法治是靠我们所有的人推进的，法律共同体包括教师、律师、法官、检察官，要共同维护法律的尊严。李昌盛教授研究犯罪嫌疑人权利保障问题很深刻，他说美国的羁押率百分之六十几，我们重庆近年来的羁押率也是百分之六十几。我们是从2000年前的100%以上降下来的，进步是明显的。李昌盛教授的七大秘籍里面包含很多内容，有褒有贬，应该说是从老师的角度、学者的思维总结出来的，提的很有道理。关于证据制度，我理解我们的证据制度在不断完善，并且很多执法者没有完全理解和掌握，在执行中十分僵化。对口供的依赖可以说就是这样形成的。口供成为证据之王，不是我们理论上界定的，也不是教科书上描述的，而是司法的实践中作出来的——口供不对我不判，他不判我就不诉，他不诉我也不批捕，那最后就逼迫侦查部门取得口供。教授们评论薄熙来案件时，说在法庭上提出来的有个证据是不对的，是现行刑事诉讼法没有列进来的证据。这个证据就是薄熙来在纪委的供述，它不应该在法庭上出示使用。但是案件没有别的证据，特别是重要的证据来证明案件关键情节。这说明什么？说明法院就是需要这个证据。薄熙来在法庭上供述，他在纪委"双规"时，在压力下只认了两单。如果他一直主张他从来没有承认过，有可能出现问题，可能就不能认定他的犯罪事实。这在我们司法实践中是常事，我认为这样做是机械的，是我们的司法实务把它机械化了。我们或许会明确适用自由心证，我认为那样是正确的，但还需要一个过程。在检委会上有过这样的争论，有人说我的观点叫推理，就来定别人有主观罪过。推理是什么？推理是我们认定案件的基本方法。这个是我们的哲学基础，办理案件肯定是要用推理，只有在推理当中、只有在自由心证当中才能有自由裁量，包括证据的自由裁量，如果都要机械地用几个证据来印证他的主观故意，那我们很多案子都定不了，那是不是就在放纵犯罪？当然有部分是可以放的，但是放多了就会有问题。比如在90年代的英国，成立了司法改革委员会，进行了全面的调查，最后发出了《所有人的公正》白皮书。英国的司法改革的方向和我们的改革方向是不同的，我们现在是加大限制侦查的权力，英国那次改革是反方向的改革，是要扩大警察的权力，增加被害人的权利，而对于被告人的辩护权、沉默权等没有进一步强调，而且有的还作了限制。英国大法官丹宁的《法律的正当程序》里讲道：我早就致力于人权问题，但是回顾30年来经办的案件，我发现自己涉及的与其说是自由毋宁说是如何不断摆正自由与安全的关系。他在写第三篇《逮捕与搜查》时说："当然，人身自由必定与社会安全是相辅相成的。我说的安全是指我们所生活的社会中的治安和良好程序。倘若一个正直的人可以受到杀人犯或者盗贼的侵害，那么他的人身自由就分文不值了。每一社会均须有保护本身不受犯罪分子危害的手段。社会必须有逮捕、搜查、监禁那些不法分子。只要这种权力运用得当，这些手段就是自由的保卫者。但是这种权力也可能被滥用。而假如它被人滥用，那么任何暴政都要甘拜下风。"这些给我的启发是：这些年来我们的司法和司法改革不也是不断在保障自由与惩治犯罪两者之间的平衡吗？

**梅传强**：好，请同学们提问。

**提问一**：首先感谢老师今天带来的讲座！你在证据这一章提出了一个非常意犹未尽的话题，就是如何排除合理怀疑，因为时间有限，所以没有深入地分析。我很好奇，希望老师能解答，第一就是排除合理怀疑的怀疑究竟是通过什么样的依据去判断呢？是通过陈忠林教授的常识、常情、常理来判断呢，还是通过证据相互之间的性质特征来判断呢？第二就是如何判断这个怀疑的合理性呢？一个怀疑的提出都有好的坏的地方，不同的怀疑之间是如何进行比较的，排除的合理标准在哪里呢？第三个就是如何排除，是通过证据的比较，还是通过其他的一些方式？如果是通过证据的比较来排除，那么怎么评判呢？

**刘晴**：这位同学问题提得很好，因为时间的问题，我讲个案例：有一个女工，她在上班的时候遭到了同厂男工的调戏，下班以后她就回家给老公讲了此事，吃完晚饭他们俩就到那个男工家，这个男工和他的父母亲在吃饭，夫妻二人就进去跟他们理论说为什么调戏女工，男工不承认，并且男工父子打了女工的丈夫，当然女工的丈夫也挡了几下，甚至也还了手。在这个过程中，没别人拿东西，只有这个男工父亲拿出来了一个塑料水管打女工的丈夫，这个塑料是较硬的塑料。扭打的过程中女工报案，警察就来了。当时这个女工的丈夫受伤，立即叫了救护车，到了医院进行治疗，发现他的手臂骨折，经过医院治疗以后，法医鉴定为轻伤。这可以追究刑事责任了。在这个案子的讨论中，就有人提出来，辩护方也提出来，是被害人在送往医院途中受伤，或者说是他自伤。那么他自伤或者在医院途中受伤是不是合理的怀疑？

第二个案子。在一个小镇里，一个妇女在茶馆里打麻将，小镇上有个混混，去调戏这个妇女，这个妇女的丈夫到现场发现他正在调戏自己的老婆，就打起来了。这个混混之所以叫混混，是他比较横，他就倒在地上说受伤了，要去医院检查，要求赔偿他10000元。到医院检查之后，医生说没什么问题，但他就说痛，那医生就说开一点止痛药，然后就出来了。但是这个混混说我还会找你。

后来，这个混混到派出所报案，他说被那个男人打伤，经鉴定头部重伤。怎么回事呢？经过调查，那个混混那天是喝了酒的，从医院检查出来，这个妇女的丈夫走了之后，混混在医院的门口打电话时摔下了台阶。他摔了之后被人扶起来，又到医院去看，这次确实摔伤了——脑震荡。

这两个案子告诉我们，如果要有怀疑，首先就要合情合理。第一个案件中，这个怀疑是否合情理？那个怀疑是不合情理的。为什么要自伤？有人说有的人为了骗别人而这么做的，这是否符合常理？我们要以常识、常情、常理去判断，他的自伤明显不具有"性价比"。而且他是救护车送到医院的，也没有摔伤的时机。其次，要提出合理怀疑，一定是要有客观的证据，如果没有证据，那么你提出的怀疑就是没有根据的。第一个案件中，自伤的怀疑没有任何根据，只是一种猜疑，都谈不上嫌疑。第二个案件中，那个混混第一次从医院出来，跟他打架的人走了后，自己受伤，既有符合逻辑的时机，又有证据证明。不仅有医生证明混混那天两次进医院，还有陪混混去医院的、混混的朋友证明他在医院门口台阶上摔跤的证言。如果没有证据的怀疑，又在情理上说不过去，那就不是合理怀疑。

我想通过这两个案例的比较来说明合理怀疑应当是有根据（证据）的怀疑，是合情合理的怀疑，二者必须同时具备。证据的比较判断问题，根据证据的性质去比较，是判断证据的基本方法，在排除合理怀疑中当然要用到，这个不是今天讨论的重点。我就回应到这里。

**提问二**：刘检和各位教授都是谈如何办理贪污腐败案件，如何用刑法的法律去约束贪腐，我觉得应该思考的是在腐败出现之前应该用什么样的制度去约束它。刘检能否从办案经验对其他的一些制度建设提出一些建议？

**刘晴**：这个题目太大了，这里边包含几个大的话题，其中一个就是我们反贪的方法。查办案子要抓住什么？同时我们另外一个话题就是预防，检察机关专门成立了预防机构，利用检察机关查办案件的经验，帮助有关的组织去开展职务犯罪的预防工作，这个预防工作简单讲就是教育、制度、监督三个词，但是一个体系，讲起来是一门课。实际上，职务犯罪预防就是一个社会治理问题，十八届三中全会提出要建立科学的社会治理体系、提高社会治理的能力。所以，预防职务犯罪和预防普通刑事犯罪一样，不只是查办犯罪、处罚犯罪就可以预防的，不是仅靠司法、执法机关的工作就可以防范的，它是一个系统工程，是

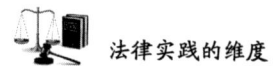

社会治理工程。有一次我听黄太云讲课，他评判重刑主义观点，说社会治安主要靠社会管理，不是靠重刑打击。我非常赞同，结合我多年的反贪经验，我认为贪污贿赂犯罪，包括其他的犯罪，不能仅靠打击，不能只是靠重刑，重刑不能解决犯罪的问题，是社会治理的问题。职务犯罪更要靠系统的社会治理——教育、制度、监督综合的治理。

**梅传强：** 由于时间关系，我们今天的讲座就到此结束，非常感谢刘检一如既往的服务母校，也感谢各位点评嘉宾和参与嘉宾，各位同学的支持参与，谢谢大家！

# 03

# 司法改革三人谈

主讲人：**王小林**（重庆市涪陵区人民法院院长、全国审判业务专家、法学博士）
　　　　**陈　斯**（广东省东莞市第一人民法院院长、教授、法学博士）
　　　　**高一飞**（西南政法大学法学院教授、博士生导师）
主持人：**唐　力**（西南政法大学法学院院长、教授、博士生导师）
时　间：2014年9月16日
地　点：西南政法大学图书馆学术报告厅

**唐力：**大家好，今晚做一个关于司法制度改革的讨论。我首先向各位介绍今天主讲的三位嘉宾，他们是涪陵区人民法院党组书记、院长王小林博士，王院长也是我们学校的兼职硕士生导师；第二位是来自东莞市第一人民法院陈斯院长，陈院长也是我们学校的兼职硕士生导师；第三位是咱们法学院的高一飞教授、博士生导师。莅临今天晚上讲座现场的还有来自桂林中级人民法院的法官，来自东莞第一人民法院的法官，来自我们重庆中钦律师事务所的律师。参加今天晚上讲座的学院领导有我们学院的副书记鲁琴老师，副院长颜飞老师，办公室主任左春曼老师，欢迎大家的到来！

大家可能知道，上一轮司法改革是在20世纪80年代末期开始的，主要是法院在案件审理中通常采取的是先定后审，以至于庭审走过场这样一种情况，开始了庭审方式的改革，所以最开始叫审判方式改革。后来发现光改审判方式不行，那么就进行了整个司法制度的改革，当然当时的改革最主要是程序规则、庭审规则的改革。但我总体上感觉上一轮改革并不是很成功。其实，这一次改革应该反思上一轮改革有什么经验、教训。党的十八大以来，我们又要进行新一轮司法改革。而且这一轮司法改革应该是更深入、涉及体制的一个改革，是涉及法官制度的改革。所以，今天我们请到了来自实务部门的专家，也有来自学界的学者，对这个问题共同进行探讨。下面我们就开始今天晚上的讨论，首先有请陈斯院长。今天晚上讨论三个主题，三位嘉宾分别主讲一个，进行互动，一是法官制度改革，二是审判权运行机制改革，三是司法普遍性与中国特色。

**陈斯**：感谢西南政法大学法学院提供这个机会，让我们一起分享和讨论这个主题。应该说司法改革是最近一段时间来最热门的话题。为什么要司法改革，司法改革的重点、难点在哪里，我们到底面临哪些问题，是学界、实务界都非常关心的问题。我在这里先做个铺垫。现在全国法院案件的状况，大家看一下，2008年到2013年5年间全国法官案件情况如下：受理案件5410.5万件，省直辖案件5525万件，涉及标的8.17万亿元，相较过去5年增长得非常明显。这是2014年最高人民法院工作报告披露的一些情况。2013年全国法院受理的案件数是1294.7万，也处于不断上升的状态中。在案件数上升的大背景下，人员流失比较严重。江苏在2008年至2012年的几年间，全省法院流失人员是2402人，其中法官1800人。这5年来广东全省法院离开法院系统的1000多人。案件数不断上升，但是法官为什么会走呢？一定有它的原因，就是与我国现行的法官管理制度有关，待会儿我再专门谈论这个问题。东莞两级法院2009年到2013年总共走了95个人，其中辞职14人，调到党政机关三十几个人，到其他法院40人，聘用的司法辅助人员两级法院走了300多人。我们做的职业规划的调查显示，只有53%的人明确要留在法院，剩下的人基本不能确定，有些说要走。应该说是发展与问题并存，整个法官和法院系统的人员素质在不断提升之中，但是存在的问题也一直在那里。还有一个是司法外部环境，我们处在一个转型期间，矛盾集中多发，各种纠纷层出不穷。强拆、医疗纠纷、劳动纠纷，也是在社会上反响比较多的纠纷。在说到司法的外部环境时，我们必须注意到的是，现在的司法存在的困难就是行政化、地方化，司法的公信力受到冲击。这些都是集中地影响着司法能否走出困境的重要因素。关于司法改革，最高人民法院到现在已经出了第四个发展纲要。前三个发展纲要主要是法院内部自身的改革，特别是审判方式的改革。应该说通过这十几年的改革，人们对法院内部的运行情况已经比较了解了，改革也比较成熟了，同时也到了一个瓶颈区、关键期，再往前走，走不动了。因为过去的改革都是基于法院内部自身的改革，而这次改革是自上而下，由中央直接定调、做好顶层设计的改革。这次改革比过往的三次改革应该说更加有影响，而且成效会更大。这次改革方向的基本定位，一是依法公正独立行使审判权，二是健全司法权力的运行机制，三是完善与人权相关的司法保障制度。最高人民法院把法官改革与法院改革定位为"三化"，即正规化、专业化、职业化。改革有八个重点领域，包括深化法院的人事管理体制改革；探索建立与行政区域适当分离的司法管辖制度；健全审判权力运行机制；还有人权保障、司法公开、法院的职能定位、司法行政保障机制、涉访涉诉的信访改革。这里提到了很多关于法院人员改革，还有省以下集中管理制度，还有相关的司法保障制度，这都是法院改革的重点。下面我重点围绕法官制度改革说一下。

改革中的重中之重是司法人员的分类管理，就是把法官跟司法辅助人员、司法行政人员进行分类管理，目的是对过往的"大一统"的那种管理模式加以改变，因为之前对法院的管理完全参照行政机关的管理，它无法体现法官管理的特点，这也就造成了法院尤其是基层法院的法官上升通道被堵塞，大多数离开法院的也是基层法院的法官，因为他们最忙、最辛苦，但发展的空间最窄、上升的空间最小。这一次改革很大程度上就是要改变这一现状。我这里收集了几个地方的改革方案，一个是上海的方案，一个是佛山的方案，一个是深圳福田法院的方案，还有一个是珠海横琴的方案。这四种方案各有它的特点，但是基本上都不能脱离一个最关键的内容，即主审法官制度。上海是这样的：将法官中的 33% 定位为主审法官，其实就是法官精英化的前提，就是先行一步的做法。它希望通过这 33% 的主审法官将一个法院所有的案件都审理完，然后 52% 的人是作为司法辅助人员叫法官助理或书记员，还有 15% 的人员是作为司法行政人员，想通过这种方式将审判和行政分离开来。佛山，它是审判长负责，认为现在法院只有少数法官才是真正的法官精英，才能代表法官公正执法的形象，所以它将审判权集中在部分审判长那里。佛山公开选拔了 30 多个审判长，但是有些法院只选二十几个人。这里的审判长要与庭审中的审判长区分开来，庭长负责管理行政事务，审判长负责管理案件、负责审判，这样就将行政事务从审判中分离出来了。这是佛山的方案。原来的设想与现在方案的对比，这仍然有差别，人数上不一样了，选任方式也发生了改变，行政级别也跟原来的设想不同了。比如说经济待遇，这是最重要的一点。原来是设想，法官设立审判长负责制之后能够比以前的收入翻一倍，但最后没有通过。还有一个方面是财产公示，最后也没做成。深圳的主审法官负责制跟它不太一样，深圳是做成一个审判团队。深圳法院是"1+2+3+4"，"1"是主审法官，"2"是两个普通法官，"3"是三个法官助理，"4"是四个书记员，其实就是10个人的团队。它把原来的审判庭拆散了，拆散成若干个团队，每个团队一年要承办1000—1500个案件，所有的案件都要由主审法官签署法律文书。它这种做法存在一个问题：一个团队一年如果完成了任务奖10万元，由主审法官负责分配。但是一个庭拆分为若干个团队以后，每一个主审法官都要签发所有的法律文书，还要开庭。从目前观测的工作量是这样的，一个法官无论他如何努力，你要说一年1000—1500个案件，所有案件都要参与审理、判决，这是绝不可能的。所以很多情况就是，很多案件主审法官没法参与，但是法律文书要他签发。把大的庭长变成若干个小的庭长，这是深圳方案改革的一个问题所在。还有一个比较特殊的就是珠海的横琴方案，珠海横琴法院是个新设立的法院，它是很小的一个法院，总共只有8个法官，案件也很少，成立的第一年只有200多个案件，听说今年已上升到五六百个案件，估计近两年会达到一千多个案件。由于只有8个法官，它没有庭室的划分，它只有审管办、人事监察办公室、司法政务办公室、执行庭、司法警察大队。它的法官叫专职法官，跟副院长是平行的，年薪在23万元至25万元，配3个助理、一个书记员。它还是设有院长、副院长，但是没有案件的审批程序。它的专职法官现在想向全社会公开招聘。但实际上我知道的只招聘到一个律师。它的目的是彻底打破以前的审判方式，做到去行政化。现在存在的问题，第一是院领导的部分权力转移给了审判长和主审法官行使，但主审法官的权力跟原来庭长的权力是相近似的，实际上法院的大庭变成了小庭。第二是按照现有方案，它是将每一个中级法院和基层法院法官的级别与相关的行政机关对应，比如基层法院的法官最高是二级高级法官，只有一个。那就意味着，如果你继续留在基层法院，无论你多么优秀，你也将来只能达到二级高级法官，就没有再发展的空间。第三个问题就是刚才说的横琴法院骨架小、案件少，不具有普适性。第四个就是法官职业保障的问题，因为现在的法官职业保障没有一个单独的保障体系。特别是涉及现在一些错案追究制，它存在很多问题，如如何界定错案，因为错案本身不是一个法定的概念，很多时候它是一个政治术语。

所以一旦涉及错案，包括最高人民法院，它都不好界定，所以，这会影响法官的职业保障。现在最高人民法院全面推行法官的错案追究终身制，很多高院都做了。但如何保障法官能够正当地行使审判权，这一点还没有相应的配套措施。还有就是像横琴法院那种模式，实际上8个法官基本上相当于全科医生一样，什么案件都办，很难培养一个专家型法官。其他的包括审委会的角色，还有去地方化的时候，地方人大、地方党委跟法院的关系以及对法官的考察任命，这些都是悬而未决的问题。应该说在过往我们已经做了很多的探索，但不是我们这里讨论的重点问题。我就讲到这里，剩下的就交给其他两位嘉宾，谢谢大家。

**唐力：**陈院长向我们介绍了司法实践中关于法官制度改革的一些情况，感觉各个法院都在搞自己的，没有一个统一的做法，有点像包产到户的感觉，完成任务还要奖励这个小组20万元，这个我觉得是不太合适的。当然，法官制度改革的动因就是法官审判的职业化问题，它不能跟行政机关相比。行政机关是根据行政级别来衡量一个人的水平和价值。因为法官这个职业是专业化的，就像我们在大学当老师一样，行政级别对我们毫无用处。但是法院现在是类公务员管理，所以行政级别对法官至关重要，而它的职位只有那么一些，职级也就是行政级别上不去，所有的待遇也就上不去，也体现不出价值。所以想向专业化这个方向改革，但是改来改去（刚才听陈院长这样一介绍）还是往行政级别方向上去套，这个思路总让人觉得有些纠结。现在让我们听一下另外两位嘉宾的观点。

**王小林：**这个问题我想代主持人问一下陈斯院长，刚才你介绍了法官职业化改革的若干试点法院，我想听一下你对这个问题的总体设想，这样我们才好讨论。

**陈斯：**刚才唐院长提出一些质疑，其实也是我刚才提到的那些疑问中的。但我的感觉是，最高人民法院总体的改革方向是对的，就是法官要走专业化、职业化的道路，但要怎么走还要认真思考。现在存在什么问题呢？主审法官，就举刚才上海方案的例子，它是中央政治局讨论通过的，准备全面铺开——对其中提到的33%，我是很有疑问的。他们通过调研认为33%的人足够把案件审完。但这33%的法官是怎么选出来的呢？他们没有说。

**唐力：**按东莞法院法官的人均办案量500件计算，如果去掉2/3的人员，剩

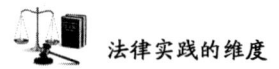

1/3 的法官来主审，一个人要承担 1500 件，我记得上次我们讨论了这个问题。1500 件即使有 100 个辅助人员帮着你干，但这 1500 件也要开庭，怎么开呢？

**陈斯**：唐院长刚才问到我，我们的思路是怎么样的？我们的改革重点落在人民法庭这一块，我们从人民法庭改革这里杀出一条路来。因为东莞非常特殊，全国只有东莞法院的法庭做得这么大。我们有两个法庭，一个是东城法庭，一个是南城法庭。东城法庭一年的案件最多的时候到了九千多件甚至上万件，它的案件量比内地很多的基层法院、中级法院两级法院加起来还多。我们的法庭用 50% 的法官人数完成了全院近 70% 的案件量。所以我们法庭改革的大致趋向是这样的，也是搞主审法官，但不是像上海人为地划定 33%。我认为在我们的法庭里面，要有能力把案件办完，要求有 3 年工作经验。我认为这大致是正确的，因为基层法院 80% 的案件都是简易案件，事实上有 3 年工作经验就完全能够胜任。

**王小林**：唐院长，刚才陈斯院长回答了你的质疑，你的质疑不只代表了你一个人，可能很多学者、学生都在质疑为什么要给像陈斯院长他们东城法庭一个法官团队或者一个法官一年上千件的案件。刚才陈斯院长已经回答了这个问题，但是我想补充一下。中国的纠纷 80% 都在基层，甚至 85%、接近 90%，按照现在最高人民法院的年鉴统计数，85% 以上是民事纠纷。在所有的 85% 左右中的 80%，就是陈院长所说的简易案件，这些纠纷并不是很复杂。但我们还是要为法官呼吁一句：法官很辛苦，尤其是基层法官。但如果一个法官真的达到了专业化水平，案件处理起来更快。但是有一条，客观地讲，让一个法官一年亲历一千个案件或者八百个案件，每个案件都亲历全过程，从法庭调查、法庭辩论到整个审判结束，那是不太可能的。对改革方案中确定的 33%，要处理这么多的纠纷完全是可以的。就像我们法院一样，我算了一下，一年的案件接近一万件，实际上除掉执行案件，大概 7000 件左右就是审判案件。我们在一线办案的法官是 74—78 人，当然包括院长、庭长都要去一线办案。我们整个法院的编制是 175 人，实际在编一百五十几人，其中半数不是实际办案法官。这七十多个法官办 7000 多个案件，实际上跟东部无法比，但我们这种法院在重庆，恰好是中偏上的。与重庆市涪陵法院基本一致的是 10 家，我们一共是 38 家基层法院。另外与我们的案件数相比还少一两千的是三类地区法院，又有 10 家，这样就占到了 20 家。案子绝对多、在 15000—20000 件的只有四五家法院。涪陵法院恰好代表了重庆基层法院最普遍的情形。我也调查了四川,四川也算一个比较大的区域,它有一百多个基层法院,一年5000—7000件案子是普遍的。法院的编制在120—150人,其中在一线办案的,150人中有70多个人,120人中有60来人。在这60来人中30人如果是精英法官,执行繁简分流,他是有能力来处理的。针对唐院长的疑惑,我跟陈斯院长是一致的:真正科学化,进行分类化管理,让它实现专业化审判。我觉得专业化审判经过专业的培训和训练是达得到的。但是职业化保障现在却是个大问题。刚才陈院长介绍的这四五家法院我也都去调研过,知道它们的实际运行状况,也邀请了他们的院长到我们涪陵法院做过交流。现在是需要真正的顶层设计。法官的职业化保障有两个方面:从社会政治待遇方面,他毕竟有一个职业荣誉和职业尊重感。中国讲究行政级别的高低,省部级总比厅局级舒服,同时相应的待遇也不同。我倒觉得法官制度改革,不能完全去行政化,可以搞类行政化管理。类行政化管理就是类行政化的保障。为什么我们按行政化管理,法官积极性不高?因为从行政机关挤一点过来的行政编制行政职级太少,保障太少。如果搞类行政化管理,相对独立,搞类行政化保障就按照法官法规定的法官职级,从首席大法官到普通法官是五级,五级一直连通到首席大法官连起来是十三个阶梯,跟行政职级往上比,如果要按照中共中央的决定,要凸显法官的职业尊重感高于他的级别的话,我觉得就得高于30%或25%,同等级别往上靠。我觉得改革的成效最终还是要内部接受它,外部要接受它。内部要接受它,是指法官愿意留下来当法官;外部要接受它,就是说社会愿意给法官提供这些保障,包括物质到精神层面的东西。所以对于法官制度改革,我们应该充满期待,但是这种期待应该是谨慎的,更需要我们付诸行动,自己探索。不能希望顶层设计给你拿个东西出来,最好我们有一个探索的蓝本,供上层决策和选择,所以现在法官制度改革和其他改革一样还是在路上,说不定才刚刚起步。这是我的看法。

**唐力:** 两位法官对这个改革的意见基本一致。现在大家,特别是学界很反感法院行政化的问题,但王院长说还是要保留。下面让我们听听高教授的发言。

**高一飞:** 接着上面的主题。司法改革的问题是非常多的,但我们主要介绍的是法官的人员分类管理问题。这个问题是"最高人民法院五年纲要"明确提出的,到2016年底我们要建立符合司法规律的法官人员管理制度。这个管理制度,一方面有一些独特的规律,另一方面它是与整个司法改革连在一起的。从

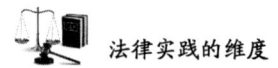

这个问题出发,可以触及我们整个司法改革中的一些根本性的问题。司法改革的任何一项改革,如果人员的积极性不调动起来,整个改革将无法推进。通俗一点就是,如果不加工资的改革是虚伪的,待遇应该与付出相当。中国历史上,农村改革和城市的工业改革都是从给人发奖金开始的,从他的权利和待遇开始的。虽然是这么一个表象,但背后实际上牵涉几个方面的问题:第一是关于每一个人纵向的问题。那就是说,我一个人怎么进来,符合什么样的条件才能进来,进来之后我的权利和义务怎么样做到一致。第二就是出口问题。比如说不符合条件的、达不到标准的人应该出去。第三是内部人员之间关系的问题。法官本人跟他的助手,助手一、助手二、助手三的关系是如何的,法官跟庭长和院长的关系是如何的。我觉得,目前在进口的问题上,基本上解决了非职业化的倾向。从2001年法官法修改以后——当时江平教授说忽如一夜春风来,想不到我们的改革这么快——一夜之间,所有进检察院、法院的检察官、法官都需要经过正式考试并且要通过司法部组织的司法考试,这个非职业化的问题基本解决了。但这个条件就完全具备了吗?我前几年写过一篇文章,就是专门点评东莞一分院的东城法庭,因为东城法庭是全国最大的法庭,当时《人民法院报》有一篇文章宣传东城法庭是全国文明青年法庭,因为其法官平均年龄为28岁。我看过里面很多数字,相信在座的法官很多都了解这个情况。陈斯院长讲案件不需要太多专业化的知识,那我需要什么?实际上是需要的经验。确实很多基层法院的案件都需要经验。平均年龄28岁,里面还有几位四十几岁的老同志,意味着有许多的二三十岁的人在办案,他们甚至是重头。那我们怎么能保证每个法官都是全国优秀法官,案件的质量怎么保障?所以我们的人员分类管理改革的进口关,将来还要进一步落实从律师中选拔法官、上级法院从基层法院选拔法官这样一些制度。中国法官的平均年龄很小,英国法官平均年龄是62岁,中国有自己的特色,主要的原因是案件审理完之后将来是有检测机会的,但是经验同样也是很重要的。在办理案件的过程中,权利落实以后的责任如何落实?上一次我和唐院长到宝安区法院,院长就讲了一个很现实的问题,他说宝安区法院标的8000万元的案件可以自己办,8000万元以上的案件就到中级法院。我们相信标的这么大的案件,绝大多数的法官是有良心,是经得起金钱的考验的。但是如果说是每个月拿着一万元或者6000元的工资的法官,这辈子只做一单行不行?但是司法不会允许你做一单,若那样,人民群众对司法就不会信任了。

第三，如何把握好出口的问题。将来中国的法官律师制度应该学习西方，应该到65岁或者70岁退休，因为经验非常重要。这是从纵向来说。从横向，即个人和其他人员的关系来看，这也是一个非常重要的问题。我觉得最高人民法院把庭长、院长对法官的管理定位为"管理、指导、监督"六个字是非常重要的，原因就是我刚刚所讲到的。我碰到很多院长，他们是这样讲的，一个案件里面是不是有什么问题，不要过分去强调他的亲历性。我们的大学教诉讼法的老师总是强调司法的基本特征是亲历性，没有亲自看到就不能判案件，我觉得不是这样的。有经验的院长，他一看就知道被告人有没有问题，所以他在一天同时批阅那么多的案件，不能说批阅是一个简单的程序管理，我觉得有实体监督在里面，这还要坚持。重大疑难案件还要进一步与其他的制度结合起来，比如说在各地改革的庭长联席会议，重要的案件还可以邀请副院长来旁听等。比如，审委会，过去我们很多的学者把审委会判而不审，只开方子不看病这个问题夸大了。你想一想，在二审法院不开庭审理的时候，它跟审委会裁决案件又有什么区别呢？根本没看过病和只开方子是两回事。审委会的裁决是在别人诊病的成果基础之上，根据他的审判经验（审委会的人都是相对来说资历更老）得出来的结论。但这个问题怎么去改，目前中央不准备废除，准备对其进行改革，可能把它改为一种我不做决定但可以要求复议的权力——这个案件我们不太同意，你们要重新审理、重新说出理由。看改成这样行不行。但是如果现在取消这种上下级的监督与管理很危险。要把横向和纵向的关系处理好，然后再来提高待遇，当然待遇也可以放在最前面，先提高待遇。这个方面我曾经有一个说法，其实这一类问题在其他人事管理制度方面都可以借鉴。比如高校，教师比院长的收入要高是非常正常的，比院长职称要高也非常正常。将来我们有审判经验和审判成就的法官，他的收入比陈院长高完全可以。这是管理专业化人才的一些共同的管理规律，可以相互借鉴。

**唐力**：我们希望法官制度有些变化，因为在座的同学以后很多都要从事这个职业。我们不但要求对法官提供充分的职业保障，还要为法官提供充分的身份保障。要提高的不光是工资待遇，最关键的是要提高我们的政治待遇，让我们的法官过得更有尊严。第一个问题我们就讨论到这里，下面第二个问题是关于审判权运行的机制体制的改革，有请王小林院长。

**王小林**：这个问题和第一个问题相关联，分不开。法官制度改革是从主体视角里看法院的这些主体，尤其是以法官为中心的这些主体，他们从制度层面如何改革。我觉得现在司法改革莫过于回答两个问题，第一个问题是社会各界对法院有期待，法院如何实现社会期待的公平正义，这是法院要回答社会的。反过来说，社会要回答法院什么问题呢？这个社会能够向法院，尤其是以法官为中心的主体提供什么样的保障。法院要为社会保障公平正义，社会期待法官实现公平正义，法官也应该有公平正义。所以刚才谈法官的制度改革，莫过于让法官得到公平正义的保障，我认为重心是在这个问题上。而反过来，我们谈司法权审判权的运行机制体制改革问题，就是法院应该如何回答社会的问题。通过审判权运行机制体制的改革给社会以公平正义，我觉得这就是个方向。涪陵法院推出了一个司法改革大纲，我们提出了几十条意见，基本是让法院按照这样来运行的。整个法院以诉讼服务为中心，立案、审判、执行都在诉讼服务这个中心内，面向社会提供司法服务。在诉讼服务中心后面有三个支撑。一是人力资源支撑，形成人力资源管理工作部，相当于把政治处、纪检这些部门整合起来，为司法服务提供人力支持；二是审判管理工作部，实际上是对司法审判提供符合司法规律的一种指导性服务的机构，相当于把研究室和审管办整合起来研究司法规律，为法官提供智力支持；三是政务管理工作部，比如将行装科和办公室等整合起来，为法院内部的行政化管理和后勤保障提供服务，支撑起法官向社会提供服务。这里面的核心就是整个诉讼服务中的审判权运行机制体制的问题，我觉得就是要落实党的十八届三中全会说的法官要"审者判案，判者负责"。刚才教授也讲到这个问题，我觉得不管你用哪种方式实现，是以独任法官去实现，还是通过合议庭审委会去实现，最终都是要落实"审者判案，判者负责"。基于这个思路，涪陵法院尝试将审判权的运行主体落到独任法官和合议庭，让其拥有独立的审判权。有些人也很担心就现在的法官素质能否胜任这样一步到位的改革。很多人以前说法官都是追求独立的，你如果不监督他的话他要怎么怎么样。我问过所有的副院长和庭长，做过实证调查，法官联席会或者庭务会研究案子的数量、院长和庭长指导案件的数量和次数是增加了还是减少了，回答说至少是法官请求指导的次数增加了。说明真的让法官独立办案，他不会是独立到无边际的，因为后面有一条，他判案是要负责的，所以法官独立制和责任制应该是一体的，有权就有责，有错就纠。当然这一条有一个问题，确实我们的法官中总有那么一部分有两个方面的不足。一是独立办案的能力不足。这是客观存在的。年轻法官是经验不足,年长的法官理论基础又比较薄弱,专业化程度不够高。如何解决这种情况,我们觉得应该落实院、庭长包括审委会的指导职责。指导责任如何体现?可以应法官的个案请求或者采取个案一对一的指导,比如,你是分管院长,有人向院长、庭长提出如何认定这个事实、如何适用法律,这个过程阶段就可以发挥个案一对一的指导作用,当然也可以召开法官联席会议。无论以什么方式实现指导,总之这一类人独立办案需要指导,因为知识能力不足。二是林子大了什么鸟都有,有极个别的法官或基于诱惑或出于其他原因想在案子中获得法外收益,这种情况下就应该加强监督,监督的方式也是多种多样的。如何发现问题,我觉得还是不告不理,如果当事人、当事人的代理人和辩护人以及检察院、纪委等对一个法官在司法廉洁方面提出了投诉,这种情况下院、庭长可以依照法定方式行使监督职权,但监督权不能影响独立办案,指导权也不能影响独立办案,所以这里面都涉及审判权由法官独立行使的问题。我们先要分清楚审判权周围的体制,独立行使旁边有一个指导机制,还有一个监督机制,这三者之间犹如三根柱子,指导和监督两根柱子围绕着审判这根柱子转,为公正审判起着支撑性的作用,但起支撑作用并不能代替它、不能压迫它,比如指导不能代替法官独立裁判。到目前为止,我们审委会在改革之后作出的决议都是指导性意见,法官可以采纳也可以不采纳,但是稍微理智点的法官,对于审委会的指导,没有哪个不愿意采纳的。虽然是指导意见,包括院长、庭长的意见,我看他们都还是从善如流。另外一个是监督的问题。监督不能说法官遭到他人投诉,院长、庭长就直接把他换了,不再让他审理此案件,而应该依照法定程序和法定事由。他人怀疑法官,除非有证据证明该法官达到了法律规定应当回避的程度,或者已经不适合当本案审判法官了,这时通过监督程序把该法官移开。这种监督也是依法监督。我很赞同一位教授的观点,司法权和其他行政权都一样,既然是权力都有可能腐败,只要有可能腐败都要接受监督,不能说独立就不接受监督。当然,独立能力不强就可以接受指导。现阶段在运行体制上应该是独立审判与指导机制监督机制并存,并且用指导制和监督制去支撑独立审判制,只有这样才可行。当然有一条,上下级之间审级应该相对独立。客观讲,如果不是为了绩效考核,我做院长的是坚决反对下级法院向上级法院请示的,某种意义上讲,这种请示是两级法院把当事人的正当权利、审级权利给"阳谋"了,这是不对的。在这个意义上反过来看,我们的

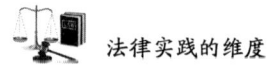

绩效考核就涉及审判管理，审判管理有相当大的弊端，我们不能因为内部管理绩效的好坏影响当事人的诉讼权利，这是不对的，当然这是另一个话题。跟这个话题相关的，审判权的运行涉及两级法院审判权的时候，它应该也是相对独立的。那么我们就要回过头来质疑一项改革。党的十八届三中全会决定中指出将来要把人财物的管理收归省一级管理，当然又有一说是收归省高院管理。如果真的是这样大家可以想一下，那是不是第二个政府又产生了？那是不是法院内真正实现了行政化？如果人财物都收归上一级法院管理，那么我可以告诉你们，法院内部管理起来的行政化比政府的还要行政化，还更厉害。依法管理、依法行政化。我认为这条规定是失败的，它是不符合司法改革的正确方向的。当然，我作为院长坚决服从中央的改革要求，我们只是做学术探讨。我觉得这就涉及司法权、审判权以及审判权派生出的审判管理权，审判管理权又包括人的管理、物的管理和财的管理。这个管理权的问题上，就涉及刚才陈斯院长讲的法官制度的整体改革和审判权的运行体制机制问题，一个是主体资格的问题，另一个是行为制度的问题，两个制度之间不要打架。此外，我们对于有些规定要理性看待，好多人说司法改革已在路上，我个人觉得从谨慎一点出发来说司法改革尚未起步。让我们好好思考，我就先说这一些。

**高一飞**：接下来我们欢迎唐院长为我们介绍法院审判权运行的有关体制性的问题。

**唐力**：刚才王院长谈了一个观点，我也赞同。如果把它收到省高院来管，那么在法院系统又形成了一个新的行政文化，这是不利于我们法院职业化的改革方向的。其实审判权的运行还包括了内部的审委会制度改革，也包括刚才谈到的审者判案、判者负责。那么这个当中就涉及目前审判权运行中的审委会制度、院庭长批案制。

**王小林**：我打断一下唐院长，关于运行机制的问题，我再多谈几句。独任法官判案不用说了，现在要解决一个问题是合议庭。合议庭的改革方案中，我们是一个审判长、两个法官，其中一个法官是主审法官，审判长有可能和主审法官合议，也有可能不合议，另外一个是参审的法官。以前，大家都知道因为案子太多，实际上合而不议，主要是哪个人承办就以哪个人为主。这次合议制改革，我觉得首先是要把责任制落实。独任法官独立办案，合议庭也由合议庭独立办案。合议庭主要由三个法官负责，负责一定要有一个比例制。没有比例制，我觉得中国的责任是落不实的。有几种典型方案，分得比较多的一种是按照4：4：2的比例划分，审判长的责任是40%，主审法官的责任是40%，参审法官的责任是20%。为什么这样划分呢？因为他们的事务不一样，我觉得这个是可以理解的。有的分成5：3：2，因为有的审判长又是主审法官，那么占50%的责任，主审法官占30%，参审法官20%，它主要是根据工作量来，但并不影响每个人的权力。由于每个人要对自己负责，一旦责任划分定就不存在合而不议的问题，你必须表态。你表态了，假定这个案子值100元的话，你对了，按5：3：2分配的话，你是审判长50元，你错了罚你50元。比例制一定有好处的。如果不按比例制，当然也可以罚集体。罚集体也是一个很麻烦的事，因为客观地讲，主审法官和审判长的具体事务和工作量要大于其他参审法官。我们重庆现在在改革中基本实行的比例都是4：4：2和5：3：2。但在内部来说责任制的划分是有必要的。此外，合议庭的外部机制，它跟院、庭长之间的关系就是指导和监督的关系。关键是审委会，当然一飞教授刚才说的可能跟我们的观点不完全一致。审委会这个问题我是这么看的，审委会可以判案，审委会委员全都可以参加合议庭审案，这个没问题，已经变成合议制了。但现在我还是赞成审委会转换功能，审委会只提供咨询指导意见，承担一个指导职责；另外一个是监督职责，因为现在的审委会恰好是由法院里资深法官组成的，是比较富有经验的法官组成的。当涉及法官是否构成违纪，是否该回避、取消他对这个案件的审判权的时候，可以由审委会进行裁决，审委会就成了一个监督权的履行机构和指导权的终极履行机构，从这个意义上来讲，我们法院也是按照这么个方式来推行的，我觉得这个作用还是有的，但这也只是个尝试。我就补充介绍到这里。

**唐力**：审判权运行机制体制改革涉及去地方化、去行政化的问题，那么审委会改革在改革和实践中也在探索审判长联席会议和法官专业委员会议，同时也包括对院、庭长批案的一些限制，在这些方面应该说我们实务中进行了很多探索，下面我们听一听陈院长的观点。

**陈斯**：我对王院长的意见做一下补充。实际上改革的重中之重就是审判权运行机制体制改革。在王院长刚才的讲述里面谈到了涪陵法院正在进行一些探索。在这里，我觉得重点要说一下的是怎么来看待审委会和院庭长的角色。现在按照法院组织法的规定，审委会就是审判组织中的一个——法院组织法规定的一个是独任制，一个是合议庭，还有一个是审判委员会。刚才王院长重点谈到了独任制和合议制中法官的职责问题，对审委会没有完全展开来说，但是从这么多年学界对审委会的批评来说，重点体现在审者不判、判者不审这个问题上。刚才高一飞教授提到了他不同的看法，他的用意实质上是有些案件即使不亲历也可以判，这个其实我也赞成，有些非常简单的案件不亲历实际也可以办，而且有些有经验的法官仅仅看材料就看得出来有什么问题。问题是假如这个案件的判决不是由主审法官作出来的，而是由主审法官上面的庭长、院长作出的或者是审委会作出的，这个责任如何划定，特别是这个案件有问题的情况下。在涉及院、庭长和审委会的时候，我更倾向于小林院长的意见。院、庭长除了是一个行政的职务之外，也是一个有决定权的职务。在新一轮司法改革中，院、庭长包括审委会的定位应该更多地落在监督者这一身份上。在我们做的广东的司法改革方案中，其中一个方案是包括主审法官以及院、庭长在里面承担角色，有点像导师制的角色行使指导职责，他有指导功能也有监督功能。实际上就有点像学校里面的博导或者硕导这个角色，他下面带些学生做些课题，而法院是一个院、庭长带一个团队来办案，并不是说每一个案件都由他来签发，而是说对团队承办的案件，他要提出一些指导性的意见。这其实也是一个改革的思路，是对院、庭长的角色加以转换。这个时候，你不是一个纯粹决策者，更多的是提供一种指导性的意见，这对那些年轻的法官的成长来说是非常有用的。所以，我们现在跟西政有一个合作项目，就是青年法官的双导师制度。这个双导师，一个是实务导师，就是我们的资深法官，另一个是理论导师，就是我们西政法学院的老师。当然了，我们的双导师制度不是说为了落实这次司法改革，我们几年前就已经开始做了。当然，院、庭长除了承担行政职务之外，还可以参与办案。

**王小林：** 我打断一下陈斯院长，也算是帮个腔啊。任何机构，包括非政府组织，都有行政化的管理。行政化就是administration，就是个管理问题，必然有上下位的关系，即管理关系，说"去行政化"那是不可能的。法官管理一个合议庭，审判长管理一个合议庭，它内部还是有一定的行政化色彩的，要不然案件怎么推动，那是不可能的。但我觉得，应该哪个判的哪个签，院、庭长不要签案件。

**陈斯：** 行政化是不可能完全根除的，但是，纯粹的案件决定权不能够依照行政程序来做，我觉得是必须的。所以，谁办的案件谁负责，这正体现了司法特点。但是，具体到司法的管理权，比如司法的指导，我觉得院、庭长责无旁贷，他一定要做这个事情。还有一个是关于审委会的问题。我看了几个地方的改革方案，都大同小异。他们都提到要求审委会参与办案，审委会委员要担任审判长，这与我刚才说的院、庭长的功能差不多。审委会在中国，起码在近期的司法改革，不太可能撤销，虽然很多学者提出撤销的问题，但是不会撤销，因为包括中央通过的上海的司法改革的方案都完全没有提到撤销的问题，但是，一定会改革。改革的方向，其实，刚才小林院长也提到了，就是我们现在已经推行了好几年的审委会不再就案件作决定，而是只提出指导性意见。至于你合议庭采不采纳，合议庭自己说了算。目前，还没有发现合议庭不采纳意见的。毕竟审委会委员都是一些资深法官，他们有丰富的司法审判经验，他们提出的意见很多是真知灼见。所以，我个人认为，在这一轮的司法改革中，我们要看到司法的去行政化势在必行，但是也要看到，具体到司法的指导权、监督权和管理权时，行政化是不可能完全避免的，一定会有的。小林院长也提到了，管理就是行政的一个职能，它必须有这些东西。

**高一飞：** 我也补充说一下。应该说我们有很多的共识。我们看，党的十八届三中全会提出三大块的问题：第一是保证独立行使审判权、检察权；第二是健全司法权运行机制；第三是完善司法人权保障制度。如何健全运行机制，又分了两部分。首先，要让审判者负责，让审理者裁判。怎么样去负责？它是讲了一系列制度，比如，要推动审判公开，推动公开生效法律裁判文书制度等。我是觉得目前有以下几个内容值得我们去具体实施：一是在合议庭制度中，不同的意见要公开。我反对，我负责，但是我的意见又不公开，那怎么行呢？这不是我提出来的，它提出来已经很多年了，但是还没有一个地方试点。当然，对不同意见记录下来，是老制度，从来都是记下来的，但还不够。二是现在有的地方在推行大陪审合议庭制度，陪审员6个，法官7个，但是组织法里没有规定，这个没有任何法律依据。这样的改革其实起到法律监督作用，责任分散的作用。三是责任追究与涉访涉诉。我特别注意到昨天中央的三个关于涉访涉诉的信访制度的配套文件。第一个文件就是解决出口的问题，过去我们老百姓到法院去告状、申诉，案件再审是非常困难的。今年改革以来，就是中央从去年颁布涉访涉诉信访制度基本文件以来（今年是三个配套文件），现在有个数字说法院接受的信访案件增加了7.8%，也就是说，现在涉访涉诉案件进入法院相对来说更容易了。我们要独立裁判，将不允许党政机关、行政机关于预案件,那在正常的法律渠道上、法治轨道上、司法轨道上,你要给我开门。所以说三个文件,第一就是讲出口问题,第二就是解决问题,第三就是一旦解决了就要终结,是一个对待裁判的效力的问题。其次,司法公开在中国,它是为世界做了贡献的。有一些东西在西方不叫司法公开的,比如我们讲的点对点信息公开。中国特色的场所公开,在西方是不存在这个问题的,在中国因为特殊的环境,法院应该隔离性的办公,以保障办案人员的安全。但是,我们的信访接待窗口又是创造性的,所以,我一直说中国的司法公开是对世界人权事业和司法文明的重大贡献。它是一个见效快、成本低,同时风险比较小的重大改革。它的本质就是通过公开来实现司法监督和权力监督。党的十八届三中全会的文件出来后,我觉得真的是非常全面同时又非常谨慎的一个改革。很多措施各地可以不同的试点,但是它整个的顶层设计和框架应该说很难挑出毛病,比如对个人独立审判的问题,它不提法官个人独立,也不提西方式的司法独立,就是独立裁判。

**唐力**:关于审判权运行的体制机制在实践中也是个改革的热点,在法官制度确定的情况下,我觉得这是我们司法改革的重中之重,它涉及案件的审判质量,是司法实践问题。而改革的一个基本要求是"审者判案,判者负责",根据这样一个思路,究竟该怎样运行,包括合议庭跟审委会的关系等。改革,我觉得有底线。有些地方搞什么大陪审,这违反了现有的法律规定,这种改革到底是一种好的方向,还是一个怪象,也值得我们去深思。你搞6人陪审,可能另一个法院要搞12人陪审。

**高一飞**:至少不是依法改革。

**唐力**:违反了组织法。我们不能乱改,有时候改会出问题。下面,我们讨论第三个主题:司法运行规律的普遍化与中国特色。中国的司法是非常有特色的,有的地方是符合司法规律的,有的地方可能跟司法规律相悖。下面,我们先听听高教授的高见。

**高一飞**:刚才我从不同角度发表了一些看法,现在我再系统地谈一谈对司法的普遍规律和中国特色的看法。

对司法的普遍规律有不同的概括方式。比如,最高人民法院贺小荣主任他的概括方式就是:权、责、人。美国有一个大法官,名叫奥康奈,来中国开法律讲座的时候,也提到了一个类似的说法。他们的说法实际上是能对应起来的。

第一个是权，我要独立审判，也就是审理者进行裁判，这就是权的问题。第二个是廉正的司法，廉正就是要廉洁公正，实际上就是我们讲的监督。他还提了一个就是法官智慧，贺小荣提的是能力，法官的司法能力，也就是我们刚才讲的经验。为了实现这样一个司法公正的目标，我们有不同的表述，但是本质上都是一样的。就是你有权行使、公正行使、独立行使，不出问题。那么，行使这样的权力，还要把握司法权的这样一些特殊性，司法权和国家其他权力的特殊性。贺小荣就提到了中央事权，是判断权，要以此作为一切改革的基点。为了达到这样一个工作目标，我们要去三化，一是去地方化，二是去行政化，三是去非职业化。

  我想针对这三个问题来谈一下在我国在实现去三化时要注意的中国特色的问题，或者说不同于其他国家的问题。我认为，司法是有普遍规律的，但是每个国家在实现具体的公正机制的时候，是有各自特色的。第一，去地方化，昨天有记者采访清华大学的于安教授，他提出来了，在中国，去地方化实际上是值得考虑的问题。所以我们搞了一个折中的做法，它并不是说由中央来统一人、财、物，而是省一级。于安说得很透彻，即中国这样的单一制国家和美国完全是两回事，你不能相提并论。也就是说，即使是一个中央事权，既可以给地方，也可以收回；地方权力，中央也会去干预，只不过要程序合法，通过立法授权这样一个机制来实现。有人把去地方化理解成反对地方保护主义，这个是非常可笑的。这个问题在30年前它是有可能的，比如说，东莞法院为了保护东莞企业，真有可能，这是改革开放的初期。今天如果法律裁判有问题，他会去问东莞地方的企业归我管吗？或者财政局每年给我提供资金，所以如果财政局成为行政诉讼的被告，我就要好好地保护你吗？就会出现司法不公吗？不是，我们司法不公的根源还是人情案、权力案、金钱案。所以去地方化，从中国特色社会主义角度来讲，并不能一切东西都由中央来定。特别是人、财、物，中央不能管，因为它会形成新的去地方化而成了行政化，两者之间会相互转化，会出现一些问题。因为，我们现有对法官任免，人的方面没有什么问题。但是你说财和物，通过中央这样的政策省里面来统管解决是不是解决的了？这是值得质疑的。因为现有的财和物的解决方式，符合各地有不同特色这样一个规律，是不是？实际它只是统管你，并不是相同或平均，比如说你不能让西藏某一个地区的法官收入和东莞的法官收入一样。它一定会有差别的。而且，现在我们基本的财政管理制度已经实现了民主，体现了差异，对此不应该误解。第二个方面就是去行政化的问题。刚刚我已经多次提到过了，中国要达到司法公正的方式，司法判断权实现的方式，一个最大的特点就是判断不只一次。这个不是我的观点。首先，它是事实，因为基层法院判了二审法院可以改，还可以再审，还可以进入信访的渠道、申诉的渠道等。法官个人在审理的时候要接受上一级法官的指导、监督，管理，我认为这是合理的，是必要的。在美国，比如辛普森案件，错了就是错了，但是在中国，错了就要重来，一直到不错为止，这是中国人获取正义的一种方式，它是由正义文化所决定的，这种文化就决定了案件的办理方式或者获得公正的方式不同，因而，去行政化的时候也要注意，你不能把重复检测中一个案件的反复审理理解成行政化。一方面，我们要尊重法官独立的权利；另一方面，要加强庭院长对法官的监督，加强上级法院对下级法院的监督，它同样是重要、必要的。而这个方式就确实需要去探索，因为这个很微妙。比如，请示上级法院的时候，到底是接受指导还是听从他的领导呢？就是分清楚了又要怎么样去把握呢？所以各地在探索，比如"庭长联席会议"，这是一种很好的方式。在上下级之间，院长和法官、庭长之间，我们还应该探索一些类似的制度。第三个方面就是大国特点，我们有特殊的国情。有些地方说去非职业化法官就必须通过司法考试。当然，我觉得这是对的，但是过去的司法考试因为就一个标准，所以曾经出现过有一年的司法考试（是第一次的2001年），在西藏只有3个人通过。这当然就有问题了。后来降了60分，当然这是对的。要尊重大国特色，否则我们在很多的地方，特别是边远地区会出现没有合格的法官，改不下去的一种状况，人都跑到沿海地区了。在东莞和重庆主城区要当法官必须要研究生学历，而西藏司法考试一年通过的才3个，我们降了60分，但是，它还是缺人才。这个东西不要一概化、一律化。包括将来的改革，包括法官人员的管理改革，你不能让东莞和西藏阿里是一个模式。大国特点就是要结合不同地方的不同的特色，这个问题是前年朱苏力在各地讲的最多的。他曾经举了一个例子。他说：西安司法考试都要考海商法，你们这辈子能见到海吗？为什么还要通过海商法考试呢，能不能在你们这个地方取消呢？他的意思就是讲要符合中国的国情。中国的司法改革，我从内心赞同十八届三中全会决定里的有关内容的同时，我觉得应该考虑以下几个方面的策略：

第一，必须是改良的，符合中国政治制度的。而有些人说的司法改革已经脱离了中国的政治，我最近看了《转折中的邓小平》，我就有一个感受——激进往往就容易导致问题。有一些口号、有一些提法明显是错误的。比如最高人民法院要精简了，要和美国、英国一样，就十几个人啦。这怎么可能？这是做不到的嘛。所以我们要坚持十八届三中全会提出的要求。中国的正义文化要求反复检测，那么，有案件错了，我就要有权利报告中央，这是人民的期待和要求，它并不是中央领导臆想出来的。改革应该是渐进的、改良的，应该符合中国的政治制度和特点。更不能说将来的改革把法院的党组织取消，整个中国的政治稳定经济发展需要这种政治制度。

第二，改革应该是全面的。我们在2005年到2009年的改革（我们把这个年代叫相对好的时代）是有缺陷的，最大的问题就是谈独立不谈责任。改革必须是全面的，要全面理解"三中全会"的精神，它必须是独立与负责相结合。至今为止，搞司法独立、搞法官个人独立，从来没有这个提法，都是讲独立审判、审判独立，这就是为了避免西化、避免片面化。

第三，我觉得这样的改革尤其是措施，首先要允许实验。包括深圳盐田法院的实验、东莞法院的实验，就非常重要。要搞出样来，要勇于试错。这个方案也可以说是一个抽象的、一个简洁的方案。这个方案需要很多有胆识、有智慧的人去实施。同时，中央还要有宽容、容忍的心态，错了就改的心态。这是我对这个问题的一些基本的看法。

**唐力：** 我比较赞同高教授的观点。我们在进行司法改革的过程中既要尊重司法的普遍规律，也要结合中国特色。在以往我们的制度改革中，实际上有些忽略这些问题，比如民事司法改革。过去成文法中比较重视实体公正，从我们中国人的观念来看，最重要的实际上就是实体部分。因此，在制度设计中，它会通过一定的程序使一个案件能被反复的检测，一直达到最终实体的公正。但从另一个方面说，实体公正是很难判断的，判断实体上是不是合理、是不是对的，往往要通过程序来保障。所以谈到民事案件可左可右，那左是对的呢，还是右是对的呢？这个也说不太清楚。但是有一点就是，所有的改革都要符合中国的国情、中国的政治制度、我们的特殊文化等。下面看看两位院长对这个问题有什么看法。

**陈斯：** 我稍微做一些补充。其实，中国的司法改革正是像高教授说的，是渐进式的，包括试点的方式，也不是全国大一统的。这次中央选了6个地方，上海、广东、湖北、青海、海南等,代表了不同地区的经济发展程度,每一个地方的改革模式肯定是不一样的。目前,广东和上海的方案都不一样。上海是"一刀切"的,33%的主审法官。而广东的初步方案是主审法官在高级法院是33%,在中级法院以下是60%—65%,它意味着在主审法官的选定上是不一致的。正如刚才王院长说到的,中国90%甚至以上的案件是由中级以下的法院完成的,至少85%的案件是基层法院审理的,剩下5%—10%的案件是由中级法院来审的,高院以上的案件量基本上是微不足道的。所以在主审法官的选择上有所取舍,我觉得就是各地方根据地域的发展情况不同来作出适当的选择。另外,关于改革的渐进的问题,事实上按照这次的改革方案,人员分类改革到2017年完成,这个改革我们认为是个很漫长的过程。原来,广东9月就推出了主审法官的选拔,但改革方案到现在没有出台。为什么呢?这种方案有太多的问题。任何照搬西方的模式根本不可能。刚才小林院长提到了关于去地方化,把它收归省管的问题。去地方化,客观来说,其中一个目的,确实是防止地方保护主义,刚才高一飞教授提出了不同的意见,但我认为实际上在中国地方保护主义确实是存在的。因地而异,各地方不太一样。越是发达的地方,地方保护主义越少,因为在实施市场经济的时候,它要求市场主体一定要平等对待,否则这个市场经济没法搞。所以,越是发达地区市场经济越是充分,地方保护越少;越是经济欠发达地区,地方保护主义越强。当然,这是相对来说的。所以,去地方化的其中一个目标确实是要消除地方保护主义。但是,目前要警惕的是刚才小林院长提到的,去地方化直接收归省管,它到底是不是一个最优的选择,现在可能还不能作出一个肯定的判断。因为在中国这样一个长期集权制的国家,收归省管,尤其是说要收归省法院管,这样造成的集权可能更甚于现在,会形成新的行政化。因为我们现在所有资源的配备是与权力的中心相一致的,谁越靠近权力中心谁的资源就越多,特别是掌握资源配备权的人,往往他是资源的既得利益者,往往他先把一部分分给自己,然后再分下去,你离他越远你分到的越少,比如涪陵区离主城区越远,它就分到的越少,很有可能会出现这种情况。所以,进一步的司法改革中收归省管后必须重视这个问题,如果这个问题不解决,这次的改革将会遭受重大挫折。

**王小林:**最后一个问题讨论的是关于司法规律和中国特色问题,对于刚才唐力教授所提到的有时候司法规律和中国特色相悖的观点,我不太赞成。因为既然是司法规律的普遍性与特殊性之间的关系，按照哲学来说，是对立而最终也是统一的，实际上是一体两面的问题。刚刚一飞教授对司法规律的普遍性借贺小荣主任的概括方式做了一些归纳。但是，我觉得他有的是现象化的描述，而没有回归到本质。很多人认为司法权是一种判断权，好像这句话可以反过来说：判断权都是一种司法权。但反过来是不对的。再反过来说，是不是说判断权都是归属于司法权？这种说法是不对的。其实我们每个人都在判断，随时都在判断，判断权人人都拥有，但司法权判断的方式不一样。如果把所有权分为立法权、司法权、行政权，行政权基本上是在做一个问答题，对行政管理相对人提出一个请求，他回答 yes or no。它是问答式的判断。对于司法机关来说，是由原告和被告或者诉辩双方分别向法官提出问题，基本上是选择性的。就同一个问题提出了相反的请求，法官做的是选择式判断，是选择 A 还是选择 B。立法权，它有一个动意，社会的共同诉求，所有参与立法的立法者以参与投票的方式，在多选当中由多数主体对多数选项进行选择性判断。以上都在运用判断权。司法权的判断规律，首先主体要独立，然后程序要居中，最后结果要公正，公正就是可接受性，就是获得大家的认同。这种独立、居中、公正都是司法的普遍规律，中国也不能违背这个规律，英美也不能违背，这才是司法的普遍性。那回归到中国特色。中国的特色我认为主要是这几个方面。首先是思维方式。中国人的思维方式是不一样的，从哲学上讲，它是综合式的思维方式，comprehensive，而西方是分析式的思维方式，所以这也是中医和西医的差别。延伸到司法领域来，主体组织方式和行为运行方式就存在差异化了，比如我们的主体组织方式，像国家机构的组织，是采取集权化的方式组织的，以集体主义为指导的。我国是单一制国家，不是美国的联邦制，也不是英国的君主立宪制，这就是差异了。我们的思维方式导致了组织方式的差异，体现在法院的组织方式的差异就是刚刚一飞教授讲到的，只说了独立审判，但到底是法院独立审判还是法官独立审判它没说，不宜说司法独立。只是说独立行使审判权，可谁来独立行使？按照现行的组织法，它是由人民法院依法独立行使。无论西方还是东方至少都有合议制，合议制就是按照集体主义来运行的，证明在全世界，法官可以一个人独立判案，也可以三五个人形成集体去判断，就是我们说的集合式判断。集权不一定专权，民主集中制就是一种集权，是在民主基础上的集中，合议庭经过合议之后还是要投票，是少数服从多数，审委会也是少数服从多数。不要说到集中就是专权，集权不一定是坏的，集权不专权就没有什么问题。我们的特色就在于我们的组织模式、思维模式以及行为的运行方式，这是和西方是有差异的。但是再有差异，诉、辩、裁作为司法权主体的三方不会变。诉、辩、裁基本上独立、居中、公正，这也是普遍性的规律。所以，西方的东西不能简单搬到中国来，英国只有五千六百多万人，中国是 13 亿人口，差别很大，你能说英国就代表世界规律了吗？这显然不行。当然，反过来说，不能说我 13 亿人就代表世界，这是不行的。要记住，哲学上的普遍性是通过特殊性来表现的。我就说这些。

**唐力**：司法改革不能离开我们的实际情况、自身特色，对外国好的制度、好的经验也不能照搬照抄，都要结合中国的实际情况来改革。今晚三位嘉宾就新的司法改革中涉及的主要问题，为我们做了精彩的报告，报告到此结束，感谢大家的参与。

# 04

# 死刑改革下一步

主讲人：**刘仁文**（中国社会科学院法学研究所刑法室主任、教授、博士生导师）
主持人：**梅传强**（西南政法大学法学院党总支书记、教授、博士生导师）
嘉　宾：**石经海**（西南政法大学法学院副院长、教授、博士生导师）
　　　　**高一飞**（西南政法大学法学院教授、博士生导师）
时　间：2014年9月21日
地　点：西南政法大学毓才楼学术报告厅

**梅传强：**这是刘老师第一次光临我们西南政法大学学术讲坛，他的学术经历和学术成果就不用我介绍了，但是刘老师今天讲座的主题，我要花半分钟讲一下。刘仁文教授讲的是死刑改革的下一步。关于死刑改革的研究成果，毫不夸张地说是汗牛充栋，但在众多研究成果当中，刘仁文教授关于死刑问题的研究最近得了两个大奖：第一个是中国刑法学研究会的优秀学术著作一等奖的第一名；第二个是他的《死刑的温度》的序言，被广为转载，引起了强烈反响，被新浪网首次授予致敬奖，即推动改革的卓越贡献奖。所以，关于这个问题，刘仁文教授的观点肯定有其独到的地方。今天还有我们学校的两位老师作为嘉宾，下面希望和刘老师交流的同学请准备纸条或者直接提问。现在，我们欢迎刘老师开讲。

**刘仁文：**我给大家解个密，死刑著作获得一等奖是因为那次很多老师没有报。

这个主题有非常多的内容，我大概讲以下几点。第一点，目前死刑存废在国际上的趋势。

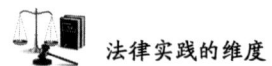
法律实践的维度

从目前我掌握的资料，截至2012年，在联合国的193个成员国中，已经有大约150个国家从法律上或事实上废除了死刑，也就是说全世界有将近80%的国家已经停止适用死刑了。我想稍微解释一下，什么叫事实上废除了死刑？也就是说这个国家可能法律上还规定有死刑，但是在实践中长期不用。国际上一般的标准是，一个国家连续10年没有执行一例死刑，而且有证据表明这个国家再往后发展也不会再执行死刑了，这个国家就是事实上废除了死刑。比如，韩国已经连续14年没有执行过死刑，这就是事实上废除了死刑。再如，俄罗斯，它的刑法本身还规定有死刑，但是通过宪法法院裁决死刑不再执行。大家知道宪法法院法官裁决作出来比较容易，但要通过杜马（类似于我们的全国人大）这类民意代表来彻底废除死刑，就没那么容易了。韩国也是这样，它要通过国会从刑法上把这个死刑全部废除，目前可能达不到，但是它可以在事实上达到，也就是法院可以判决死刑，但是不执行死刑。这里面涉及体制问题，包括美国、日本和我国台湾地区，都还保留了死刑，法官可以判死刑，但并不是说法院判决后就一定要执行。法院来判决，政府的法务部或司法部来执行，而法务部长经常因为种种原因不签署死刑执行令，这样很多死刑犯长期不执行。还有像印度、我国台湾地区，差一点就满10年了。我国台湾地区法务部门前负责人王清峰不签署死刑执行令，社会上和民意代表给她很大压力，最后她辞职了。印度差一点也达到10年了，但是去年又恢复了执行死刑，因为他们发生了几个恶性的案件，使得政府在民意的压力下恢复了执行死刑。我们通过这些情况可以看出来，事实上废除死刑还不是百分之百的保险。但是大家想一下，一个国家连续10年都没有执行死刑，即使它恢复了执行，那也是少之又少的，不可能把死刑作为常用的刑罚。

按照统计，全世界有80%的国家已经停止适用死刑了，这个数据应当说是惊人的。中国领导人曾在记者招待会上说目前多数国家还保留有死刑，这个问题怎么理解？一个解释是他只统计了刑法里面保留死刑（却没注意到通过宪法法院等渠道废除死刑或者事实上废除死刑）的国家。另一个原因可能是现在也没有掌握最新的情况。大家要注意的是，尽管在联合国的193个成员国中，很多都是小国家，世界上的大国像美国、日本这样的发达国家还保留有死刑。但是我们同样要看到，像印度这样的大国每年都只执行个位数的死刑，俄罗斯、南非等大国也已经废除了死刑。所以现在有一种说法，不应简单将死刑分为废除和保留两种国家，我们现在还有第三种，即象征性地适用死刑。大家注意，在适用死刑的 20% 的国家中，绝大多数国家都对死刑进行了极其严格的限制，死刑适用属于罕见中的罕见，应当说限制得非常严格。有人以为只要是死刑保留国就都要执行死刑，实际上不是这样的。有的国家法律上还有死刑，甚至司法实践中也判处死刑，但就是不执行。大家知道，在美国、日本，一个死刑案件经过二三十年还没走完全部救济程序很正常，有的即使走完，或者赦免，或者司法部长（法务部长）就是不签署执行令。几年前，我们外交部在杭州与联合国开了个会，我们作为专家受邀参加会议。联合国希望我们在下一次讨论暂停执行死刑时投弃权票，就是说我们国家不能废除死刑，那能不能暂时不执行死刑，至少就这个事表决时我们不要投反对票。我们有些同事就不好理解了，因为按我们的规定只要是判处死刑核准后 7 天之内就要执行，这个和国外不一样。我们这个制度在判决以后一定要执行，但是外国虽然判决了，法务部却可以不执行。法务部不执行是因为有非常多的程序，比如进行精神鉴定，认为他精神上有障碍。比如，刚开始犯罪的时候是正常的，后来犯罪之后又不正常了。这里面有很多的问题，像日本的奥姆真理教，其头目麻原彰晃被判处死刑，但是直到现在还在进行精神鉴定，律师认为他脑子有问题。美国 2011、2012 年各执行了 43 例死刑，它因为是联邦制国家，有一些州已经废除了死刑，有一些州还保留，但一年下来只有 43 例。至于日本、印度等，更是在十位数以下。在欧洲现在已经没有死刑了，欧洲对美、日这种现象也是不满意的，也对美国、日本保留死刑进行了批判。但是在我们看来，美国、日本这是把死刑仅仅作为象征性的刑罚。我们国家执行死刑的人数仍然是保密的，我们不清楚具体数字但毫无疑问的是，死刑仍然是某些犯罪的常见刑罚。总结一下，现在世界上已经有大约 80% 的国家从法律上或事实上废除了死刑，在还适用死刑的 20% 的国家中，绝大多数国家对死刑进行了极其严格的限制，执行死刑的国家微乎其微。欧盟对美国和日本执行象征性的死刑也非常不满，通过决议称，如果美国和日本没有在取消死刑方面有很大的进步，将取消美国、日本的观察员资格。在这样的背景下，把死刑作为常规性的刑罚广泛适用于多种犯罪确实已经很罕见了。

第二点，回顾一下我国的死刑改革。

关于我国的死刑改革，我结合自己的一些亲身经历讲一下。2008 年我们要开奥运会，在这之前，大概在 2005 年我们开了一个国际研讨会。这个国际研讨会介于官方和民间之间，即中欧人权对话，双方的一些法学工作者也参加。当时国外有一位著名的学者沙巴斯说，中国应该在2008年奥运会的时候废除死刑，否则西方国家一定会抗议你们的奥运会。我在这个会议的茶歇时和其交流，我说你作为著名学者，这样说话很不慎重，现在距2008年只有几年了，在2008年废除死刑是不可能的事情，我们不可能在你们的抗议下就废除死刑，这是2005年的事情。但在2007年的时候最高人民法院就收回了死刑的核准权，结果死刑一下就下降一半以上。据说，这应当和2008年要开奥运会是有关系的。我们可能觉得像做梦一样，怎么可能有这么大的变化？当然，收回死刑复核权实际上在学术界呼吁了多年，但都下不了这个决心，因为考虑到各个地方的压力，各省也都不愿意把这个权力交回来，所以，最高人民法院想要收回来很难，但这个事情总要下决心，肯定要听取各个方面的意见。那为什么2007年这个事就做成了？应当说这个事跟2008年要办奥运会有关。我后来再次见到这个学者的时候，我也有点内疚了，因为当时没把他这个话当回事。他现在又有一个大胆的观点：20年后死刑将从地球上消失。就是在杭州的与联合国这个对话会上，我又问他：您说20年后死刑将从地球上消失。我们北大著名的刑法学家储槐植教授在《法制日报》上公开发表文章说，50年内贪污受贿罪的死刑都不可能取消。这个问题就麻烦了，贪污受贿罪还不是杀人罪，中国的刑法学家说50年内贪污受贿罪的死刑还不能取消，更不要说杀人罪。因为这个规律大家都是知道的，一定是非暴力犯罪的死刑先废除，然后才是暴力犯罪，最后是故意杀人罪——西方国家叫一级谋杀罪，或者说严重的有预谋的故意杀人罪。因为杀人罪里还有很多情况，一般的激情杀人、被害人有过错这些都另当别论了，但是那种严重的有预谋的一级谋杀罪——这个在任何国家废除死刑都一定是最难最难的一个堡垒。他对我说：仁文啊，这个20年我是早几年就发表的观点，你现在算也只要17年，那我们今天回顾可能只要十三四年了。

我刚才说这个什么意思呢？大家听起来或许觉得这个人在胡说，觉得不可能，但是国内外形势的发展真说不定像我刚说的他那个2005年的预测。据统计，在2007年收回死刑核准权那年，我们的死刑最保守的估计减少了一半，乐观的估计减少了2/3。但后来药家鑫、李昌奎的案子又导致死刑数字有所回潮。当时有些人感觉改革的步子迈得太大了，法官觉得不能只考虑国际形势减少死刑，还要考虑来自民意的压力、来自受害人的压力以及整个社会文化的心理，死刑改革在司法实践中又有所倒退。现在估计是一半对一半，但是在刚收回死刑核准权那年，乐观估计减少了2/3，你说不是跟做梦一样吗？所以说10年、20年之后死刑到底会不会从地球上消失，这个事情还真难说。我只是讲一下自己的切身体会，感觉形势发展在这个领域里面确实比较快。

我们在2007年收回死刑核准权之前做了一系列的准备。2006年最高人民院要求各省级高级法院死刑案件二审要开庭审理，因为不开庭的话庭审质量会有影响，那样所有矛盾将集中至最高人民法院，最高人民法院受不了。所以在当年的上半年，先要求一些因重要事实和证据有分歧而提出上诉的要开庭，到下半年所有死刑案件二审都要开庭。大家知道，书面审理和开庭审理的效果是不一样的。开庭审理有很多难处，在很多西部地区，犯人关在县级看守所，要开庭路途很遥远，就涉及安全保卫等问题，要耗费很多的人财物。我们收回死刑核准权后，仅最高人民法院刑事审判的法官就有几百个，而美国最高法院的大法官只有9个，所以说中国的最高法院绝对是世界上最大的最高法院。当年你们有的老师、还有律师等都是借收回死刑核准权这个机会进入最高人民法院当法官的。我曾做过一个课题，问下面的法院、检察院：最高人民法院收回死刑核准权对你们有什么影响？对方回答说过去我们接触到恶性的犯罪案件首先考虑判死刑，现在完全倒过来，考虑案子判了死刑之后还得报给最高人民法院，最好不要走这条路了，万一将来最高人民法院给案件打回来，将影响法院的考评，或者担心案子判错了，总之是不光彩的。所以说思路完全倒过来，哪怕是重大杀人案，也要看是否有从宽的情形。要判死刑的话，卷宗、材料有做得不整齐的，可能会受到最高人民法院的批评。即便在这种情况下，当时最高人民法院有个副院长还跟我说：我看到底下报上来的案子后，才知道底下做得有多粗糙。我当时听了这话心里是很震惊的，这已经是下面的法检高度重视后报上来的，如果过去没报上来，那不更粗糙？所以说对过去刑事司法中的冤假错案，我还是很担心的。实际上2006年做准备、2007年收回死刑核准权之后，又做了很多的工作，如最高人民法院颁布了关于死刑案件证据的一些规定，非法证据的排除等也都在逐步加强规范。当时最高人民法院刚刚收回死刑核准权的时候是有很多问题的：律师进不去最高人民法院，案子也不说是哪个法官承办，检察院怎么介入等问题都是在慢慢摸索。可以这样讲，死刑复核这个程序到现在为止还没有完善，好多问题还要继续研究。举个最简单的例子：大家都特别希望把复核程序搞成公开的程序，现在复核程序法官是书面审理，每年死刑案件还不是罕见中的罕见、例外中的例外，我们每年是几千个死刑案件，这样的情况如果不公开，谁能保证这里面不出现司法腐败，谁又能让大家放心？所以现在就是很麻烦，特别是国家又有减少死刑的政策，有人就会为了保命，在高级法院已经判了死刑，到最高人民法院死刑复核这一关，有的人就会不惜一切代价，我们知道现在有的中国人是很有钱的。所以作为一个复核法官，如果没有一个公开的复核程序，没有一个对他权力的制约，那可能就会出问题。大家知道只可能把冤假错案减少到最少，永远不可能说不出现冤假错案。如果有一天出现了，这里面又有司法腐败，那怎么能证明最高人民法院比高级人民法院在死刑复核问题上更安全呢？因此有人说如果出现那种情况，会不会导致死刑复核权再下放？

2007年最高人民法院收回死刑复核权作为一个标志性的司法改革措施，带动了整个死刑改革由过去长期以来的做加法变为做减法。经过几年的司法实践检验，发现死刑减少了一半以上，社会治安不仅没有像我们所担心的那么危险，相反，严重的暴力犯罪在司法统计上还有减少。大家还不相信，因为现在媒体非常发达，经常有各种各样的恶性案件报道出来，所以给人的感觉是我们这个社会治安不好。但实际上根据司法统计数字显示，社会治安形势是基本平稳，重大恶性案件总体还呈现下降的趋势。这就给我们一个乐观的信息：犯罪跟死刑的威慑力没有必然的联系。犯罪的发生有着非常复杂的原因，预防犯罪、维护社会稳定是个复杂的社会系统工程，通过社会公共政策的其他方面的综合改良完全可以使社会治安变得同样平稳甚至更好。在这样的情况下，2011年通过了《刑法修正案（八）》，规定由原来的68个死刑罪名一下子减少了13个，现在还有55个，这个改革力度还是很大的。当时我听说的时候也是吃了一惊。之前就想减少死刑要从哪一个罪名下手，因为第一步往往是很难的，要谨慎，我想哪怕拿掉一个死刑罪名也好，结果一下子减少了13个。正在启动的《刑法修正案（九）》在这个问题上还要继续往前做一些努力，肯定是要继续减少死刑，只是减少多少个的问题。

从我国死刑改革问题的纵向发展来看，在短短的几年里，超出了我们所预料的进度；但从横向来看，我们在这个方面面临的形势还是比较被动的。第一，目前我国还有55个死刑罪名，这个在目前世界各国绝对是算非常多的。联合国人权理事会每年对人权事务报告要进行审查，我们1998年签署的《公民权利和政治权利国际公约》一旦批准就要提交履约报告,这个履约报告要审查这里面有多少个死刑罪名,我们的死刑罪名数肯定是过多的。《公民权利和政治权利国际公约》中有一个精神——提倡废除死刑。由于公约通过的时候废除死刑的国家还占少数,所以当时联合国退一步规定,要求保留死刑的国家,死刑只能适用于罪行极其严重的犯罪,而且该条款不能作为任何国家保留死刑的理由。后来人权委员会作解释说一定要与剥夺他人生命相关的暴力犯罪联系起来,也就是说,推导不出来财产犯罪、腐败犯罪、毒品犯罪等非暴力犯罪可以适用死刑。另外,国际上有公开报告说我国目前执行死刑人数占全球的80%,这个到底准不准确呢?可能其中也没有正确看待我国本身如此大的人口基数,我们整个人口占世界人口的五分之一。实际上在几年以前,人均执行死刑人数最多的是新加坡,但由于这个国家人口基数小,所以其被判死刑人数在全球占死刑人数的比例就很小了。所以现在无论是联合国也好国际人权对话也好还是国外的学者也好,都在问:"你们不是说现在已经减少了50%了吗?那到底是多少呢?你们为什么不说呢?这不是一件好事嘛,你说出来我们也好帮你们说中国已经在这方面取得了很大的进步了呀!"好多人每次都问这个问题,对于这个问题怎么解释?这里面也很复杂,我看这里是不是也要考虑到国际上有这个人权斗争、意识形态的斗争,他不做客观全面的报道,不说中国有13亿人口,也不说你客观的进步,只说你中国还有多少死刑执行数,那可能要吓世界一跳。

第二,我国每年的死刑人数属于国家秘密,国际上因此确实不是很清楚我们在死刑改革中取得的进步。这个80%全部是他们根据媒体公开报道统计出来的。但现在看来死刑人数的公开恐怕不仅是国际人权斗争的需要,也是国内公民知情权、监督权发展的应有含义。

我想,根据我刚才描述的国内外发展的需要,我们应该做好一个准备,在未来三到五年内,我们应当要公布死刑的数字。这个问题有点迫切,因为习近平总书记已经指示要重启《公民权利和政治权利国际公约》的批准程序。我们从1998年到目前为止,这个公约迟迟批准不了,因为我们有一系列国内法的矛盾和差距。到去年年底劳动教养废除了,扫清了一个很大的障碍,这里面涉及有很多关于公正审判、公民的一些合法权利等。在其他领域内也还有很多国际法与国内法的差距。在我国刑事法里面,我想一个是劳教,另一个是死刑,当然还有审判公正等程序。劳教问题现在已经解决了。对于死刑问题,如果我们要履行这个公约，势必要向联合国人权理事会提交报告，报告我们每年判处多少死刑，这个事情不容回避了，这是义务。

现在必须要做顶层设计，顶层设计应该考虑到现在判处死刑最多的是哪些案件，是杀人、故意伤害、抢劫、强奸还是毒品犯罪等。这些罪名我们必须要研究。哪个地方的民意炒作一下，社会形势恶化一下，就要判处死刑。当前反恐是压倒一切的事情，我最近也没有仔细去研究相关案例。看到一个案例，其中有一个恐怖分子，他是杀人未遂，也判了死刑。我们在刑法学上讲，杀人既遂判死刑，那未遂，按照刑法理论，未遂一定要比既遂从轻，你也给他判个死刑，合不合适？这个问题恐怕我们要研究一下。湄公河案件中，糯康一伙杀了我们那么多同胞，能不悲痛吗？缅甸、老挝配合我们，把他们给抓住了。罪犯从看守所里出来的时候，五花大绑，中央台的记者义愤填膺地说："正义今天终于实现了，我们的同胞终于可以安息了！"听到这，我们自己倒是解恨，但在那些废除死刑的国家听来，可能莫名其妙。糯康给被害人赔了几百万元。该记者说，"他们想拿几百万来换取不判处死刑，他们没有想到，这是在中国，不是金三角，这里的游戏规则不一样！"人家会想，这个样子的话我为啥还要赔钱啊，反正也是死。这个问题很值得我们去深思。当天，美国《纽约时报》要采访我，他想问问为什么这个要公开。我当时没看新闻，晚上回到家才看的，所以就说这样的案件肯定要公开的呀，因为全国关注啊。万万没想到他说的是把这个"五花大绑"给公开了，我以为是公开案件呢。大家都知道，罪犯也是有尊严的，我们应该给他带个面罩，对吧？第二天我上班，中午吃饭的时候，另一个同事跟我说，你们刑法怎么搞的嘛，像这样的"五花大绑"公开以后，国际社会还以为，我们中国的刑法是以牙还牙、以眼还眼，这样国际影响多不好。这个是中央电视台直播的，还不是一般的地方电视台。死刑问题确实非常复杂，如果判死刑能把损失挽回来，那这个就好说。如果判死刑能把我们的同胞救回来，那我也同意判死刑。现在问题就是，这个悲剧已经发生了，是不是要再制造一个悲剧？这个是哲学上的问题，可以讨论。

现在的问题是，怎么大幅度地减少死刑！这个问题必须要研究。我的研究结论就是未来几年，我们必须要做好公布死刑数字的准备，这个回避不了。要大幅度实现死刑数字的减少，必须要做顶层设计。好好研究一下哪些罪名现在是可以从立法上废除的，哪些罪名是可以从司法上限制的，立法上要废除死刑，必须要经过司法上的考验。我们2011年废除了13个罪名的死刑。这些罪名一定是在司法实践中不用死刑或者很少适用死刑的。这是死刑改革的规律。

我们再讲一下死刑改革的下一步情况。现在我们是两条腿走路，既要利用每一次刑法修改的时候，在立法上尽量地减少死刑条款，也要进行司法上的控制。死刑"大户"主要还是那几个罪名，故意杀人罪、抢劫罪、毒品犯罪，这几类犯罪占死刑执行的大部分。危害国家安全罪，甚至是贪污贿赂犯罪，判处的死刑是越来越少了。死刑"大户"的罪名目前要在立法上取消死刑是不太可能的，所以我们只能在司法中实行严格地控制。我再讲一个案件。一个检察官跟我说，刘老师啊，黑龙江那三个越狱的罪犯很有可能凶多吉少了。我看到他们逃跑的资料，我把报纸都收集起来了。这几个罪犯，我们是不是必须枪毙他们？他们出来后，既不去杀人，也不去放火，他们仅仅就是想回家，想看看孩子，抓捕的时候也没反抗。这样的情况是不是应该严格限制死刑？所以我觉得要在量刑情节上做大量的细致工作，一定要把那种有预谋的严重的故意杀人罪同那种激情杀人，或者仅仅是喝酒喝多了的杀人案件区分开来。因为两者的社会危险性、人身危险性完全不可同日而语。司法上一定要在量刑情节上做一些细致研究。但这个问题很难，难在哪里呢？刑法上规定，可以不判处死刑立即执行的，可以判处死缓，那什么时候可以判处死缓呢？这个标准一直不明确。有人说最好不要明确，因为形势发展得快，如果明确地规定这些判处死缓、这些判处死刑立即执行，就不能跟上时代的发展。但如果不明确的话，你看李昌奎案，已经判处死缓了，在民意的炒作下，要判处死刑立即执行。人家已经在监狱服刑了，再拉出来，判处死刑立即执行，也没有新的事实。同样的一个案子，法院的既判力哪儿去了，是不是？这个作为一个问题提出来，由于时间关系也不展开了。

我们现在讲非暴力犯罪要废除死刑。非暴力犯罪是要优先考虑，但暴力犯罪也要适当考虑。比如，故意杀人罪判死刑，故意伤害罪也判死刑，那我就会想，既然故意伤害是死刑，我还不如把他杀掉，这样没有被害人指证，我还有可能不被发现呢。这样的立法科学性到底在哪里呢？我们主张强迫卖淫要废除死刑，虽然说卖淫不是啥好事，但我们不是说要把他放了，我们可以判处无期、死缓，为什么非得给他判个死刑立即执行呢？强迫卖淫严重到一定程度的话可以按故意杀人罪、故意伤害罪判的。

另一个问题是赦免制度。我们之前讲的国际公约有一点，就是任何一个被判处死刑的人都有权要求减刑或赦免，我们现在的赦免制度长期被架空了。现行的宪法或者刑法中的赦免是从上到下，要经过全国人大常委会。我们现在讲的赦免制度是从下到上，任何一个被判处死刑的人都有权要求减刑或者是赦免，不管你同意不同意，这是现代国家赋予公民的权利。北大学者朱苏力说废除死刑简直就是胡闹。但他举的例子又说由于我国长期搞计划生育，有的是几代单传，所以这种情况他主张不要判他死刑。可我们不能因为独生子女就不判处死刑，这违背了我国刑法人人平等原则，但是你可以提出赦免，要求国家实施仁政，赦免你。这个我们可以考虑。

还有一个问题就是关于智力有缺陷者、精神障碍者，我国刑法目前没有规定。目前对18周岁以下、75周岁以上的已经作出了规定，一老一少有了保障，但是对于智力有缺陷者、精神障碍者还没有相关规定。

还有一个就是死刑程序的控制。死刑复核权收回后，死刑案下降50%，说明死刑的程序控制很重要。另外，还有一个死刑程序的控制手段，就是从死刑的执行上入手，把死刑的执行权转移到司法行政部门。就是法院进行判决，但是不执行，这样，法官就不用承担很大的民意压力。假若我们现在把死刑的执行剥离开来，像国外一样，上诉救济复审的程序还有很多，通过这些程序过一段时间压下来，过上几个月就会发生变化了。现在我就在看一些案例，看一些被害人是如何原谅加害人的，有一些特别让我印象深刻的案件。被害人的母亲在儿子死后，天天以泪洗面，说如果让我原谅凶手，怎么对得起我死去的儿子，但是过了几个月或半年以后呢，就原谅了加害人。因此，在很短的时间内要求被害人的亲属原谅凶手，这是不可能的，这也不符合人的心理规律。另外，在死刑复核阶段，没有法律援助。在座的有很多刑事诉讼法的老师和学生，你们都很清楚，所以我就点到为止了。我国刑事诉讼法规定请不起律师的要提供法律援助，但是在死刑复核阶段却没有这样的规定，因此为了减少冤假错案，必须在死刑复核阶段提供法律援助。但是最高人民法院又说了，你这不是给我们找麻烦吗，哪有你们说得那么简单，由司法部指定律师进行法律援助，现在大部分死刑案件都在地方，这个工作量巨大。我说这个不是理由，都不是理由，有什么比生命更重要的呢？我觉得这都是可以解决的。

刚才梅老师说的我在新浪网获奖，那本书叫《死刑的温度》。温度怎么解释呢？有两个含义，一个是希望死刑的适用在中国迅速降温，不要滥用死刑；另一个是在适用死刑时多一些人性化，多一些温情。现在的死刑仍有很多问题。目前来说死刑执行主要有两种，一种是注射，另一种是枪毙。现在普遍认为对于暴力性犯罪，适用枪决，对于贪污贿赂犯罪，我们用注射，这个确实是不太合适。现在社会上说的贪官用注射，老百姓用枪决，这也有些不全面的地方，不全面在于贪官主要在城市，城市里有注射执行死刑的场所，而暴力性犯罪主要在农村，在基层很多没有执行注射的场所，所以执行枪决可能更方便。

我再讲一下减少死刑的罪名。我们知道在去年的十八届三中全会上提出说要逐步减少死刑罪名。这个其实很不容易，在这么重要的改革文件里有这么一句话那真是不得了。我举个例子。比如，《刑法修正案（九）》要废除一些死刑罪名，比如说伪造货币罪等，除了要征求人大代表、司法机关的意见外，还要征求中国人民银行等货币管理部门的意见。如果你是中国人民银行的行长，肯定认为这个罪名有规定死刑的必要。但是有中央这样一个文件，工作就好做得多。进一步减少死刑罪名其实也是一个公开的秘密，国家领导人在3月的全国人大答记者问的时候，就已经提到我们要进一步减少死刑适用罪名。《刑法修正案（九）》已经做了很多前期工作，我也参加了其中，我们要理性地去研究。

怎么在《刑法修正案（九）》中落实文件精神，目前争议最大的就是要不要把死刑适用政策写入刑法总则。过去说死刑只适用于罪大恶极的犯罪分子，现在我们讲死刑只适用于最严重的犯罪中罪行极其严重、主观恶性与人身危险性极大的犯罪人。（顺便说一句，我主张大家以后在刑法学术论文中最好不要用犯罪分子，而用犯罪人或行为人。）为什么要有人身危险性极大？有人主要对于恐怖主义犯罪，虽然故意杀人罪未遂，但是主观恶性很大，也可以判处死刑。如果这样写入总则，那贪官就不能判处死刑了，因为贪官根本没有人身危险性。这个问题怎么解决？陈兴良教授就说还是旧刑法最好，"罪大恶极"，那样表述最好。有人认为这个措辞很重复，后来我就说你看印度对这种情况的描述，翻译过来就是罕见中的罕见嘛，所以说这种重复是可以的。我们强调最严重的犯罪中罪行极其严重，我说可以。加前面这个"最严重"指的是犯罪的种类，后面这个"罪行极其严重"——有人就说这个"罪行极其严重"就包括了主观恶性，实际上不一样，他把这个最严重的罪行中的罪行还是理解成杀了多少个人，犯罪情节，如杀人焚尸、杀人碎尸，更多理解为一种客观上的表述。但是我们在进行刑法解释时，我们可以说最严重的罪行既包括主观也包括客观——我主张还是要强调主观恶性，也就是说，这个罪行极其严重指的是客观的犯罪行为及其后果、主观恶性极大。人身危险性可以不写，因为人身危险性与主观恶性有交叉，可以把它包括进去。因为你写的人身危险性极大实际上把所有的非暴力犯罪、财产犯罪、腐败犯罪都排除了，当然我是巴不得不判死刑，但是目前达不到。目前达不到的情况写进去，总则和分则会有矛盾，因为你就很难解释这个财产犯罪、经济犯罪、腐败犯罪，说它的人身危险性极大，但是我觉得一定要恢复、强调它的主观恶性极大。

再一个问题就是关于死缓。目前的规定是在死缓的两年考验期内有故意犯罪的那就执行死刑立即执行了。如果他杀了狱警越狱，那就不用说，绝对要执行死刑的。但是死缓以后由于牢头狱霸欺负他，打架斗殴，造成轻伤害，就将死缓改为执行死刑立即执行，大家就觉得不合适了，能不能对死缓执行死刑的条件做一些更严格的限制，即不是一有故意犯罪就执行死刑。再一个就是，总则恐怕应有些修改，包括我说的75周岁能不能再下降一点，包括刚才说的不要留"尾巴"，因为现在我们是75周岁以下还留了一个"尾巴"，不是所有的人都能免死。再一个就是说这个智力有缺陷者、精神障碍者这些能不能加进去。

那么对于分则，这次可以减少几个罪名，因为肯定是不能达到上一次说的13个，目前大家寄希望于能不能取消5个左右，这只是我个人的学术观点。我的看法是将来应取消这个走私假币罪、伪造货币罪、集资诈骗罪、组织卖淫罪、强迫卖淫罪的死刑适用。集资诈骗罪在《刑法修正案（八）》，后来考虑到整个国家的经济环境，金融秩序各方面的问题，还是保留下来了。这次集资诈骗罪废除死刑应该没有问题。伪造货币罪、组织卖淫罪、强迫卖淫罪，这些问题大家都有过研究了。强迫卖淫仍可以判他无期徒刑，某些强迫卖淫情节严重的甚至还可以按故意杀人罪、故意伤害罪判死刑，当然这种转化犯适用起来要慎重。再一个就是说，武装掩护走私，这不是一个具体罪名，但是我们现在对其保留死刑条款。那意味着所有走私罪，只要是武装掩护的这种形式都可以判死刑，所以严格意义上走私罪没有完全废除死刑。这个也可以好好地论证一下。现在这种情况下走私已经很少了，真正武装掩护走私的情况那就更少了，微乎其微。法律还是要考虑绝大多数，如果这种行为极其罕见，那也就不成为非要关注的一个对象。所以武装掩护走私能不能也这样，如果武装掩护走私，开枪了、开炮了，那么就按故意杀人罪去判，那也没问题了。这里面最有争议的就是运输毒品罪。我们好多人包括我在内觉得很多运输毒品罪判死刑好可怜，那些犯罪人也许真的就是不知道这个内幕，有的甚至也不知道这个运的是什么，就是知道把这个从这一站运到下一站，然后有人接，给他多少钱。他们面对这样的一个诱惑——可能自己打工两年三年也没有这个钱。他内心的主观意愿也不是说杀人放火。现在毒品犯罪中大量被判死刑的是因为运输毒品，是那些小马仔，真正的那些大毒枭都躲在金三角，都躲在国外，根本就不露脸。最好是取消运输毒品罪的死刑。不取消的话，能不能对运输毒品单列一条，做一些比较严格的限定等。

现在我谈两类比较敏感的罪名一是非法提供不合格的武器罪，这个判死刑合不合适？这根本不是暴力犯罪，只是非法提供不合格的武器，你那边还有审查和鉴定。二是危害国家安全罪。大家都说危害国家安全的死刑问题不能碰，安全压倒一切。可是大家注意到没有，刑法中最轻的犯罪处罚就在危害国家安全罪中，适用单独的剥夺政治权利。尽管这一章的罪名常常吓大家一跳，但还是要具体分析。

总而言之，我觉得研究减少死刑的思路应该更宽广一点。我特别寄希望于《刑法修正案（九）》再推动5个罪名的死刑废除，以后在总则中对于这样一些适用死刑的条件做一些更严格的限定。由于时间问题，我就拉拉杂杂讲到这里，接下来就请老师和同学们批评指教。

**梅传强**：刘教授从死刑适用的逻辑体系到我国死刑改革的历史回顾、现状分析以及将来可能进一步改革的方向，对死刑问题做了一个全方位的讲座。死刑问题虽然是一个老生常谈的话题，而且在我们学校有关死刑的讲座也有好多次，从我们之前开死刑问题国际研讨会开始，无论是在老校区还是在新校区，都开了好多次死刑方面的讲座。但是仁文教授的讲座还是有很多新的数据、新的思想、新的思路的，特别是对下一步死刑改革的一些设想。这些到底可不可行，还有没有比仁文教授更好的设想，那么我们还是先听听嘉宾的意见，先请高一飞教授点评。

**高一飞**：仁文教授对死刑非常关注，他的绝大多数观点我都非常支持、赞同。下面，我针对演讲的一些内容带给我的思考作适当的评价。

第一个问题就是关于死刑的根据问题。刘老师今天没讲，但是死刑根据问题对于我们学刑法的大家都很清楚了，应该是三个方面，就是报应论、预防论和人道论。实际上真正起作用的是人道论。但是根据人道论，因为每一个国家的感受不同，所以就造成了不同的文化、国情之上死刑这个废除的进程完全不一样。那么过去我们有一个积极的死刑废除主义者，我认为他个人的哲学观、刑法学学观是对的，或者说他可以有，但是就目前中国的情况来看是不会废除死刑的，我记得很多年前有一位死刑废除论者就举到这样一个例子：假设你老婆被强奸了，后来又被残忍地杀害了，你主不主张这人判死刑？这竟让我无言以对。死刑问题要顾及人民群众的感受，这是符合死刑这个存废的根据的。死刑蕴藏着一个自治性，或者说我看到了它完全废除的可能性，会走向控制，会逐渐地减少。

第二个问题是关于死刑公开的问题。我在这里补充一些刘教授没有讲到的。实际上死刑执行公开在中国的历史上过去确实经常有，比较野蛮、残忍的做法，比如，我们上中学的时候，中学的操场就是执行死刑的地点。全校师生围观，有时候一枪打不死，再补一枪。这是我眼睁睁看到的。现在世界上判处死刑最多的国家，排在前四位的是中国、伊朗、沙特阿拉伯和美国。但是在执行方法上，目前中国是相对文明的，有些国家执行方法是很残忍的，比如说沙特和伊朗都有很残忍的执行死刑的方法，类似我们古代的执行方法。而美国死刑执行是公开的，2011年曾经有一万人目睹了死刑执行的全过程，是哥伦比亚电台现场直播的，这个录像现在网上都可以查到。2012年美国认为这样的全程直播不太适合，所以有14个州就决定医生把针管插上以后才可以去看，但是范围要缩小，就是说不能直播，只能派代表——代表包括民意代表，被害人代表，家属代表，记者陪同代表等——现场观看，还可以录像。

第三个问题是关于数据的公开问题。美国的每一个死刑判决、上诉、赦免、执行都是公开的。我们国家确实一直以来都把它当成国家秘密。但是随着死刑核准的文书（生效文书）在最高人民法院的网站上公开，我们也许三五年内可能公开，我希望刘教授以及专家能够推动这个事情。过去的数字都来自报道，所以这个数字也广受争议。

第四个问题是关于注射执行的问题。我写过一篇关于美国执行死刑的文章，我提到一个数据，美国现在所有的死刑执行都会选择注射，注射这个是痛苦最少的一种刑罚，当然你也可以选择其他方法，但是公认的痛苦程度最低的就是注射死刑。在我们国家，执行人的自由裁量权比较大，比如成克杰和胡长清案，胡长清本来是要枪毙的，但是地位高一些，表现要好一点，就注射死。我认为，注射执行不仅要体现合理，而且要体现平等。

第五个问题是关于执行时间的问题。中国有一个很大的"资本"就是拖延，死刑执行要走向文明执行，要利用这一"资本"。刘老师提到美国死刑执行的时间正好是长大成人的时间，18年，加州是二十几年，这个数字是普遍公认的。所以说拖延是将来立法要解决的问题，一个人被判了死刑，一定要给他三五年的死刑执行的拖延期，这是立法要去做的。

第六个方面也是我想请教的一个问题。对于智力有缺陷者和精神障碍者，美国目前是废除了他们的死刑的，废除也仅仅是近几年的事情，这里牵涉到一个根据的问题。我们说犯罪的时候是精神病患者，但是因为他的主观恶性，刑法就不予追究。但是他原来是个正常人，是到了监狱里变成精神病患者的，或者是智力有缺陷者，那么这种情况在中国不执行死刑还存在一个根据上的障碍，这个是需要去研究和解决的问题。

第七个问题就是关于赦免。很多学者都主张引进美国的赦免制度，但这是被夸大化了的一个东西。它本质上还是一种行政上的手段，它不符合中国司法意义上的方法论，或者说如果引进就很可能出现行政权力被滥用的这样的情况，反而影响死刑的严肃性。我是不主张引进死刑赦免制度的。我觉得任何一个国家的死刑，国际上的标准是一个参照性的标准。主权高于人权，我们要针对这个颁布和参与的人权公约，这两者之间的关系要处理好。英国经常指责美国刑法，其实立法和司法角度也要尊重人民的感受，就中国的国情来说，目前要废除死刑，这一点我觉得绝对是做不到的，而且我想可能永远都做不到，因为我们的感受和美国人不一样，文化不一样。欧盟国家已经全部废除了死刑，他们还有动物权利条例。我们农村把动物直接打死了，在他们那儿就是犯罪。每一个国家是不一样的，所以有一些文化、道德的问题往往用一些朴素的语言来表达，比如邓小平同志说："我们不能废除死刑，因为我们还没发展到那个程度。"其实基本的道理都已经讲完了。

**梅传强**：一飞教授与其说是在评议，不如说是在补充刘老师的讲座内容。可能也许是老乡不好提问题，也可能是想把更多的机会留给其他老师和同学。那现在我们再听一听石经海教授的看法。

**石经海：** 第一点，谈一谈死刑到底应不应该废除的问题。我认为死刑废除在中国不是一个真问题，而是一个伪问题。我们很多学生把死刑废除作为本科也好，硕士也好，或博士论文选题的时候我们都是反对的，也就是说，目前在中国，死刑该不该废除不是一个理论、学术问题。学术研究上我认为大家对该不该废除已经很清楚了，虽然有很多废除死刑的理由，同时也有保留死刑的理由。比如，刚才刘老师也谈到了非洲废除了死刑，还有很多世界上其他国家废除了死刑。我的理由是，那么多国家废除死刑我们就一定要废除死刑吗？那么多国家废除死刑的理由就是我们国家废除死刑的理由吗？这是第一点。

第二点，我们讲欧洲废除死刑，是宗教信仰决定的废不废除。包括俄罗斯的废除也是在欧洲的推动下不得不废除，其实俄罗斯的民众和官方并不想废除死刑。所以他们废除死刑的理由不能作为我们废除死刑的理由。另外说非洲废除了死刑，那非洲废除了死刑带来的是积极的效果吗？我并不认为是积极的。为什么呢？因为死刑废除了比死刑保留更可怕，如果说法制已经成熟，有一个完善的法制，这个时候废除，确实可以；但是如果说法制没有成熟，废除了死刑，完完全全不以执行死刑的方式、不以通过法律程序来适用死刑的方式达到适用死刑的效果，那这种情况我觉得更加不符合法治。刑法的合理性其实也是死刑保留的合理性。

另外，我们周边很多国家都保留了死刑，所以我的观点还是，刚才刘老师的观点也是，我们尽可能地限制和减少死刑。如何限制和减少死刑，除了刚才刘老师和高老师讲的我完全赞同以外，我想再补充几点。在实体法上，第一，当然是减少死刑的罪名。这是刘老师刚才讲的那些方面。第二，我认为在中国要减少死刑就得取消几种制度，最重要的就是死缓制度。我认为死缓制度是拉动死刑制度的一个重要的立法原因。

第三点是严格适用死刑的标准问题。刚才刘老师提出了一个新的标准。在司法实践中有一个误区。比如对于贪污受贿等犯罪，老是比数额，他是一千万元还是两千万元。如果两千多万元才判无期，他们认为把死刑适用的标准全部搞乱了，我说这是不懂量刑。站在量刑的角度，数额仅仅是其中的一个因素，死刑适用的考虑因素绝对是刑法总则中的罪行极其严重。而到底是不是罪行极其严重，肯定不是数额这一个因素来决定的，而是一个综合的考评。

第四点就是我们要减少适用死刑，一个重要的方面就是提高司法公信力的问题。一句话，如果法官不受他人、不受媒体、不受官员的不良影响，那许多死刑案件就可以降下来，所以我们认为这也是减少死刑的一个重要的方面。如果说我跟刘老师有不一样的地方，就是死刑立即废除，其他方面我赞同刘老师的观点。

**梅传强：** 经海教授还是比较委婉地提了一些问题，那么按照规则由刘仁文教授对他们两位的点评作出回应。

**刘仁文：** 到目前为止，这个砖拍的不是很重，我还是希望你们真拍砖。

第一个回应是假设你的老婆被强奸了。在中国好多人都问过这类问题：假如是你的儿子，你的家人被杀了，你还同意要赦免这个杀人犯吗？这个问题也确实奇怪，感觉提得确实也不是很人道，确实是很难受的，但是如果有人提出这个问题也要回应。我在伦敦访问大赦国际，在那里我问那个老太太：假如你的儿子被杀了，你还会反对死刑吗？我说我们中国人经常会问这个问题。她当时的回答是她也想过这个问题，她说："我的儿子被杀后肯定会非常难受，非常的痛苦，但问题是这个事情已经无法挽回了，如果通过判处这个犯罪人死刑，我的儿子能够活回来，我就同意判处死刑。现在问题是判处犯罪人死刑，我的儿子也活不回来了。"最近几年我在做个研究，关注被害人怎么去原谅凶手这个问题。我发现中国好几个被害人的母亲也是这么说："我的儿子活不过来了，如果活得过来，我还是希望判处死刑。"世界上这种悲剧没有办法避免，如果通过杀人，把另外的一个人救回来，我就同意要保留死刑，因为这种情况之下，即使你不愿意杀他，你也还是会想要用他的生命换回被害人生命。现在问题是，原来的结局已经无可挽回了，现在再杀了他也没有意义了。这个问题我就给大家分析到这里了。

第二个问题，高老师说死刑执行方法上中国与其他国家相比更文明。其实我不是很同意这个观点。我讲两个信息。第一个，日本现在认为注射执行死刑是不人道的。美国现在很多人也认为注射是一种非常卑劣的做法。我们现在也有很多实施注射死刑的法官说："刘老师，你对这个一定要做跟踪研究，现在很多的注射死刑在我看来比枪毙更难受，因为枪毙在一分钟之内就死掉了，那个注射由于时间段很长，在很长时间里，等到血管胀起来满脸通红而死。所以现在这个问题我们要跟踪。日本执行死刑的做法是绞杀。大家想没想到，行刑人也是有很大压力的。第二个就是高老师刚才说的，现在美国的一些州都还保留着死刑。但是，美国现在灵活地执行死刑。当时有个案件打到了联邦最高法院。有两个护士罢工，说要我们执行死刑，这与我们医务工作者的职业理想是相违背的，因为我们这些工作者主要是救死扶伤，要我们剥夺别人的生命，我们不干这样的事。所以美国没人执行，这就意味着在美国这段时间里，死刑实际上是被废除了。这个官司打到了最高法院。但最高法院也知道在目前美国这种情况下，死刑不可能被彻底废除，但如果要说注射执行死刑残忍，是违宪的话，那么就意味着美国的死刑要废除。所以美国最高法院只能要求每个州改进注射执行死刑的方法，不能造成残忍的结果。刚才高老师说为什么赦免不向最高人民法院提出。因为赦免是一个行政权，这是为什么克林顿和州长就可以赦免。我们中国很多媒体报道，说美国过去执行死刑中杀错的囚犯有几千人，这个问题我跟美国的一个教授核实过，美国教授说，正确的说法是有可能杀错了人，但迄今为止没有发现实践中有杀错人的情况。所以说美国的漫长程序还是有效地遏制了一些冤假错案。

对于注射死，我们中国现在大多认为是最人道的做法，但这个问题其实没这么简单。因为每个人的体质不一样，注射药物的效力是不一样的。一个是注射太少没死；一个是注射的时间久了，血管胀得难受。因为这个是让人慢慢地失去知觉，在睡眠状态下死去。有些人的体质很弱，他可能一下就失去知觉了。所以我的意思是因为情况不一样，不能说中国在这个问题上就是很人道的，我们应该辩证地看待这个问题。

再一个是说赦免作为一个行政权被滥用的问题。我在美国多次提到过这个问题，但非常奇怪的是，美国人认为这不是一个问题，因为这么多年没发现有什么问题。在中国要废除死刑，或者说要推动刑罚的人道化，当务之急一定要提高司法的公信力。如果司法公信力低，废除死刑的改革就会很难。为什么现在很多老百姓同意判死刑，就是老百姓认为你不判他死刑，你可能就把他给放出来，只有把他杀了才放心。所以这个就需要考虑行政权力和司法权力是否滥用、是否存在腐败的问题。

还有一个问题是经海老师问的：这么多国家废除死刑，我们就一定要废除死刑吗？我想这个问题不能简单地这样问。如果说现在有证据表明这些废除死刑的国家社会治安更加不好了，更加恶化了，那就说明它是不好的。《刑法修正案（八）》为了减少死刑罪名，在其通稿中这样说："我们知道世界上有越来越多的国家废除了死刑，而且这些国家的治安没有变得更坏。"这个是让我们老百姓放心的。如果说死刑的减少不会让这个国家的社会治安变坏，我们是不是可以认为这样的减少是对的。现在世界上已经有 80% 以上的国家和地区，他们通过事实告诉我们，没有死刑你也不用怕，我们也能有效治理这个社会。我们的社会没有变得更坏甚至是更好了，那这个问题我觉得可以好好思考了，对吧？所以不是简单地说，我有主权，你那么做我为什么也得那么做，而是说如果大家都这么做了，而且变得更好了，那我们为什么不这么做？我就先回答到这里。

**提问一**：我觉得关于死刑的存废问题，实际上是一个仁者见仁智者见智的问题，可能表达的不光是个人的一种价值观念。刚刚刘老师讲得非常好，让我受益匪浅。同时我也想在这里讲一下我的看法。首先，像故意杀人这样的犯罪，我觉得死刑是绝对不能够废除的。因为要考虑到最高法会不会核准死刑的问题，下面判案的时候会尽量不判处死刑，这在司法实践中就导致一个问题，很多应该判处死刑的没有判处死刑。我觉得这是个非常不好的现象。

**刘仁文**：这个问题有争议，我想提一下。因为石老师说要废除死缓，这个问题请大家考虑一下。现在很多人寄希望于死缓，因为死缓毕竟介于死刑和无期徒刑之间。联合国希望还保留死刑的国家做到可以判处死刑但不立即执行。所以很多人现在寄希望于有一个死缓制度能够慢慢取代死刑立即执行，成为彻底废除死刑的一个过渡。所以从这个意义上来说，这句话可以放在这里，这是矛盾点。因为你把死缓废除以后，要么死刑立即执行要么无期。但我们能不能把死缓从死刑立即执行中分解出来作为一种独立的刑种归类到我们的刑法总论中，因为我们现在的死缓是作为死刑的一种执行方法，死刑包括死刑立即执行和死刑缓期两年执行。这造成一个很大的麻烦，实际上死缓是生与死的问题，死刑就是死掉了，死缓就是活下来了，而现在死缓实际上是一个变相的刑种。我们说死刑复核权收归最高人民法院说的是死刑立即执行，死缓决定权还停留在各省高级人民法院。死刑立即执行和死缓如果合在一起，就会导致标准不明确。但是不是要像石经海老师说的把死缓取消掉，这个要慎重。因为目前死缓是一个有中国特色的可以作为将来完全废除死刑的一个过渡。大概是 2008 年"两会"时，最高人民法院院长在人大代表座谈会上说：我知道我进来之后肯定会有人问我今年杀了多少人，但对不起大家，这还是国家秘密，我不能告诉大家。

但是我要告诉你们一个数字，在我国历史上判死缓的首次超过了判死刑立即执行的。这个什么意思呀？我们之所以减少了那么多死刑立即执行的，是因为我们有一个死缓制度来替代，没有死缓制度，一下子都判无期，这可能还做不到。

**提问二：**我是来自国际法学院的本科生，对于今天的讲座我有两个不太成熟的问题想请教一下。首先就是在刘教授提到死刑的程序控制和执行能否从法院剥离出来，我的问题是如果死刑从法院剥离出来，会不会出现这样一种情况，犯罪人他本来应该被判决死刑的，但是由于程序剥离出来了，他就可以通过各种不太正当不合法的手段就获得死刑的取消，会不会在当中导致司法腐败的问题。怎么解决？第二个问题就是，高教授提到我国国情的问题，那么死刑在我们中国人的传统观念中是惩罚犯罪人的一个手段，如果我们是为了避免在一个悲剧发生以后国家不再发生一个新的悲剧而去废除死刑，以后导致更加多的悲剧发生的话，那么我们对死刑废除的考虑应该是怎样的，如果废除死刑，导致社会上越来越多的不好的结果，应该怎么办？

**刘仁文：**谢谢你，听你的问题觉得西政的学生素质是真的高。两个问题，一个是死刑执行分离以后。这个还是代表老百姓的一个民意，为什么老百姓说你不杀了他就可能会放了他，这个还是对公权力的不信任。在这个问题上，我们一定还是要靠公开透明等一系列的制度，要有很多透明的程序来保障。比如，日本执行死刑不是像我们想的那么简单，法务部有许多的程序规定。但是你提的这个问题非常重要，我们不能让这当中出现腐败，这个一定要防止。如果这个里面出现腐败，那这个改革就失败了。所以说我们在改革的过程中要防止这些漏洞。

第二个问题实际上刚才也是我间接回答其他老师的问题。这个问题上你放心，不会因为这个死刑的废除就会导致这个社会更坏，如犯罪率疯长等，不会的。举个例子来讲，我们2007年到现在减少了这么多死刑，但现在我们社会没有变得更坏，反而更好。还有个最简单的例子，1997年新刑法就废除了普通盗窃罪的死刑，但是当时保留了两种情形，一个是盗窃金融机构，另一个是盗窃珍贵文物。也就是说，1997年以后我们这种扒窃、入室盗窃就没有死刑了。大家知道在1997年以前，全国范围内判处死刑最多的一个罪名就是盗窃罪，1997年把普通盗窃废除死刑，当时我们到法院去讲课，他们就说，担心我们没有考虑到国情，只考虑到了国际上的趋势。我们这里的农民呀，一头耕牛可就是他的命根子啊,犯罪分子把这头耕牛盗走之后,这家农民就不能耕地了,就要完蛋了。当时这个修法出台之后,大家就非常担心。但是大家知道,盗窃罪这些年基本平稳,没有出现意外的上升,所以我请大家对这个问题放心。

**提问三:**我是行政法学院法理研究生,我对具体的制度不是很了解,但是我很赞同您对其中的部分经济犯罪废除死刑,以及我国现在暂时还不能全部废除死刑的理念。我想问的问题是,如果说废除死刑是个国际趋势,我们为什么要迎合这种国际趋势?有一个观点说。符合历史发展的就一定是好的,就一定是先进的。但我们怎么知道它就一定是对的呢?

**梅传强:**刚才还有其他的一些同学举手提问,我们再请几位,然后由刘老师选择回答。

**提问四:**就像您刚才说的,有些国家在判死刑之后这中间它会有一个漫长的等待时间。而这些人在里面就会思考自己到底会不会死,这样对于他的精神是一种更大的折磨,而在这段时间当中,他的家人同样会思考,并采取一系列的行动,很可能是非法行动。请问这些问题究竟是文明中的流弊呢,还是说我们有更好的方法去解决?

**提问五:**第一个问题是刚才刘老师说如果我们惩罚了犯罪人给他判处死刑,那么就是另外一个悲剧的产生。那么我想问一下刘老师,因为刑法除了报应以外,还有另外一个预防的功能,那么如果我们判处了犯罪人死刑,我们可不可以认为是在预防另外一个悲剧的发生?因为他有可能有进一步的犯罪行为。还有一个就是,如果我们必须要废除死刑,在这种情况下,杀人的责任应该怎么承担呢,而且我们必须考虑到一个社会规则的问题?第二个问题是,如果判处死刑不执行,再等个 10 年 20 年,在这种情况下,我们是把犯罪人监禁在监狱中还是在一段时间以后把他放出去?那如果是前一种情况,这种死刑和无期徒刑或者死缓又有什么样的区别?如果我们废除死刑,是不是要延长行刑,甚至延长到终身监禁?

**提问六:**我觉得您刚才讲了那么多数字,但没有讲出一个具体的人员分布,比如有一个大法官统计过,90% 的死刑执行的是来自农村的,所以他就提出了家庭纠纷导致夫妻间或者兄弟姐妹间发生故意杀人案件的,并且被害人有重大过错的,可以原则上限制死刑。所以,我想有一个具体详细的数据会不会更有利于死刑的研究讨论?

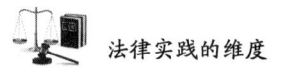

**提问七：** 我想问一下刑事政策的调整是不是比立法的完善更有效果？

**刘仁文：** 梅老师说叫我选择问题回答，但同学们的这些问题都提得非常好。我对大家公平一点，我最想讲的观点已经和你们讲了，你们的问题就不一一回答了，也没那么多时间。

第一，我的一些同事说："我知道刘仁文的观点是要废除死刑，现在又要他参与这次《刑法修正案（九）》的立法，让他去跟领导辩论哪些罪名还可以保留死刑，我知道他一定很难受。"我们过去发文章，我就主张废除死刑。但现在我要是以这样一种身份去参加立法工作会议，别人可能就不太愿意请了。所以这有一个策略问题，就是当你去参与立法的时候，还是要考虑哪个有说服力，领导人愿意听进去，要考虑到现实因素。但是我为什么说死刑在将来一定会废除呢？理由是两个。第一个，刚才已经讲了，就是人类现在已经有足够的经验证明，我们可以不依赖于死刑来有效地治理这个社会。这是过去做不到的，欧洲、英国刑法的故事、刑罚的历史告诉我们，他们的死刑历史上比我们还多、还残忍。现在我们已经有足够的经验证明，人类是可以脱离死刑有效地治理我们的社会了。第二个，刚才已经有同学讲到了，人类这种公平公正的复仇心理是一种天然的感知。你考虑到被害人的这种感受吗？这个问题非常重要。你看挪威、丹麦，虽然发生了恐怖血腥案件，但没有谁愿意恢复死刑。所以说人类是生活在一种观念文化中的，观念文化是可变的，我们可以通过正确的引导，改变一些习以为常的思维，当然需要时间去适应。不要忘记贝卡利亚的名著中说的一句话：我们不指望这种理念在今年就要生根发芽。

第二个就是刚才梅老师提到的，关于新浪网给我发的那个"致敬奖"，其实我是不写微博的，是他们把我以前发表的文章集合在了一起。我讲到德国人一家在中国被杀害的案件。这个案件大家都知道，但是你们不知道下文。当时生活在南京的一些德国人，他们无比伤痛。当时这些人就说，怎么办？现在我们还记得他们，过几年大家都忘掉了。所以我们要找个办法来纪念他们。他们认为这四个苏北的凶手是农民，他们没有上学，他们没有工作，没有文化。他们认为犯罪的根源是他们在这个社会没有机会。他们就商量以被害人的名义设立一个基金会来支持我们苏北这些上不起学的小孩。这个详细的就不说了，这个基金会现在已经发展得很大了，他们默默无闻地做了很多的事情。我举这个例子是这当中有很多是值得我们反思学习的。现在中国经常说把这个犯罪人给杀掉，杀掉以后，大家就开始淡忘掉了那个犯罪的原因。这是复杂的原因，我们一定要反思，我们的政府、国家、公民都要反思。

　　南非废除死刑以后，形势出现一些恶化，所以各个选区的民意代表要求恢复死刑，最后把这个官司打到了宪法法院。南非宪法法院的院长最后说了一句话："我们不能指望一种残忍的文化，能够支撑起一个文明的社会。"这是大意，我想和大家共勉，谢谢大家。

　　**梅传强**：刘教授的最后一句话是给这个讲座画龙点睛，点出了为什么要废除死刑。我相信在中国废除死刑，绝对是一个迟早的事。这是一种观念，这是人道主义真正的宽容，这些问题都会得到解决的。由于时间关系，我们也不得不结束这个讲座了，再一次用掌声感谢刘仁文教授，欢迎并期待刘教授有机会多来我们西南政法大学交流，谢谢大家。

# 05

## 深化司法改革　推进法官职业化

主讲人：**孙海龙**（重庆市第四中级人民法院院长、法学博士）
主持人：**唐　力**（西南政法大学法学院院长、教授、博士生导师）
嘉　宾：**颜　飞**（西南政法大学法学院副院长、副教授、硕士生导师）
　　　　**李昌盛**（西南政法大学法学院副教授、硕士生导师）
　　　　**包冰锋**（西南政法大学法学院副教授、硕士生导师）
时　间：2014年11月6日
地　点：西南政法大学毓才楼三楼学术报告厅

**唐力**：各位老师、中钦律师事务所的各位律师、亲爱的同学们大家晚上好！目前司法改革成为我们使用频率最高的词汇，近段时间我们举办的讲座几乎都与司法改革有关，今天非常有幸地邀请到重庆市第四中级人民法院的孙海龙院长来为我们做一场深化司法改革的讲座。重庆市第四中级人民法院是最高人民法院指定的司法改革试点单位，作为试点单位，四中院进行了非常有意义的探索，相信孙院长能给我们带来新的理念和新的做法。下面我简单地介绍孙院长的基本情况。孙院长是北京大学法学博士、中国人民大学博士后、全国首届审判业务专家，曾任广州市中级人民法院副院长、西安市中级人民法院副院长、重庆市高级人民法院专委，现任重庆市第四中级人民法院院长。在学术上，孙院长的主研方向是法学教育、现代司法及知识产权，目前孙院长是我校知识产权学院兼职教授、博士生导师、法学院兼职实务导师、中国法学会知识产权研究会仲裁研究会常务理事、中国法学会审判理论研究会知识产权审判理论专业委员会副秘书长。孙院长还主持和主研国家省部级课题十项，荣获最高人民法院学术奖七项，在《法学家》《法律科学》《知识产权》《法律适用》《人民司法》和《法制日报》等期刊报纸上发表论文两百多篇，可以说孙海龙院长是学者型的法官。另外，有三位嘉宾莅临今天晚上的讲座现场，他们分别是：法学院副院长、硕士生导师颜飞副教授，民事诉讼法教研室副主任、硕士生导师包冰锋副教授，重庆市十大杰出青年法学家、刑事诉讼法教研室硕士生导师李昌盛副教授；除此之外还有本次讲座的支持单位，重庆中钦律师事务所的蒋主任、李主任及其他的律师朋友。欢迎你们的到来。接下来有请海龙院长开讲。

**孙海龙：**谢谢唐老师，也谢谢大家！星期六的时候我曾在这主持过知识产权法方面的讲座，所以今天又来，感觉十分亲切，到了西政觉得还是要有一种仰望的情怀。在这里要告诉同学们的是，人往高处看，还是要有一种敬畏感，庆幸的是大家都还年轻，我觉得年轻最重要的就是心态、胸怀和可能存在于知识或者其他各个方面的成长空间。很高兴看见在场还有律师界的朋友，我认为律师是法治机器中最为重要的部分之一，甚至是像催化剂一样，让法治能够发生化学反应或者是让法治机器能够更好运转起来，有四两拨千斤的作用。因为我之前也在广东和北京做过执业律师，所以见到各位觉得很亲切。

今天我给大家汇报的题目围绕司法改革展开，选这个题目的背景有几个：其一，今天市委的四届第五次全会刚刚闭幕，讨论了关于全面推进依法治市的若干意见，当然这个背景之前就是中央的十八届四中全会，《关于全面推进依法治国若干重大问题的决定》，明确了司法改革的方向、内容、要求。其二，昨天我们西政的校友、最高人民法院的李少平大法官也做了关于司法改革的讲座。最近一年多，法院从理论到实践都做了很多探索。其三，最近的争鸣比较多，四中全会的决定出来之后，我差不多每天都花一些时间在网上浏览关于司法改革的信息，有些人从积极的角度看，认为中国的法治春天来了；有些人从负面的角度看，幽默地调侃中国的法律界是一个喜欢叫春的圈子。我的看法还是以包容为主。其四，在四中全会决定出来之前，有一批讨论相当活跃的法学家和实务界的人士，最近变得比较沉默，这些都引起我的一些思考。

在这样一些背景下，我今天想跟大家报告得详细一点，我想更多地从实证的角度向大家做一些报告，具体包括三个方面。一是从文本上看司法改革的顶层设计都说了什么。我力图把我掌握的情况有繁有简地向大家报告，如果有同学对此感兴趣，可以大体知道一个司法改革的历史脉络。二是从实务上看司法改革都做了什么。我可能会讲我们的做法，因为现在有很多种提法，但是真正在做的，全国法院还不是很多，还有一些法院是做得不多说得挺多，我把我们做的和已经提炼出来的一些东西，不一定正确或者有多好，呈现给大家。我想从实证的角度把一个文本的东西再反映到实践上，将其中已经形成的一些制度、做法及数据展现给大家，作为大家评判和思考的素材。三是在这两方面内容的基础上，我会和大家分享一些我对司改的感受，供大家批评指正。这大体上就是我报告的思路。

如果大家愿意配合，我想先问几个问题，了解一下大家对司法及其改革的掌握情况。第一个问题，对于今年7月最高人民法院出台的《四五改革纲要》，请知道它主要内容和核心思想的同学们举个手。（无人举手。）第二个问题，请能够切实或者比较认真地阅读过宪法文本的同学举个手。竟然没有人举手？！我想大家可能读了但是读得不细，估计都奔着部门法去了。第三个问题，从学外语和法律的角度来讲，大家是否读过美国宪法和修正案，读过的同学们举个手。（无人举手。）第四个问题，对美国最高法院的的九个大法官，你们能够叫上两个以上的名字的同学举个手。（无人举手。）看样子，大家还是过于谦虚，这样的诚实态度也比较好。那我要对今天晚上讲座的讲法进行调整，需要更加浅显易懂。我今天带来了10本《中华人民共和国宪法》，一会儿送给进行点评的教授和提问题的同学。

首先，我想通过司法改革过程梳理，请大家思考我们司法改革的目标是什么。在思考的时候暂时不要去管中央有什么决定，不要去想最高人民法院有什么主观设计，也不要考虑现实是什么状态，就用学到的知识、生活经验及价值追求作出判断。改革是为了让审判更公正，让社会公众对司法更有信心，让法律更有权威，即通过改革提高司法公正和司法公信力？关于司法公信力，我一直有个观点：它不是经济学家计算出来的，也不是法学家能论证出来的，而是老百姓心中的一本账，司法公信力是由广大善良的普通民众内心决定的。实际上常识往往决定着我们对某些事情的判断，司法改革到底能为国家带来多少益处、为人民带来多大福祉。这需要对改革过程有所认识。

实际上，司法改革始终是一个历史的渐进的过程。梳理改革过程的主要文本是党的文件和最高人民法院的改革纲要。有些同学到法院去实习后，就以为中国的法院一直以来就是这样。实际上5年前法院与今天的法院很不一样，10

年前的法院又有很大的不同。最近在法院讲课时，我请曾经同时承担过一个案件的立案、审判、执行工作的法官举手，也就是说法院立、审、执不分的阶段，在我讲过课的几个法院中都有法官举手。但到今天，法院的立案、审判与执行是分离的，甚至执行权行使本身也是分权制衡的。所以在此我想和大家分享最高人民法院迄今为止先后出台的"四个五年纲要"。1999年出台第一个五年改革纲要，当时是肖扬院长担任首席大法官。有一个比较大的背景，即依法治国继1997年被写进党的十五大报告后又于1999年写进了宪法，被确定为国家基本方略。最近我把"一五改革纲要"的内容看了一遍，发现1999年改革措施中的一些提法、要求，在今天的改革决定中再次提出。"一五改革纲要"主要讲的就是审判方式的改革，共有43条，涉及的内容很多，在此不再展开。"二五改革纲要"，时间跨度是从2004年到2008年，其很重要的一个方面是强调诉讼程序，这与当时的法律修订的背景有关，该纲要具体分为七大部分，比如死刑复核等，在此也不全面展开。不过现在回头看相当多的改革措施并没有落实，例如建立法官依法审判责任制，强化合议庭和独任法官的审判责任。再看"三五改革纲要"，这时已是王胜俊院长做首席大法官。这个改革纲要的重要内容就是落实十七大司法改革的要求，十七大关于司法改革的目标是建设有中国特色的司法制度，即公正高效权威，这六个字强调了审判资源和审判职权的优化配置。为回应十七大的要求，"三五改革纲要"提出了优化法院的职权配置，落实宽严相济的刑事政策等措施。

　　对于过去的改革特别是针对前三个五年改革纲要落实情况，我认为有得有失。得的方面如下：第一，司法的物质保障有了很大的改善，特别是信息化建设。大家知道为什么我们学校的一些上课老师经常提到，过去法院会到工厂揽案子或者主动到社会上找案子办？因为有案件就可以收诉讼费。10年前诉讼费基本上返还给法院，法院可以用它来发工资、买车和发福利。我做过一个关于24个中级法院物质保障的实证研究，中级法院下辖的区县法院即使到2003年、2004年的时候，甚至2005年我在西安中院工作时，仍然存在不能及时发工资的问题。目前我想全国的法院在物质保障上应该没有什么问题了。以我们法院为例，大家愁的是怎么把案子办出去而不是愁领不到工资。根据物质决定作用原理，可以说现在的改革有很好的经济基础，法官不会为增加三五斗而折腰，否则他们会为自己团体的利益考虑、为多收三五斗而低头。第二，实现了审判权运行中的分权制衡，这是我个人的提法。"二五改革纲要"提出了立审分离、审执分离，最近又有改革方案提出执行权本身就要分离，即执行的实施权和裁决权要作出区分。反观整个审判权行使的过程，一个案件从立案到裁判到再到执行，这些权力被作了属性上的阶段上的划分，这就是一种分权制衡的模式，这种模式使得审判权自身内部就存在权力制衡的关系。最高人民法院"四五改革纲要"指出，要随机将案件分给法官，而且每月进行分案情况公示。为什么要这样规定？我做律师时发现，如果律师能和当事人说不用急，这个案件我请唐法官来办，当事人一定认为律师比较厉害，如果案件最终就是由唐法官主办，当事人一定认为法院管理有问题。第三，司法行为变得更加规范，或者用季卫东教授的话说，在过去的司法改革中，改革举措是以限制法官的自由裁量权为特征的。当然对这个命题也有很多争论。自由裁量权是否有限制，这个提法本身不周延，我们就不去讨论这些表述了。我在法院工作的时间并不长，从2003年到现在，11年的法官生涯。但我觉得司法行为确实是越来越规范，不是说你想不想规范，而是必须规范。现在监督力度变大，甚至个别法官不那么太愿意多说话，能不说的他就不说，无论是在法庭上还是在私下，因为他们知道言多必失，他们更加地注意听。这里面既有懒惰的一面，也有保守安全的一面，也有法官职业特点的一面。比如我读有关书籍上说到，美国最高法院的九位大法官中有一个非洲裔法官几乎在庭审中是不发言的，他认为只有静静地听，才能独立思考，才能作出判断。而现在律师变得越来越能说，比如我原来在做律师的时候就喜欢接触媒体，增加自己在现实社会和虚拟社会的知名度。第四，司法为民、公正司法的水平提高了。但这存在一个问题，法院自身的评价（包括法官自身的评价）和社会对它评价、当事人对它的评价往往反差比较大。但是，这么多年来，各级法院都在千方百计提高司法为民、公正司法的水平，这确实是一个不争的事实。

同时我觉得有不妥的地方，具体包括三方面：第一个是四级法院的功能定位比较混乱。现在这个问题已经提上议事日程，四中全会决定有明确规定，最高人民法院"四五改革纲要"也有具体规定。因为中国的诉讼结构是圆柱形的，从最高人民法院到区县法院都既对事实负责又对法律负责，缺少职责上的区分。虽然这次四中全会的决定对圆柱形的诉讼结构进行了改革，但它与大多数国家采用的圆锥形结构不同，在圆锥形状结构的国家事实问题基本在初审法院解决完了，法院级别越高越注重法律适用问题，到最高人民法院可能仅仅是或者主要是涉及宪法解释类的法律适用问题,而我国不是这样。为了解决这一问题,中央决定设立巡回法庭,习近平总书记在关于四中全会决定的说明中表示设立巡回法庭的理由有两个,一是最高人民法院的审判工作要重心下移,方便人民群众;二是可以专心研究重大问题,加强案例指导及司法解释。

第二个是法官的职业化水平不够。这么多年来一直体现在两个方面上,其一是对调解的态度,可以说是摇摆不定,用积极的话语表述是成螺旋式上升。我认为这种变动与没有发生改变差不多,我一般不喜欢这种变动发展的模式,一会儿强调调解优先,一会儿强调法院是用来判决的,而这背后反映的是司法职能的定位,到底是解决纠纷还是维护公平正义,还是维护社会稳定?到现在,最高人民法院的"四五改革纲要"明确人民法院审判权的根本属性是维护公平正义,就是以正义论为主导,同时兼顾当下中国现实的辅以解决纠纷论和维稳论。由于"改革、发展、稳定"这六个字还是我们国家的重中之重,它们之间相互作用,并且认识是摇摆不定的,具体体现在调解的问题上。我曾经请教过梁慧星老师对人民调解组织对双方当事人之间的调解协议以及司法确认赋予的强制执行效力怎么看。梁老师非常明确地表示反对,认为它破坏了社会纠纷解决的整体架构,我们有仲裁有调解有诉讼,为什么偏偏赋予调解这样的权力,梁老师认为这种破坏会带来失衡。其二是对好法官的评价标准不一。在王胜俊首席大法官担任最高人民院院长期间,强调法官是群众工作者,要增强法官做群众工作的能力,比较强调法官的大众化。现在更加强调法官的正规化、专业化、职业化,潜台词是法官的职业化还不够。1997年法官法出台后,因为入门门槛的提高,大体保障了法官的职业化,但这也使好法官的评价标准不一致。是能写出高质量、说理性强、具有良好示范性作用和指引教育作用的判决的法官是好法官,还是能做到案结事了人和注重调解的法官是好法官,法院内外评价不一。

第三个是司法公信力不高。长期以来的改革都主要是工作机制方面,但公信力与体制息息相关,用徐显明同志的话说,司法公信力与权力的配置有关系,通俗易懂地讲,让你有权力你就有权力,让你有公信力你才有公信力。权威来自两个方面,一方面是在权力结构中有很大的权力即权威,另一方面是在现实生活中决定的事情比较多,即具有较多的分配资源的权力。我个人认为,司法公信力主要取决于司法公正水平。所话说,公开促公正,公正树公信。总之,司法改革是一个历史的过程，我们既没必要那么心急，也没必要悲观，我觉得应该冷静理性地看待它，我更愿意认为法治是一个渐进发展的过程，主客观相互作用共同促进司法的发展进步。

现在我们重点看看十八大以来党的文件和最高人民法院关于改革的顶层设计。十八大继续提出要建设公正高效权威的社会主义司法制度，十八届三中全会决定的第九部分、四中全会决定的第五部分都有明确的要求，之后最高人民法院制定了"四五改革纲要"，可以说是对中央司法改革要求的具体细化。四中全会决定的第五部分是"保证公正司法、提高司法公信力"，具体包括四个方面。第一是完善司法管理体制，第二是完善司法权力运行机制，第三是规范司法行为，第四是加强司法活动监督。针对这四个方面有很多制度设计，其中完善司法权力运行机制事关审判权运行机制，四中院的试点也是针对这个问题，所以重点讨论以下问题：第一点，如何优化配置审判资源。我在广州工作时曾做过调研发现，有很多法院在审判执行一线的人员达不到法院总人数的一半。我有时调侃如果把法院比作战场，亲自上战场的人少，在边上举枪"督战"的人多。我感觉到审判资源的配置是很不合理的，如果同学们到法院去实习，只要注意观察，你们会发现工作人员有多少人，其中实际办理审判业务的又有多少人、做其他工作的有多少人。通常法院的级别越高审判资源配置倒挂的问题越严重，反而基层法院的情况相对较好，当然这与上级法院职能不同有一定关系。第二点，如何认识审判分离问题。处理一个案件就像做一道菜要经过很多程序，我认为社会上说的"审判业务均是审者不判判者不审"这样的论断是缺少实证数据支撑的，总体而言，法院90%以上的案件都是"谁审谁判谁负责"，只有不到10%的案件需要庭长、分管副院长审批或者审判委员会讨论，这种案件的数量绝对不会超过一位数，然而在百分比上，学者们把它夸大了，可以负责任地和同学们说在我工作过的法院，上述数据与比例是真实的。社会普遍认可司法行政化的观点，但用数学的观念来看，有些数据被夸大了，实际上中国法院的"审"与"判"大体是一致的，但是确实存在权责不明的情况，对此后面会进行详细论述。第三点，如何加强法官的职业化建设。我们改革面临的一个问题是能不能建立起"以法官为中心、以审判为重心"的法院工作格局。先提出这样一些问题然后继续往下讨论，之后我会给同学们介绍相关的文件内容，因为如果不介绍只是空谈，可能会妨碍大家的理解。我按照时间顺序进行介绍。

去年11月的三中全会决定的第九部分"推进法治中国建设",具体内容规定在决定的第30条到第34条,一共5条。提出:"建设法治中国,必须坚持依法治国、依法执政、依法行政共同推进,坚持法治国家、法治政府及法治社会一体建设。深化司法体制改革,加快建设公正高效权威的社会主义司法制度,维护人民权益,让人民群众在每一个司法案件中都感受到公平正义。"四中全会决定再次重申三中全会决定提到的,其实最终的目标就一句话,即习近平总书记在2013年1月的全国政法工作会议电视电话会议上讲的、现在我们政法部门耳熟能详的一句话——努力让人民群众在每一个司法案件中感受到公平正义。这句话比过去提的口号好,是一句经典的话,我们既可以从程序法角度解读它,也可以从实体法的角度解读它,它已经变成了司法改革的目标。最高人民法院最近下达通知要规范法院系统的标识,通知提倡将这句经典的话作为法院的标语。三中全会关于推进法治中国建设的5条具体如下:第1条,维护宪法法律权威。第2条,深化行政执法体制改革。第3条,确保独立依法公正行使审判权、检察权。第4条,健全司法独立运行机制。该条规定让审理者裁判、由裁判者负责,同时创造了"主审法官"一词。不知道在座的诸位有没有听过这个词,我们过去听说过合议庭法官、审判长和承办法官,但是从来没有人听说过主审法官,该文件出台后,这个新词进入了大家的视野,并且四中全会的决定再次强调了这一说法。第5条,人权保障。我们再看四中全会决定,其第四部分即"保证公正司法 提高司法公信力",明确提出:"公正是法治的生命线。司法公正对社会公正具有重要引领作用,司法不公对社会公正具有致命破坏作用。必须完善司法管理体制和司法权力运行机制,规范司法行为,加强对司法活动的监督,努力让人民群众在每一个司法案件中感受到公平正义。"具体规定了六个方面的内容,一是完善确保依法独立公正行使审判权检察权的制度;二是优化司法职权配置;三是推进严格司法;四是保障人民群众参与司法;五是加强人权保障;六是加强对司法活动的监督。用总书记的话说,三中四中全会决定关于司法改革是姊妹篇,既有强调也互为补充,某种程度上说,也是对三中全会决定的细化。之后即2014年6月习近平总书记召集全面深化改革领导小组第三次会议通过了《关于司法体制改革试点若干问题的框架意见》,但该框架意见是一个秘密文件,媒体有一般性报道。该意见具体阐述了七大政策导向:其一,法官、检察官不再是普通公务员,要进行特殊的管理。其二,实行法官员额制。

按照方案，一个法院编制内法官的员额不超过39%，如上海的法院是33%，重庆法院征求意见方案是38%，有些省市想超过这个比例中央没有同意。其三，强调法官，检察官的选任。目前在省级层面设立法官遴选委员会，对此学界争论很大，以上海为代表的第一批试点法院的法官遴选选举委员会都设在了政法委，有学者就批评法官的遴选不能由政法委牵头，也有学者认为谁牵头不重要，关键是遴选工作实质由谁推进；还有学者认为遴选选举委员会应该设在人大，但人大表示任命权与遴选权应该分离，相当多的人大不愿意承担法官遴选的责任；还有学者认为法官遴选委员会设在法院、检察官遴选委员会设在检察院。总之争论比较多。其四，强调责任制。四中全会决定是实行办案终身负责制，并实行责任倒查问责制，发现错案就开始倒查，相应的法官要承担责任。其五，加强物质保障，即提高法官的待遇。一般提高30%—50%之间，比同等级的公务员高一大截。其六，省级统一对人财物的管理。这意味着区县法院的财政保障、法官任免，都上提一级。其七，对技术人员的安排。这些内容对大家可能会有如下启示：一是确保依法独立公正，即法官依法独立公正地行使审判权、检察官依法独立公正地行使检察权；二是健全司法权力的运行机制；三是完善人权保障，框架意见第2条是人员分类管理，第3条是法官的员额，第4条是选任程序，法官的遴选委员会必须由人大代表、学者、律师、审判专家及检查专家组成，被遴选出的人员还必须经过纪检部门与组织部门的审查，最后将通过遴选、审查人员的名单提交人大，由人大作出任命；四是薪酬制度，我国的法官级别分为四档十二级，具体指首席大法官、大法官、高级法官、法官及初任法官，级别档次不同对应的薪酬等级不同，并且对于级别与档次的提高，有定期的晋升机制。

上海司法改革制度方案是经过中央批准的方案，也是这轮司法改革的第一个方案，它几乎是中央司法改革意见的一个翻版。作为机密文件，在此只向大家介绍新闻媒体已经报道的内容。该方案明确提出法院分为三类人员：法官、司法辅助人员与行政管理人员，上海法院系统有8000人左右，以此为基数，法官占33%，行政人员占15%，其余的是司法辅助人员。法院部门分为两块，一块是业务部门，如审判部门与执行部门；一块是综合行政部门，如政治部、办公室、政务后勤及纪检监察等。司法辅助人员具体包括司法警察、书记员、法官助理、文员及技术人员。

中央批准的首批试点法院司改方案也值得一讲，该方案非常细致，所以我们不空谈原则，而是看具体的内容。重点说说人员分类管理。仍然是分为法官、司法辅助人员与行政管理人员三个序列，同时法官实行员额制。与法官法相比，该方案发生了变化。例如，法官法规定助理审判员是法官，而该系统方案将院长任命的助理审判员排除在法官之外。从实证的角度讲，如重庆的三级法院，办案的主力人员几乎是助理审判员，他们至少占了半壁河山，尤其是区县的法院，这种现象更明显。司法辅助人员分为这四类，并且法院系统方案附件将他们的职责详细地列了出来。对于人员组成比例，法官是33%，司法辅助人员是52%。司法辅助人员具体包括法官助理、书记员及司法警察等，其中法官助理占总人数的26%。因为33%的法官中包括院长和副院长，他们可能都不常办案，所以法官比例与法官助理比例大体相当。书记员占总人数的16%，司法警察占总人数的10%左右。处理案件的人员配置要么是"1名法官+1名助理+1名书记员"，要么是"3名法官+2名助理+1名书记员"。法官助理分为一到五个级别，最高等级是一级，并且等级不同待遇不同。研究生到法院经过一年转正后，就相当于五级法官助理，如果没有员额控制（员额控制很严格，如果名额被占满，只能等到名额空缺，如同以前学校评教授控制名额一样，老教授没退休，新人即使有丰硕的学术成果，也没有办法评教授），五年后一般能当上法官。所以改革后出现了很多年轻的法官，改革之前他们是助理审判员。在改革的过程中有个别人离开了法院，例如，有一名广东法院的工作人员写了好几篇文章来表达自己的离职感言。对于改革不同人有不同的看法，如我所在法院的一位研究生，他就觉得改革很好，理由是司法辅助人员的待遇有所提高，他觉得自己如果当上法官，各个方面都有保障。上海法官比例大概是70%，如何将70%的比例变成33%？老人老办法，新人新政策，凡是在法院工作的都要先定级再定岗，评完级别后对应给待遇，截至去年年底，新进法院的工作人员就是完全按照程序操作的。新进法院的工作人员属于三个系列中哪个系列，就对应到那个系列职位工作。如最近上海拿出一个四级高级法官的位置来招聘律师，并且准备拿一个三级高级法官的位置来招聘学者。我认为小概率事件或小数据没有意义，然而此举可能有宣示意义，如上海任命了中华人民共和国首批法官助理341人，北京公开了历史上首篇是由法官助理署名的法律裁判文书。

以上我们简要介绍了中央、最高人民法院关于司法改革的顶层设计、试点法院的试点方案，重点学习了三中、四中全会决定、全面深化改革领导小组的改革框架意见和试点法院改革实施方案。希望给大家一幅宏观的司法改革图画，既有时间上的纵向发展维度，也有空间上的中央和基层横向发展维度。下面我们重点讲讲司法方面的几个问题。首先，有几个知识性的问题问大家，法治（有的教科书上用的是制度的制，有的教科书上用的是治理的治，有的教科书上二者皆用）的十六字方针是什么？知道的同学可以举手示意。

同学一：有法可依，有法必依，执法必严，违法必究。

孙海龙：对，大家掌声送给这位同学。去年十八届三中全会的决定，提出了新十六字方针，知道的同学可以举手示意。

同学二：科学立法，严格执法，公正司法，全民守法。

孙海龙：对，大家掌声送给这位同学。大家想一想旧十六字方针和新十六字方针有没有联系？此时我想到盲人摸象的故事，我觉得每一位摸象者都没有错。那到底法治的方针应该是什么样的？从提出问题、解决问题的角度看，我觉得这十六字方针的变化有重要的意义。实际上四中全会决定无非就是对这十六字方针的一个落实，大家仔细看四中全会决定三大板块的结构，科学立法讲了6条，严格执法讲了6条，公正司法也是讲了6条，全民守法讲了4条，然后再讲党的领导、法治队伍的建设，其中法治队伍的建设又有个创新。分析四中全会决定这个文本非常重要，这是司法改革要求的总源头。决定第四部分有这样一句话说得非常好：公正是法治的生命线。在此处法治不仅仅是指司法，是指依法治国。最近市委开会要谈感受，我谈的内容就是新十六字方针，以立法作为起点，以全民守法作为终点，通过严格执法和公正司法撬动整个法治系统。四中全会决定中出现了"两个引领"，即立法的引领作用与司法的引领作用。该决定讲了六个方面的改革内容，前面我们讲过了，最后回到落脚点：让人民群众在每一个司法案件中感受到公平正义，这就可以看出中央在推进依法治国的过程中准备在司法上做哪些改革。到底新十六字法治原则对司法有什么作用呢？有学者的文章叫底线作用，有的叫防线，习近平总书记就说得更明确了，即司法是保障社会公平正义的最后一道防线，这个提法强调的是维护社会公平正义。我理解的意思是，司法不一定是最好的防线，也不一定是最有效的防线，但它却是最后一道防线，一道不可逾越的红线。大家可以对这个"最后"做一些思考和解读。司法改革针对的问题是什么呢？司法不公、司法公信力不高,一些司法人员作风不正、办案不廉,办金钱案、人情案,吃了原告吃被告等,这些是总书记在讲话时点出来的问题,并且总书记分析了出现这些问题的深层次原因,即司法体制的不完善,司法权力运行机制不科学,人权保障制度不健全。我个人觉得这三点讲的非常到位。随后,相应的改革举措也就明确了,总共有六条。这里重点说说前两条。

第一条,保障法官检察官依法独立行使审判权。这是一个重要的制度设计,这个制度在"一五改革纲要"中就有讲到,就是要探索建立领导干部插手案件的登记制度,但是没有得到贯彻落实。这个制度的核心是法院以外的领导干部和法院内部的领导干部只要过问案件一定要进行登记,如果出了问题一定要追究责任。最近市委开会在小组讨论中我们一些区县委的书记就问,群众来信了怎么办?我认为这存在偷换概念的问题,依法监督案件办理和非法干预案件审理是两个不同性质的行为。作为院长,我每天都收到一些挂号信,我一贯的做法就是严格依法办事,对这些信做出分类,然后直接转给相关的承办法官办理。此外,就是完善法官的职业保障,非因法定事由、非经法定程序不得将法官调离辞退、免职降级,这是对法官重要的职务保障。

第二条,优化司法职权配置。大家注意我的措辞,读了专著、法律文书及教科书后,我发现一个有趣的现象,公检法司(为方便讨论我们把司法部、国务院法制办和法院执行局统称为一个新的部门)四个机关分别对应侦查、检察、审判、执行四个权力,试点就是围绕此展开。决定要求,四机关对应四权力,各司其职,相互配合、相互制约。另外,内部分权也很重要。这也是一个改革试点,即审判权和执行权分离,根据最高人民法院的要求,法院内部分权是指执行中的审判事项要放到审判中来(现在这类案件一般都由审监庭来办理),执行实施的事项由执行局负责。所谓试点是指探索法院内部行政事务与审判权的分离,通过比较法研究可知英美法院通常就是这样做的。最近我看到一句话:改革最重要的原则是坚持党的领导,走中国特色道路,但是在各种制度的设计上要更加接近和遵循司法工作的规律。这次改革特点是什么?大家的回答仁者见仁智者见智。有的人说是系统性,过去只是单独强调某一方面,如立法,但这次是系统地强调科学立法、严格执法、公正司法及全民守法。有的人又说是坚持中国特色,走自己的道路,高举中国特色社会主义的旗帜。还有非常权威的人说是在坚持党的领导下尊重司法工作规律。另外,还要注意四级法院的职能定位有所变化，一审重在解决事实认定和法律适用，二审重在解决事实法律争议，再审是为了纠错和维护权威。最高人民法院一直在研究这个问题，可能最近就会出台关于四级法院定位的文件。从2013年1月习近平总书记在中央政法工作会议上讲让人民群众在每一个司法案件中都感受到公平正义，到十八届三中全会决定的让审理者裁判、由裁判者负责，再到四中全会决定的"谁办案谁负责"，以及努力让人民群众在每一个司法案件中感受到公平正义，表述越来越直接、越来越科学。

我再给大家列举几个最高人民法院出台的文件，一是去年9月出台的被坊间俗称为"周强的一号文件"，即周强作为最高人民法院院长后最高人民法院出台的第一个系统文件，该文件有几大特点：标题很长，大体是坚持公正司法、司法为民努力建设公正高效权威的社会主义司法制度；字数最多，共一万多字，同时这个文件也写得非常好，在三中全会召开之前就已经被发布了。二是法院"四五改革纲要"，目前该纲要还未解密，我们只能通过新闻媒体报道了解纲要八个方面的内容。为什么作为秘密文件一直没有向社会发布，最高人民法院就是要等四中全会决定的具体要求，这就是最高人民法院最近修正"四五改革纲要"的背景。"四五改革纲要"是一个很好的文件，有很多规定与我们密切相关，它也专门谈到了改革，其与三中全会决定有一致之处，如文件第七部分第29条到第33条对应三中全会决定第30条到第34条。三是关于队伍建设的文件，该文件明确提出三化的问题，即法官的正规化、职业化、专业化，因为时间关系不再展开讲。四是作为法院试点依据的审判权运行机制改革的文件，该文件提到试点单位包括七家中级法院和两家基层法院，这里面包括重庆四中法院在内。

我给大家梳理了很多文本，从"一五纲要"一直到四中全会决定，时间跨度大致从1999年跨度到现在，但更多的文本是从去年到现在。感兴趣的同学，可以对相关文本进行研读，并将研读的成果与专著的表述、教科书和老师的提法进行对比。

接下来谈谈我们的做法。我觉得这轮司法改革主要是在三个方面。第一个方面是完善司法管理体制，主要是去地方化。曾经有一段时间要求不能发表这样的言论，后来因为中央文件明确提出了这个问题，所以现在可以这样表达了。习近平总书记也说要防止地方化，立法要防止地方主义和部门主义。第二个方面是完善司法权力运行机制，主要是消除行政化。就是说让法官、合议庭独立办案，独立负责，原则上案件不需要庭长、副庭长、院长、副院长审批。现在强调领导过问案件记录问责制度，无端过问案件需要追究责任。第三个方面以审判为中心的诉讼制度改革，主要是庭审实质化。这是涉及公检法三家关系的改革，要求就是证据举示在庭上、意见发表在庭上、裁判形成在庭上。

对于克服审判权运行中的行政化问题，我们四中法院采取了哪些举措呢？第一，进行理论研究。做了一个审判权运行机制改革的课题，该课题总共有五个部分、十四章，目前已是二次统稿，共20余万字，主要就是要落实让审理者裁判、由裁判者负责，大体的核心观点有：其一，审判组织扁平化。适当弱化审判庭、强化合议庭。其二，改进和加强审判管理监督，院庭长过问自己没有参加合议庭的案件须有明确的权力清单。其三，加强司法公开和事后监督，倒逼法官提高审判水平。第二，构建制度。我们的目标是要做到"谁办案谁负责"。核心是要保证法官、合议庭依法独立公正行使审判权。具体做法，一方面是院长、庭长只要没有亲自审理案件，就不得在任何场合对案件发表意见。另一方面是要解决个别学者曾说的"法官认认真真办错案、公公正正出冤情"的问题，即如何提高法官司法能力。怎么样解决枉法裁判与认认真真办错案的问题呢？要规范审判管理监督权行使，明晰审判和管理监督的各自责任，要防止管理监督权对审判权的不当侵害。我原来当律师的时候，曾告诉过当事人说你可以给院长写信反映情况，如果院长批示了，律师就可以对承办法官说："你们院长很关心这个案件"。这种主意有时候法官也会出。和大家分享一个我在西安中院工作的真实故事。午饭后散步，有一个法官对我说：孙院长，你收到当事人反映情况的信了吗？我回答我每天都收到很多信，他接着解释有个案件的当事人反映很强烈，事后我才反应过来，当事人写信反映情况的主意是他出的，他之所以向我提出，是因为批示很久没有到他手上，如果我批示了，他就可能对合议庭的同志说"孙院长很关注这个案件"。合议庭的同志该怎么办？肯定会想孙院长关注什么。再分享一个我在西安中院工作的真实故事。一个北京的律师到西安办理案件，而该案由西安中院一位庭长承办，现在这位庭长已经退休了，他人很好，我也很尊重他。我是不爱听案件汇报的，但这位庭长总是就该案找我汇报案情，我说你们已经讨论达成一致意见了，不用汇报，也没必要听我的意见，大家只是一个分工不同而已——我不是唱高调，我一直这样说，也许哪天我就不再是院长而变成普通的办案法官。改革之后大家就知道了，院长甚至不如法官——他总来汇报说拿不准案件，但合议庭的意见又一致，对这种情况我觉得很奇怪。于是问其原因，他才说律师对他说和我是同学，并且律师说我有鲜明的指导意见。其实我压根就没这个同学，也不知道这个案件，这个律师在骗人。大家可以看到，审判管理监督权力行使，一不小心就容易被滥用，甚至被利用。我告诉他不能这样做法官。这个故事给我们学法律的人一个启示：耳听不一定为实，眼见也不一定为实。讲上述真实故事的目的是要强调规范审判管理权的重要性。在重庆四中法院，审判管理与实体无关，只能管案件的流程，例如为什么不开庭、开庭后为何不下判，并且审判管理权由审判管理办公室行使。还有要完善审判监督权，第一步审判长、合议庭法官可以请院长进行指导，但需要自带书记员记录整个谈话过程。第二步我们设立了一个专业法官会议制度，请示案件要到这个会议上去发言，并且整个过程有记录，相关资料最终还要进入档案，但形成的意见仅供合议庭参考。我觉得公开是最重要的，因为它能监督权力。第三步我们设立讨论案件言论自由的制度，但我觉得这要基于三个基础。第一个基础是法院整体队伍的素质，法院整体队伍不限于法官，还包括其他人，并且法官需要不断地学习，不然容易落后掉队。第二个基础是法院文化建设，司法是一门需要交流的艺术，无论是法院内部交流还是外部交流都需要法院文化的辅助。所以说文化建设很重要，它对内熏陶对外布道。第三个基础是信息化，只有实现信息化才能做到公开，就是说信息化是公开的手段。为完善审判监督，我们制定了一系列的政策，现在有十九种制度在运行。再给大家介绍另一个制度：审判责任追究制度。我们的原则就是法官依法履职必须免责，目前其他法院都还没有提出来。在这个原则下我们该怎么进行追责呢？最近有两个案件经过评查之后对法官进行了追责，这是通过制度体系运作得出的结论。案件评查包括常规评查、重点评查、专项评查，合议庭评查后需要提出书面意见，但法官可以提出异议，意见最终要提交给审委会，涉案的法官可以列席申辩，然后由审委会决定其是否存在审判错误，并将决定提交法官评价委员会讨论。法官评价委员会由学者、人大代表、政协委员及律师等组成。具体的操作方式通过民主制进行，即将最高人民法院规定的材料、基本案情给委员会的委员，然后由委员按照常识和经验，判断法官是否有错、是否需要追责，并将结果写在不记名的空白表上。若法官需要承担责任，还需提交党组会讨论决定，并且在全院范围内公开结论。这么做的目的是提醒大家总结经验、引以为戒。

总而言之我们的做法就是两方面。第一是改造审判组织；第二是构建一个制度。我们简称它为122制度，1代表以保障法官独立行使审判权为中心；第一个2代表规范管理监督权，管理监督权必须存在，但必须受到规范，而且整个过程要有记录，形成的文书要进入案卷，以供查阅，这叫全程留痕、有权必有责；第二个2代表严格审判责任和深化司法公开。通过改革实践，感觉目前法官有几个明显的改变：一是法官的职业尊荣感大幅提高。对于法官来说现在是我的案件我做主，过去法官的意见可能受到领导的干扰，但现在只要有智慧、有勇气，法官就能够独立成就经典的案件。二是法官变得更加保守了。这种现象不知道是好还是坏。因为案件终身责任制，大家不愿意去创新、去冒险，裁判呈现出本分、保守的特点。三是法官办案效率提高了很多。过去案件上报给领导，法官通常不会去催办，就如同同学们将论文交给唐力院长，但通常不会催问唐院长是否看过你们的文章一样，因为工作压力的原因，领导手中压着不少法官上报的案件，因此导致法官办理案件的效率不高、周期比较长。但现在审理者裁判、裁判者负责，办案效率自然提高了。感觉凡是有理想、有追求的工作人员都不想当官，都想去做法官。有些工作人员写申请给我，希望党委同意他们去当法官，这种氛围让水平有限的法官惴惴不安。我到深圳去调研改革，对法院生态的变化深有感触。法律的最大作用就是给社会一个预期，告诉大家做什么样事，要承担什么样的结果。现在改革之后，法官可以预期多久能晋级、多久能提薪，能看到自己的未来，知道不同的阶段薪酬有多高。所以，我始终认为改革还是比较正确的，让法官看到职业发展预期。

再来谈谈我个人对改革的整体看法，实际上前面已经谈了很多。一方面我认为这轮司法改革有三大原则：第一大原则是中国元素。司法改革的内容特别强调中国元素，比如说坚持党的领导、坚持中国特色等。我认为这有合理性，要解决中国问题不能只照搬照抄国外经验，还要考虑中国实情。第二个大原则是更加注重司法工作自身的规律。不再是过去改革用其他要求来绑架司法，而是更加尊重规律。第三个大原则是在法治系统推进过程中强调系统性、突出重点。能撬动立法、执法的恐怕就是司法了，所以总书记在他的十点说明中，用了五点讲司法，甚至巡回法庭专门讲一条，检察院的公益诉讼专门讲一条。因为这些小制度是可能撬动司法的大杠杆。

另一方面,我认为这一次改革有三个大的价值取向。第一个取向是推进法官职业化,被选出来的33%的法官,被赋予了权力,同时也要承担责任,这会极大地促进法官的职业化,时间和压力会逼着法官们不断进步。第二个取向是以深化公开为抓手,所有工作都要向社会公开,这轮司法改革就是通过公开来落实各种政策的。第三个取向是以维护公平正义为主要职责,更好兼顾解决纠纷和维护社会稳定。我认为这种提法体现的辩证精神,与由效率优先兼顾公平演变来的效率与公平并重的提法所体现的辩证精神是一致的,大家千万不要以为公平优先,效率就不管了。

最后要站在中国的立场上看待法治建设。记得在深圳深南路和红岭路交叉口荔枝公园里竖着一块硕大牌子,上面有邓小平巨幅画像,还有一句经典话语——坚持党的基本路线一百年不动摇。我的体会是这一轮的司法改革既是为了保障经济改革,同时也是为了探索政治体制改革。在探索解决中国问题上,我个人并不悲观,所以今天凌晨在我的微信朋友圈中看到有人(主要是法学教授和个别律师)提出谁能用一句话评论这一轮司法改革时,我回答说"这轮司法改革具有战略上藐视、战术上重视的特点"。什么意思?在战略上我们更强调中国特色,更强调党的领导,这是不能动摇的;在战术上注意学习借鉴人类社会法治建设过程中被证明正确的若干制度。这样,就会走出一条具有中国特色的社会主义司法改革之路。

因为时间关系,我就说这么多,请大家批评。

**唐力:**海龙院长讲得非常精彩,主要讲了三个问题。一是梳理了我们司法改革的过程,包括我们法院系统的三个五年改革纲要,并分析了得失。二是为我们解读了从中央到地方的各个司法改革的文件,为大家提供了丰富的信息,让我们深受启发。三是为我们介绍了重庆市第四中级人民法院的一些改革措施。对有些措施,我们老师和同学们下来后可能要向孙院长请教。比如裁判者负责的问题,再如审委会讨论的案件出了错,谁负责的问题,是追究院长,还是追究审委会全体人员或是其他主体的责任。

**孙海龙:**我们的制度规定是院长在全院大会上作出说明,实际上类似于检讨。

**颜飞:**刚才孙院长讲了很多、信息量很大,充分展现了一个学者型法官的风采。这段时间,关于司法改革的信息可谓是铺天盖地,今天通过孙院长的讲解收获很多。有些内容可能因为时间关系没有展开,但都提到了。在座的可能大多数都是本科同学,对司法改革没有太多的关注,有些知识如果没有事先进行了解,即使在讲座中听到大家也可能没有感触。但是今天孙院长给我们提供了这么多规划性的文件,大家有时间再去读一读肯定会有更深的感触。就讲座内容我非常赞同孙院长讲的两点:第一点是这一轮司法改革就其很多内容而言,较之于之前的改革纲要并没有太大的区别。我记得在广东调研的时候,看到某中院制定的改革方案。我问为什么方案出台得那么快,中院回应说因为把很久以前就做好的方案这次稍微修改后就拿出来用了,当然这有玩笑的成分。但从这个意义上来讲,我认为此轮司法改革是在回归司法运作的本质规律,但回归不是内容上的简单重复。比如,这一次我们再提依法治国,提出了新的十六字方针。我觉得在这里面有非常值得我们关注的表述,一个是让人民群众在每一个司法案件中感受到公平正义;另一个是实现国家治理体系和治理能力的现代化,对此四中全会的公告也提到了。我们执政党在十五大时提出"依法治国",但在当时,对于"法治"的理解更偏向于一种"工具",如果说那个时候提法治更多是把它当成"法制",强调制度本身的完善,那么这次我们提国家治理体系和治理能力的现代化则是真正意义上从"法制"转向"法治"。虽然我们讲依法治国讲了很多年,但是人治的思想仍然在很多时候泛起,并给我们整个社会造成了很大的危害。因此从这个意义上来讲,我们这次从顶层设计推动依法治国,要乐观看待,但是乐观应该是一个谨慎的乐观,我认为谨慎的乐观也可以解释为什么很多之前一直在鼓励、研究司法改革的学者并没有大张旗鼓地发表文章论述这些内容,他们可能是在等待,很多制度到底落实了多少。这是我个人非常赞同的第一个方面。第二点是"四五改革纲要"中提到改革的目标是建立有中国特色的社会主义审判权力运行体系。在审判运行体系加上"中国特色"一词,并不是简单的意识形态表述,而实际上要表达可能通过这一轮的改革建立不同于当今世界主要法治国家实现法治的途径,探索一种新的法治模式。以往我们都提法官独立、法院独立,但这次改革的规范表述叫作依法独立公正行使审判权,不提法官独立并不意味倒退,实际上很多核心的东西还在。接下来我提三个问题。我自己也在研究司法改革,前三个五年改革纲要我之前看过,但更多地去了解其中的内容是因为这轮司法改革。我在和很多法官交流

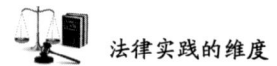

的时候发现很多人对前三个五年改革纲要只是大概了解一两点，换句话说前三个五年改革纲要效果不太明显的一个重要原因就是整体参与度太少，并没有凝聚起改革的共识，所以说改革的调子在各级法院吹得很响，但最后落地的很少。我注意到这一轮司法改革的调子更高，然而不管是上海试点方案还是各地的试点方案，还是最高人民法院法的"四五改革纲要"都很谨慎，都一直在处在保密期。保密的原因可以理解，但在高度重视保密的情况下如何快速凝聚起改革的共识？特别是我们的基层法官，员额制的改革将触动每一个在法院工作的人的切身利益，季卫东教授谈到这个问题时说"这是一招妙棋也是一招险棋"，我认为在触动很大的情况下，如何把法院工作者特别是基层法官的意见反映给决策者，是决定这次改革成败的关键。我想请教孙院长的第一个问题就是您觉得改革的共识机制如何形成？特别在有些法官想入额，有些法官不愿意入额，法院内部的想法很多的情况下，怎么凝聚共识？第二个问题是想代一些法官问的。我在给基层法院做培训的时候，很多法官私下和我沟通说感觉这一轮司法改革的很多方案把法官当成"嫌疑人"看待，法官要接受诸多的监督，如审判管理权、审判监督权等，法官确实被赋予了一些权力，但感觉被无数双眼睛注视，像防犯罪嫌疑人一样被防范；现在有个提法叫监督不越位监督不缺位，但法官们很担心很多时候无法留下痕迹，所以他们觉得想干预你的案件时可以不留痕迹，想监督你时照样有很多制度可以监督你，换句话说他们很担心原来他们的处境并没有真正的改变。这种情况怎么处理？第三个问题是代同学们问的。在场的很多是本科同学，少部分是研究生。孙院长能不能简单地给他们描绘一下，实行员额制之后，同学们如果进入法院，大致的发展路径是怎样的？现在有一些青年法官选择离职，还有我今天在经济法学院进行审核评估时问了很多实习的同学，他们实习有什么收获，有些去法院实习的同学回答最大的收获就是明确了毕业后不会去法院，因为法院工作压力大，收入又不高。员额制真正落地全国推开可能还要四到五年的时间，上海已经试点开始并且两到三年要全面推广，在场的大多数同学四五年之后可能正好是研究生毕业，刚好赶上员额制全面推广，这对同学们到底是好还是坏？他们又应该如何进行择业？

**包冰锋：**刚才孙院长讲的内容很多，确实信息量很大。颜院长在点评中提到了员额制的问题，我对这个问题也比较困惑，所以也想请教孙院长。如果我没有理解错的话，孙院长对员额制持相对乐观的态度，认为毕业生进入法院后能够看到自己的发展路径、工资薪酬，但是我个人持相对悲观的态度，有人说司法改革来了法官的春天也就来了，不过我看到的不是春天而是萧瑟的秋天甚至是严寒的冬天，因为员额制可能会使很多年轻法官觉得提升变得遥遥无期，他可能盼望的是前面的法官早点退休。因为员额制是固定的，前面的法官不离职后面的法官就无法上升，这可能导致法官之间的内部监督力度变大，互相之间的检举变多。对于员额制的问题我简要地讲几点。第一点是为什么搞员额制。从员额制这个问题来看司法改革过程中部门之间的利益博弈相当复杂，比如，最高人民法院向中央组织人事部门要求提高法官待遇，中央的组织人事部门同意，但需要减少法官的数额，员额制就在这样的背景下产生。如果整体提高法官待遇，国家财政有可能无法承受。现在问题来了，可能有些人会问公务人员的薪水哪个单位高？你说法院一定要高，但大家看都要高，然而工资待遇不是最高人民法院一家能决定的。在这样的背景下提高法官待遇就变相等于要压缩法官的数额或人员的数量。现在有可能要全面推行员额制，作为法律人，我们肯定希望法官的薪酬收入能多提高些，而要提高薪酬收入必然要提供理由，像提高之后法官素质才能提升、法官队伍才不会司法腐败、才不会有这么多的社会危害性。这样的理由，放在任何公务员系统均成立，不能单独构成提高法官薪酬待遇基础。所以在没有办法大幅度提高法官整体待遇的情况下，只有缩减法官的数额。第二点是对于年轻法官的憧憬。现在很多二十多岁、三十多岁的年轻法官，在法院是办案主力，所以很多人认为以员额制为源头进行本次司法改革，有可能播下的是龙种收获的是跳蚤。意思就是以员额制为基点进行改革，改革有可能会失败，因为很多年轻法官肯定竞争不过行政级别比自己高的人；也有可能一些已经在编的法官退出法官队伍，变成法官助手，就像在医院你本来是开刀的医生，现在要你去当护士，你肯定接受不了，或者说你一辈子只能当护士，没机会当医生，除非医生退休离职了。所以对很多年轻法官，一边是难以承受的现实，另一边是无法预计的未来，只有悔恨自己当初为什么要学法律，这是多么痛的领悟，但后悔无用，只有往前冲。第三点是员额制有从学者或是律师中选择法官的遴选制度。这会对法官员额造成很大的影响，因为法官内部的名额都已经很少了，再从外部吸收一些优秀的人才充实到法官队伍，法官助理、书记员想竞争为法官的机会就更少了。另外即使有个别法官职位，招学者招律师，但这可能是象征意义的，况且很多律师和好学者也不是很愿意加入到法官的队伍。律师想去当法官，可能是想图谋职位，或者是想在官本位的亲朋好友面前炫耀，我个人认为很少有律师或者是学者愿意从事法官职业。最后一点是我觉得法官的尊荣，不在于法官的稀少，而在于法官手中持有的正义之剑，这一点孙院长也提到了。假如把书记员和审判员比喻成一个开着挖掘机的司法机构，那么我希望在中国，从一个司法机构转变成一个法律王国的路途不再遥远。

**李昌盛：** 我首先总结一下今天晚上孙院长报告的几个特点，第一个特点就是高大上，给我们整体展示了国家司法改革的顶层设计、宏伟蓝图；第二个特点是具有领导视角，孙院长带着我们解读很多司法改革的文件，其实我很少看这些文件，因为我觉得它离我们太遥远，只有领导才适合阅读；第三个特点是展现了重庆市第四中级人民法院在这次司法改革中的一些成果，还有列举了几个非常具体的例子，如四中院优秀的法官觉得生活越来越好，不优秀的法官觉得日子越来越难过，再如审委会讨论的案件，由以前的6%下降到17件，90%没了，下降了很多。这就是对报告的一些感受。就讲座过程中讲到的几个问题，我想请教孙院长，第一是你刚才提到的改革成效，这轮司法改革让法院以及法官在物质保障上有了极大的改善，通俗地说现在法院有钱了，不再需要靠创收、主动找案源来弥补财政方面的不足。但法院有钱和法官有钱是两码事，物质保障能不能真如我们孙院长所说，已经让法官感受到丰衣足食，不再会为三五斗米折腰，我们不得而知。况且法官难道就为三五斗米而工作，他们至少还追求体面、追求大一点的房子、追求自己的小车？更关键的是在和做律师的同学比较收入的过程中会产生落差感，所以说改善状况还是有限的。第二是司法行政化的问题，其实我一直认为，我们直辖市中院有自身的优势，因为中院没有对应的地方政府和领导，所以相对来说受地方影响比较小，但我认为司法行政化，尤其是内部的行政化，因为这轮司法改革，有可能会加剧，尤其是法院内部的人财物统一管理之后，上级法院的领导和法院内部的领导更像领导，对于行政化的法院，我有时候将其称为是比行政机关更行政化的司法机关。解决司法行政化是很艰难的问题，我一直想不明白，在此请教一下孙院长。

**唐力：** 几位嘉宾的点评非常精彩，有的是质疑，有的是表达自己的看法和观点，我觉得这里有几个突出的问题，如员额制的问题和法院行政化的问题，因为时间的原因，孙院长是否可以就其中大家比较感兴趣的几个问题做解答。

**孙海龙**：首先感谢三位老师很真诚地表达了自己观点，有的委婉，有的直接，有的批评，我觉得这是最好的。我想归纳两个方面。首先，我再谈谈自己对改革的看法。我对这一轮司法改革的评价是外去地方化、内去行政化，再就是加强党的领导。大家刚才谈论到怎么可能去掉行政化。学校是个自由的圣地，知识分子倡导人格独立、学术自由、批判精神，这十二个字是判断一个学者是不是真正的学者的试金石，我们西政有很好的论辩文化，尤其是我们的同学，我感受到很独立、很能质疑。整个中国，就以高校为例，解决行政化问题最大的阻力来自内部层面，甚至主要来自既得利益集团，因为中国是一个人情社会，人情是会对现实中很多重要的事情产生影响。我认为事情没有绝对的对错，并不是非黑即白。法律人实现人生价值的方式有很多种，人的价值感没有高下，当老师时我觉得集天下英才而教之是我的人生价值；做法官又是另外一种体验，无论从加强法学研究的角度，还是从维护公平正义的角度，我都觉得有一种很好的价值感。对于将来择业，我觉得无论是当律师、当老师还是当法官均无好坏之分，确实这三个职业我都从事过，我从1994年到2003年在北京和广州做律师，之后还在两所大学做过老师，它们不一样，但我觉得就像三位老师所说，核心是自己说的是真话就无所谓对错，听者自有分寸，自然会选择自己的路。制度设计不可能马上奏效，但是有和没有存在很大的区别。内部去行政化肯定是渐进的过程，我认为要推动司法公正的原因既不是来自行政机关，也不是自所谓的利益，而是和司法职业本身有关。1993年我写过一篇文章，题目是司法改革的关键在于提高司法公信力，在题记中我写到司法的公信力不是法学家论证出来的，也不是经济学家计算出来的，它是最普通老百姓的内心想法，法院的形象和法官的形象，是老百姓经年累月形成的感受。宋鱼水法官说过胜败皆服，实际上有时候当事人败诉了，但很佩服法官；有时候即使胜诉了，也看不起法官，因为法官贪赃枉法了。要让当事人服气是一件不容易的事情，我原来有一篇文章，其中胜败皆服这四个字被整个学者界批评。我倒觉得胜败皆服提的有道理。"服"有口服心服、口不服心服、心不服口服、不得不服等若干层面，它十分精细复杂，只要法官保障当事人的权利，讲清楚了其中的道理，即使败诉了他也服气，并坦然地接受结果，放弃上诉的权利，律师应该有很多这样经验感受。所以说内部去行政化的核心还是在于法官自身，有权必有责，揣摩领导的心思无用，核心在于法律层面案件存不存在错误，如果存在错误，办案法官将被追责。我认为内部去行政化的制度设计还是有很多好的方面,不要把它看得那么悲观,更不要从理性经济人的角度去看法律人的最大价值。其次是同学们关心的关于法官职业的问题。周六讲座时,我让日后想当法官的同学举手,当时相当多的同学都举了,我还是比较感动。大家想一想,对于法律这个职业,作为法官,你的价值到底是什么?价值又来源于什么?从事法官职业到底有没有意义,受不受到法律共同体的尊重?我觉得价值主要不是来自财富多少,当然财富的多少一定程度上体现了才华的多少,也表明了你某种程度上的能力。一方面,我对财富向来是充满敬畏的,只有越勤奋、越努力,才能获取、守住更多的财富,同时合法正当地追求财富值得鼓励。另一方面,有时我们和一个普通劳动者交流所得到的快乐并不亚于干惊天动地的大事所获得的快乐。所以我认为,人还是要听从自己内心的号召,有自己的信仰和情怀,同学们更是如此。情怀不是靠华美的语句来点缀的,也不是靠哗众取宠来博得的,还是要靠脚踏实地去修炼。所以,在此想告诉各位同学,要倾听自己内心的想法,不要做太多预设,我可以负责任地说,法院是培养优秀律师和优秀公务员最好的场所,是同学们初次从事法律职业最好的培训地。同学们关心进入法院后的大致发展路径,按照上海的方案,研究生毕业第一年转正之后,就担任五级法官助理,到一级正好再过4年,即入职5年后就有资格去参加员额法官遴选。法官每4年升一级,初任法官是一档,然后从五级到一级,高级法官从四级到一级,直辖市中院以上,初任法官就是四级高级法官,毕业后到法院,法官职业生涯完全可以预期。

**唐力**:孙院长讲得非常好,本来我们有一个同学提问的环节,但因为时间关系,这个环节就不再进行。我提议,我们以热烈的掌声感谢孙海龙院长为我们报告了这么多内容。我也希望,作为法科学子的你们把做法官作为今后人生规划的一个目标,谢谢同学们的参与。

## 06

# 如何做实务调研
## ——以检察实务调研为例

主讲人：**黄常明**（重庆市人民检察院第三分院副检察长）
主持人：**石经海**（西南政法大学法学院副院长、教授、博士生导师）
嘉　宾：**梅传强**（西南政法大学法学院党总支书记、教授、博士生导师）
　　　　**李昌林**（西南政法大学法学院副院长、教授、博士生导师）
时　间：2015年4月17日
地　点：西南政法大学毓才楼三楼学术报告厅

**石经海：**今天我们邀请到了重庆市人民检察院第三分院的黄常明副检察长。黄检长期从事检察工作，是一名资深的检察官，今年又被重庆市检察院遴选为首批重点培养的检察业务专家。黄检结合检察实务撰写过很多有价值的文章，包括案例分析、调研报告、法律适用研究及理论研究文章近60余篇，有5篇被国家级内刊采用；获得国家级奖项7项；先后作为课题组成员和课题组组长负责和参与课题8项；作为执笔人，完成最高人民检察院重点课题"黑社会性质组织犯罪的适用及立法问题研究"，成果被全国人大法工委研究室收录为立法参考资料。组织起草"人民监督员""检察案例指导""执法过错责任追究""案件质量管理""强化法律监督"等方面工作制度20余项。主编了《西部检察》《重庆检察》《检察案例与业务指导》出版物及内刊20余册。今天来参加我们讲堂的有两位嘉宾，分别是西南政法大学法学院总支书记梅传强教授、刑诉法教研室博士生导师李昌林教授。今晚的程序是先由黄检主讲，然后是嘉宾点评，接着是同学们跟黄检互动。下面有请黄检开讲。

**黄常明：**今天我要讲的是实务调研的方法，这是石教授给我出的一个题目，因为我在检察院研究室干了近17年的时间，所以对这些工作有一些感悟，但也比较粗略。

第一个方面，我要谈谈在司法实务中开展调研的重要意义。很多同学们毕业后要从事司法实务工作，从以往毕业同学情况来看，他们有一个疑惑，就是到了实务部门以后，想着终于解脱了，可以不再为写文章而头痛了，但领导却总要求他们写文章。为什么到了实务部门还要接着写呢？我也经常在想这个问题。与之相关的一个问题是我们法学专业的本科生、研究生毕业以后，要多长时间才能适应实务工作即实现由书本知识到实务办案，这好像没有一个确切的数据。但我听过这样一个数据，就是医科大学的学生从毕业到上手术台做独立手术最快也需要七八年时间，一般来说是十年时间。相当于又一个从小学到中学的过程。因为这是对人的器官进行修复，这可不是开玩笑的事，需要千百次的重复，且不是简单的重复，它需要积累经验、总结教训、熟悉每一个细节，防止每一种并发症和意外事件的发生，医院才会放心地把刀交给他。我不知道一个法科学生转变为一个真正的检察官、法官需要多长时间。考虑到对生命及健康可能造成的损害与法律适用错误可能造成的损害的重要性相似，司法是社会公正的最后一道守护线。每一次错误的执法都会损害社会对公正的信仰，如同对人的生命的损害一样。我认为要成为一名合格的法官、检察官也是需要长时间的练习和积累。毕业生在实践中的情况是参差不齐，有的三年以后还是一副书生气，而有的已经能够独当一面独立办案了。这是什么原因呢？刚才我们提到的调研、研究的意识是一个非常重要的因素。法院院长、检察长为什么要求新进的大学生写文章，其实质是强调要学会调查和研究的方法，要具备调查和研究的能力。

实际上，我们的司法工作和调查研究这种工作方式是非常契合的。第一，司法工作本身就是调查研究加判断的思维过程。以检察院职务犯罪侦查工作为例，须获取相应证据，无论是书证、口供、勘验检查笔录，都是通过专门的调查活动取得的，然后组卷、进行研究，最后以法律为准绳作出判断，侦查、起诉和审判活动的每一个环节都有调查、研究、判断的过程。调查是什么？就是收集材料，研究就是整理分析材料，判断就是作出处理的意见。对应过来，侦查取证相当于收集材料，审查补正相当于整理分析材料，作出裁判相当于判断。

第二，司法工作方式契合调查研究的方式。比如说，侦查就是公安机关和人民检察院依照法律规定进行的专门性调查工作和采取有关的强制性措施。这里面就有"调查"这个关键词。检察机关的职务犯罪侦查更是名副其实的调查。因为没有特别的调查手段，以前主要靠"一支笔""一张嘴""一张椅子""一个人"。也就是说主要通过讯问职务犯罪嫌疑人来获取口供。这就是一个调查活动，就是从人的记忆里面还原案件事实。有句话叫做"没有调查，就没有发言权"。这里的发言，是提出自己的观点。1996年第一次修改刑事诉讼法进行庭审对抗式改革的过程中，有一种偏激的观点，就是庭前不用搞调查活动了，因为对抗式嘛，全部放到法庭上讯问、询问，何必在庭审前浪费司法资源，且直接上法庭更符合直接言词原则。但这是不可能的，因为这违背了司法规律。司法活动中的载体，如侦查终结报告、审查起诉报告、判决书其实就是一个调查报告。第三，司法工作需要相应的调查研究工作作为支撑和保障。我今天要说的调查研究并不是司法工作本身，不然我也就不会在开篇时说法院院长、检察院检察长为什么要求写文章。我今天所讲的调查研究是指在办案工作之外开展的调查研究，也即对办案工作进行总结、反思、研究，它有利于推动办案工作，有利于提高办案人的办案能力，有利于司法的管理工作。检察工作除了办案之外还有很多工作，因为检察工作是检察院的整体运作。检察官与检察院是隶属与被隶属的管理，除了办案以外，还有检察长的司法管理，比如，出现错案就不能由检察官自己来评判和处理，就必须由专门部门，现在叫案管部门，由其对案件进行综合管理，既要规范办案人的行为也要对出现的问题进行调查处理。特别是对于办案人除了办具体个案以外还应把握案件的整体动态，并形成调研材料供领导决策参考。比如醉驾入罪一年后我们搞了一个调研（展示一下报告），调研前我们发现在一年内，危险驾驶案件数量跃居所有刑事案件第二位，有些地方甚至达到第一位。这就提醒我们需要调研分析一下是何原因，是法律确立此罪名错了还是执法过程中发生了问题。

在办理个案中发现了难题也是可以通过调查研究来解决问题的。如在我市丰都县检察院，1997年修改刑法后，对出租、出借枪支作了入罪规定，即凡是出租、出借枪支的行为均构成犯罪。丰都县出现了类似的事情，但是法律规定却不明确。案情大概是丰都县一名警察平时沾染上了赌博，欠债后无力还债，而债主催债压力太大，遂将公务用枪交给债主作为抵押以求宽限还债时间，并

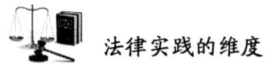

提出为债主找些子弹供债主练习射击玩耍。债主利用长江边起雾的时候相约数人打靶。群众晨练时发现此异常情况后，怀疑黑社会成员练枪法遂举报至公安机关。这几人就被抓了，认定他们构成非法持有枪支罪没有问题，但拿枪抵押的公安人员是否构成犯罪却存在分歧。我们当时在研究时从直觉及生活经验判断此行为具有社会危害性，但是，翻遍所有的司法解释，没有这方面的规定，他就是把枪支抵押给这些人以此来延缓还债时间，1997年刑法规定是出租、出借枪支的行为，这种情况怎么办？那就需要研究，法无明文规定的时候，就用法律的原则来考虑是否对其处理，当然，用通过研究得出的结论来处理问题没有法律依据。研究后得出一个法律适用的请示，提请最高人民检察院，提请的问题是：公务枪支作为质押的物品进行质押的行为是否构成犯罪？最高人民检察院认为依据法律的原理，认为有危害性、主观恶性和与法条相似的客观方面，所以对这条法律进行解释，可以适用于非法出租出借枪支的法条对其追究刑事责任。该条司法解释的出台是我们关注这个问题并认真研究的结果，既解决了办案人自己的问题，也解决了全国类似的问题。这种问题，如果我们没有依据罪刑法定原则进行处理，也许现在还无法出台司法解释，但是我们破解了这个难题。近年来，许多检察长逐渐认识到调研的重要性，因此要求检察人员遇问题多研究并写成调研文章。他们认为对办案中的问题不研究就是死办案，"法律的生命在于经验而不在于逻辑"，诠释到这里的话，经验应该是系统的、全面的、合乎逻辑的经验，这种经验需要调研并形成文字材料方可实现。

小结起来，调研工作对于司法工作有四个有利于：一是有利于司法官破解难题，为本人破解办案难题，或者为他人破解难题。这个是直接的作用。二是有利于司法管理，为决策作出依据，这不是单个司法官的问题了，是整个司法群体要解决的问题，决策需要调研来支撑。三是有利于改革创新，使司法工作可持续发展。四是有利于司法官的成长。这个我要多说两句。为什么我刚才举例子说一个医科大学的学生大概要10年时间才能亲自操刀做手术。我们法律科班生到司法部门要多长时间才能独立办案，独立办好案，成为一个办案明星，那就参差不齐了，可能三年时间，可能五年，也有一年、两年的，这有方法的问题，当然也有谁成长进步更快的问题，因为我们现在司法改革的去向就是去行政化，但是我们还是要有一个晋升的过程，就是今后不追求当科长、处长、检察长等行政职务后，就要不断追求更高级别的检察官。谁会进步得更快？从很多检察长的经验来看,能够有调研能力,能够写文章的人,相对来说进步更快一些。因为调研能力能够使人思维比较缜密,看问题比较全面、客观。如果只会做具体事情,缺乏通盘考虑和整体思考,一般来说不容易成为一个领导或管理者。善于综合、归纳、观察的人,说话比较客观,了解情况比较全面,提出的办法很有针对性。这得益于他的调研,他的准确。这就如同毛泽东同志曾经说的,领导就是可以出方针、出政策、出主意和善于使用干部的人。也就是说他有这个调研能力,他就能有自己的一套思路,他就拥有了具备支撑力的发言权,他提出来的建议就能够得到采纳,或者说能够起到事半功倍的效应,他有非常强的观察力,这个观察力可以观察人,也可以使用人。

第二个方面,我介绍一下实务调研的主要功能。实务调研第一个功能是捕捉信息,交流情况。如果把办案人将办案的体会认识以及对犯罪规律的总结等写成文字材料与他人进行交流,那他就有一个捕捉办案信息并进行交流的过程。比如某位案件承办人就将实践中保护职务犯罪举报人的做法进行了归纳总结,根据其研究成果,某县检察院牵头解决了办案中遇到的保护举报人难的实际问题。又如,近年来人大代表这个群体实施犯罪的现象呈增多趋势,为什么会有这样的情况,如何遏制这种情况的继续增加,就需要进行总结和交流。捕捉信息,交流情况有利于办案。我认为信息是最基本的,可以说是单个办案人对案件的总结,情况的描述,问题的发现,这就是情况反映简报,信息是有载体的。简单地说,就是收集材料,分析材料,作出结论。

实务调研的第二个功能是反思过往,破解难题。最近某区检察院起诉了贩毒的嫌疑人,起诉后,法院认定其构成立功,可以从轻,判决书最后是认定减轻,这就是法院的问题。每次办案后我们有一个制度叫"三书对照审查",主要就是对照侦查部门起诉意见书、检察机关的审查起诉和法院的判决书进行审查,发现应当是从轻却搞成了减轻,这是法院的问题。通过审查又发现了犯罪嫌疑人向未成年人贩毒,但是没有向法院起诉,这是漏诉了法定的从重情节,属于检察机关办案人的工作失误。如果我们经常这样反思,就可以为自己或他人提供可借鉴的经验或吸取的教训。

从去年开始有一个问题就一直困扰着我,即寻衅滋事罪和故意伤害罪之间的边界问题。好几个案件基层检察院来向我们汇报,他们始终希望按寻衅滋事罪定罪,而我们觉得不太妥当。下面举例:犯罪嫌疑人刘某,实际上没有参加他朋友和一伙人先前的聚众斗殴,聚众斗殴后双方都有损伤,他到医院去看他的朋友,在争执过程中发现另外有一批人也来治疗,他就怀疑可能是向其朋友发动攻击的那伙人,他就让他朋友看了下,他朋友也没看清楚就说是他们。他二话没说,就拿起刀一阵乱砍,那边的人就抓起垃圾桶等进行抵抗。他寡不敌众,撤了。县院认为此人的行为是寻衅滋事,按行为性质认定故意伤害罪是没有问题的,但本案受伤的3个人都是轻微伤,按照追诉的标准来看是不够的,但是他气势很凶,影响非常恶劣,县院的同志认为其具有社会危害性,不定故意伤害罪,退而求其次希望定他寻衅滋事罪。但按照《刑法》第293条规定,寻衅滋事罪有四种情形:一是随意殴打他人,情节恶劣的;二是追逐、拦截、辱骂、恐吓他人,情节恶劣的;三是强拿硬要或者任意损毁、占用公私财物,情节严重的;四是在公共场所起哄闹事,造成公共场所秩序严重混乱。本案有点像第一种情形,但又不是完全符合该特征。持寻衅滋事罪观点的同志的理由大概是:该行为侵害的对象不具特定性,但具有在公共场合逞威风耍霸道的特征,虽然没有造成故意伤害的严重后果,但符合《刑法》第293条寻衅滋事罪的立法本意。但是,我们分析,寻衅滋事罪是属于社会性犯罪,即法定罪,不是自人类社会产生以来就有的自然犯罪(如杀人、强奸)。法定罪是法律规定是犯罪的才是犯罪,寻衅滋事罪是从1979年刑法规定的流氓罪分离出来的,对它的寻衅特征要求很高。我认为最主要看行为是不是有流氓动机,是不是有耍威风、发泄、耍乐的动机,或者为了填补自己的精神空虚而实施的行为。从本案来看,行为人有特定目的,即为朋友两肋插刀,这显然不符合流氓动机,而是伤害动机。另外是看行为人是不是有强盗的逻辑,如我就是要打你,就是看不惯你的穿着、头发、眼镜或者动作,就是想打你,强盗逻辑,无端生事,无事生非,这就是寻衅的本意。另外看殴打时是不是明显反映出行为人具有杀害、伤害他人的可能性(如考察作案工具杀伤力)。本案这一点倒有争议,若是伤人动机为什么拿刀砍?当然也要看使用刀的场合,刀可以是作案工具也可以是用于切菜的,所以还得根据具体情况来分析。刀和枪不一样,一般来讲用枪是致命的,刀不一定致命,用刀也可能是基于一般伤害故意,或者是本案反映的情况——轻微伤。所以这样分析起来认定此人构成寻衅滋事罪是有问题的。实体的问题研究起来是很复杂的。如果找不到法条上明确依据就需要去寻求案例、判例的支撑,寻求的过程就是搜集材料的过程,就是调查。之后判断这个案件是寻衅滋事还是故意伤害，就是一个发言。材料收集得很丰富，分析整理得很清楚，发言权就很有底气，就是有调查研究也有发言权。

另外举一个破解程序法方面问题的例子。犯罪嫌疑人检举他人犯罪行为显然是想立功，但凡是有真实的检举行为都可以认定立功吗？一些人被查实贪污贿赂犯罪后要检举他人贩毒犯罪，经查实后是否一律认定其立功呢？按法律及司法解释规定来源不明的检举必须查实其来源的合法性方可认定立功，否则可能影响司法公正。因为检举人可能通过购买等不正当的方式来获取检举线索。曾经发现过公安人员、看守所工作人员把从其他犯罪嫌疑人那里获取的线索转卖给职务犯罪嫌疑人作为检举立功的材料。如果不把检举材料的来源搞清楚，就无法判明检举材料是否来源合法，就会影响认定立功行为的公正性。这种程序性问题在实践中就有不同认识。如有些法官认为检举只要经查证属实就可以认定立功，检举材料不必问来路。他们认为被告人不能说明检举材料来源是公安机关没把工作做好，不能因为公安机关没做好工作就影响被告人享受检举立功而从轻、减轻的待遇。这种情况下检察官就应当认真研究，从理论、法条及判例多方面梳理出系统的理由以便说服法官。这就要研究，最好是通过研究形成文字材料，因为形成文字材料能促进我们深思熟虑，也更有把握说服法官。经研究，这个问题的关键在于检举材料来源的合法性证明责任在被告人一方而不是侦查机关，法官把这一点忽略了就会产生不问来历的想法。

第三个方面，我介绍一下实务调研的类型。实务调研的类型主要有办案信息、案例分析、调查报告、工作总结、经验材料、法律适用研究材料等。我这里没有说检察理论研究，检察理论研究是建立在实务调研基础上的升华。比如检察机关承担的职务犯罪侦查权是不是交给纪委，或者专门成立一个廉政公署之类机关履行该职权等这一类重大理论问题，不是省级以下检察机关为主来研究的课题。办案信息是最基本的调研材料。案例分析，可以分析个案疑难问题的处理方法，也可以把一个个案件提炼成一个问题来研究，以个案作为一个引子，然后把这个问题阐述清楚。比如说我刚才说的在医院寻衅滋事的案子，可以把它提炼成在公共场所向朋友的仇人实施故意伤害造成轻微伤是否构成寻衅滋事罪。把一个案例里面的问题归纳成一个点，然后运用其他的判例，或者法律的一般原则和理论来研究和判断行为是否构成寻衅滋事罪。调查报告，就是对犯罪情况或工作情况进行专题调研形成的报告，接下来我会专门举例说明。经验材料，主要是总结归纳好的工作经验，以推广经验。法律适用研究材料，主要是在个案研究基础上把多个案件反映的共同问题提炼出一个法律适用问题。我们在工作中发现认定检举立功存在四个方面的问题。第一，检举相关联的上一环节或下一环节犯罪的行为是否可认定为立功。如制造伪劣产品者检举购买销售伪劣产品者算不算立功？凭感觉可以认定立功，但法官认为这是他本来就应该交代的事不应认定立功。但作为犯罪人来说他可以交代也可以不交代。我交代了不算立功，那还不如不交代。所以这是一个值得研究的法律适用问题。第二，上下游犯罪人之间的检举行为是否构成立功。比如，某黑社会组织成员，手头有一些黑钱，于是找一些地下钱庄洗钱，后来此人被查处了，他就把下游的钱庄给检举了。此人能否构成立功？第三就是检举对合型犯罪是否构成立功，比如说行贿人检举受贿人，受贿人检举行贿人。第四是检举可能发生但尚未发生的犯罪是否构成立功。有个人醉驾之后被刑事立案，他说他要检举有个人贩毒。可结果找到的这个人吸毒但没有贩毒的事实。但公安机关让这个吸毒的人引诱他的上家贩毒给他被公安机关当场抓获，公安机关把这个立功算在了之前那个醉驾的人身上了。可问题是这个人根本就不知道吸毒者的上家贩毒的事实，且在此人检举时此笔贩毒事实尚未发生，但法官认为毒品犯罪难以查证，这个是可以认定立功的。我们就觉得这有点说不过去，但要说服法官还要做深入的研究。我们可以根据这些个现实的案例专门做一个关于检举的法律适用问题的研究。

实务调研各种类型之间相互联系，有时可以相互转化。最核心是调查报告，因为调查报告可以进行各种变换。它既可以变成信息材料，也可以变成案例分析，更可以变成经验总结、法律适用。案例分析可以提炼出法律适用问题形成材料，案例分析成果也可以转化为法律适用意见。去年和今年我们与第三中级人民法院就有关的法律适用问题搞了一个座谈会，收集了相关资料做了一个归纳，实际上它的基础就是案例分析。案例分析它可以成为一个提请司法解释的基础载体。调查报告也可以转换成一个案例分析，因为我们的调查报告中可能有很多案例，就可以变成相应的案例分析。去年我们搞的"刑事诉讼法执行中的问题及对策研究"课题，其基础源于调查报告。但这个报告很长，这么多内容我们应该怎样把它整合起来呢？我们就抓了几个重点问题进行研究，包括证据制度，未成年犯罪特别程序，法律监督程序以及其他的法律特别监督程序。这四个方面既有问题又有对策，每一个方面可以单独成立一个报告，也可以四合一汇总成一个总报告。还可以从中转换出很多个关于法律适用问题研究，如其中关于证明标准有一个重要主题词就是"排除合理怀疑"，从中可以研究出很多问题。

第四方面，我想举例谈谈如何撰写综合性调研报告。2009年的时候我在市检察院组织搞了一个综合性调研报告，题目是《近年来我市党员领导干部贪污贿赂犯罪情况调查分析》，这是为当时正在开展的先进性教育作为参考材料。当时搞这个综合性报告的动因是，在开展先进性教育时许多同志谈到我市党员犯罪的情况很严重，要把这些犯罪案例作为先进性教育的反面教材。但究竟有多严重谁也说不清楚，有些人就凭想象说很严重，或者就说某些地区不很严重。究竟严不严重，要凭数据说话，凭案例说话，这个数据要有一定的量，最后要有一个书面报告，不是凭口头说说拍拍脑袋就能说清楚的，因为这是没有说服力的。

我们开展这次综合调研分几个步骤进行。

第一步：做了一个初步摸底，确定研究范围和方向。经过对统计数据的初步分析，我们把研究范围限制在这几个关键字中：党员、领导干部、贪污贿赂犯罪。在这个范围大概有860多件案件。

第二步：对860多件案件的情况进行分类梳理。把860多件案件的每一份审查起诉书都收集起来进行整理，为了便于分析，我们就从这五个方面进行分析：一是主体情况方面，做了一个主体情况统计表，包括年龄、身份、级别、农村户口还是城市户口；二是犯罪性质、犯罪金额的统计表，包括贪污有多少，贿赂有多少；三是犯罪部位统计表，就是说他在哪个单位哪个行业系统从事这些活动；四是职务统计表，这个单独做统计；五是犯罪原因分析，这个表不很全面，因为有些人有忏悔书，有些案件我们检察机关的预防部门有犯罪原因的分析，但有的没有。这个就是部分统计。以上几方面的分析是对整体情况的分类、消化、吸收，也就是搜集材料之后的整理分析。

第三步：归纳整理分析表，提炼出特点。根据以上各个分析表，很多特点就一目了然。主要的特点有党员贪污贿赂犯罪案件呈三多的趋势——年轻人多，39岁以下占50%以上；文化程度高的多，文化程度高、法制意识强，按理说应该更遵法守法，但这个现象非常异样；职务高的多。受贿犯罪上升势头较快，权钱交易日益明显。这是从受贿犯罪所占的分量得出的结论。因为我们从第二

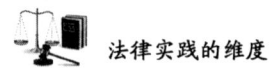

张表得知,贿赂犯罪占60%以上且比较集中,和前几年相比,所占比例在上升,绝对数也在上升。还有就是私分国有资产犯罪需高度重视,这类犯罪所占比例比贿赂犯罪低,但也是排在第三位的,因为前几年私分国有资产犯罪很少,当时在处理这类案件时有很多争议,后来办理案件越来越多以后,司法经验就越来越丰富,所以查办的也比较多。但是也反映出一个情况,它对国有资产的侵害也越来越让人担忧。从犯罪人所在部门看,某些垄断性质的企业令人担忧。因为部分国有企业人员的犯罪也是党员干部的贪污贿赂犯罪。垄断企业,包括水电气、通信等这些垄断行业的党员干部贪污贿赂犯罪也在增加,这是新情况,也是特点。从作案手段分析,这些犯罪由个体化向群体化方向发展,也就是说由单个的犯罪向串案、窝案转化,因为共同犯罪在增加,很多都是同一个单位的,领导班子的成员(占60%—70%)都参与了分钱的活动。这些情况实际上都是这五张表所得出的结论,都有数据支撑。

第四步:分析犯罪原因。有理想信念丧失的原因,有些人刚开始伸手拿钱的时候心里很矛盾夜不能寐,后来就得心应手、顺风顺水,反映了犯罪人思想变化的过程。有管理环节存在的漏洞,即监督不足、查办不力、防控不到位等。比如垄断行业一把手权力太大一人说了算,风气不好,一人腐败整个班子都腐败,这些原因分析出来,对策就随之出来了。

这次调研活动整个搜集材料、制表、整理的过程花的时间大概占了80%,后来形成调研报告的时间大概只占了20%,也就是说整个调研整理分析材料应该是主体部分,这两个部分完成之后,整理成报告的时候就一气呵成。

第五步:选择典型案例以增强调研的说服力。针对人生观蜕变情况我们选择了好几个案例,进行了充分斟酌。刚开始选了某县粮食局局长犯罪的案例,此人小时候很穷吃不起饭,参加工作时对党很忠诚,工作很踏实,但随着权力增大又没人监督,受腐败氛围的影响就变质了,从伸手收红包到收取巨额贿赂。但这个人的身份典型性不够。后来选了好几个人都觉得不是很典型。最后选定了一个人,这个人犯罪前是市政府某重要部门副局长,他有很多重要的经历,如参加过对越自卫反击作战,经历过生与死的战争考验,且因作战机智勇敢、反败为胜而荣获了一等功,后来还参加了一些维护国家安全的重要军事活动,转业后担任了副局长。这个人的人生轨迹本来是非常正的,但是到了副局长这个岗位之后,经不起诱惑,在与有关人员打麻将时别人变着花样给他送钱,比如今晚给他送一万块钱一起来玩牌,然后输了赢了这钱都是他的,慢慢激发了他的贪欲,最后滑向了贪污受贿犯罪泥潭。这一案例由于犯罪人的人生轨迹变化太大,用于说明人的人生观发生转变非常具有说服力。

这个调研报告完成后经过转发报到市委和最高人民检察院,受到了市委书记的肯定性批示,并作为市委先进性教育的辅导性材料,也受到最高人民检察院的肯定性批示,发挥了综合调研报告为领导决策服务的作用。

检察改革的内容一直是实务调研关注的重点。现在新一轮的改革叫做主任检察官办案责任制,这也是很有必要进行实务研究的对象。因为在前一轮的检察改革中叫主诉检察官办案责任制,其内容我认为是换汤不换药,但是前提有很大的变化,也就是说它作为一个具体办案工作机制,在前几年的办案过程中发挥了重要作用,就是为了改变层层审批的办案模式为检察官有权处理案件并承担相应责任。而层层审批案件的模式,即办案人审查案件提出意见之后提请科长(处长),再由科(处)长提请分管检察长审批。就种层层审批,层层把关的办案模式发挥了集体的智慧。但为什么要改革呢?主要是它影响了办案效率。没有明确责任,大家都在审批,大家都有责任,出了问题无法追究责任。前几年搞的主诉检察官办案责任制改革,作为主诉检察官办案人,有权决定将多数案件起诉到法院,但是主诉检察官也有义务承担因为起诉错误的责任,同时设定了主诉检察官津贴,体现权、责、利的统一。当时好像有些地方一个月的主诉检察官津贴是500元,还是非常诱人的。但是后来发现无法推行,有些人说是钱没有到位,有些人说钱到手后他一个人办案也不行,他需要助手帮助,需要书记员完成审查案卷、起草法律文书等工作,他相当于又成新的科(处)长,并且要把津贴分给助手和书记员。大家一分,可能主诉检察官的就不多了,主诉检察官津贴成了平均分配,没有发挥相应作用,实际上又回到老路上去了。主诉检察官在实际办案中还受到或多或少的掣肘,科(处)长或者检察长对于是否起诉,心里还是有些放不下,问检察官案件怎么样呀,有没有把握呀,虽然我不签字,但你还是给我看一下吧,不然出了错误,你要承担责任哦。最后这个主诉检察官办案责任制好像名存实亡了。为了搞清楚主诉检察官办案责任无疾而终的原因,同时为现在正推行的主任检察官责任制提供经验和参考,我们搞了主诉检察官办案责任的情况调研,得出的结论是:行政化的管理体制不改变,难以有效推行主任检察官责任制。前一阶段改革虽然明确了主诉检察官的权、责、利，但对主诉检察官的管理仍然是行政化管理。因为没有单独检察官职务序列，仍然按行政级别拿工资而不是按检察官等级得薪酬。另外，主诉检察官的助手怎么管理也没有相关制度，因而会产生助手参与分配津贴的情况。也就是说检察机关人员分类管理这一点没有落实，就没有推行主任检察官责任制的前提和基础。这个体制性问题需要顶层设计，实行自上而下的改革。而这次搞的主任检察官改革，就是为了解决这样一个问题，虽然只是改了一个字，但解决了两个问题：第一，实行省以下检察院直管。管什么？管钱、管帽子、管任务。也就是说以前是对应的政府给你提供保障，同级的党委给你帽子、给你级别，比如副科长，科长。现在是省级检察院来直管，实现了去行政化。然后把人员分为检察官、检察官助手以及其他检察辅助人员分别从事相应工作，并围绕检察官开展工作。就像医院里医生、护士、勤杂人员、药剂师一样，各自按照各自的序列管理和开展工作，在各自的序列可以逐步晋升发展。这种分类管理模式有利于发挥主任检察官的职业化和专业化特点，有利于提高办案效率、承担办案责任。如果不认真研究主诉检察官办案责任制运行中的问题，就不可能调整为主任检察官责任制，新一轮的改革当中就没有主任检察官这个项目。

执法过错责任制度也是一样，曾经叫作错案责任追究制，但实行了许多年很难追究到有关人员的责任，实际上这几年很多地方都有冤假错案。问题出在哪里呢？经研究发现这个制度把错案定位得太高，把错案责任等同于刑事责任，办错了案件等同于徇私枉法，很多地方不敢执行这个制度。后来改成执法过错责任，从不规范的执法行为，到丢失了一个案卷材料，再到徇私枉法等不同程度的过错情形都属于应当启动执法过错责任的情形。比如搜查的时候不规范，导致这个搜查无效了，他有执法过错。有执法过错不一定导致错案，更不一定就有徇私枉法行为，仍然应当追究责任，但这种责任是执法过错责任，其主要目的是防微杜渐，促进执法规范化。可以采取警告、调整岗位、扣罚奖金等较轻的处理方式，这样规定更加贴近检察管理的需要。

实务调研在总结工作、推广经验中运用得也较广泛。如重庆检察机关保护未成年人权益的"莎姐"青少年维权岗，最初起源于大渡口区检察院。有一位女检察官姓名中带一个莎字，她长期办未成年人犯罪案件，不只简单地办案，而是在办案中对犯罪嫌疑人进行必要的关爱，比如说该上学还没有完成学业的，是不是应该创造条件上学，有可能影响就业的，就帮助解决就业问题，后来就逐渐发展成了"莎姐"青少年维权岗这个品牌。李昌林教授在沙坪坝区挂职副检察长的时候，实际上做了一个非常大的尝试，就是未成年人犯罪检察机制的探究，即实施逮捕的时候，要征询律师的意见，降低逮捕率，提高取保候审率；讯问犯罪嫌疑人的时候，要求有律师在场。最后做一些非犯罪化的处理，如不起诉，做一些非监禁化的处理，做一系列非常成熟的改革试点。而对这些探索工作进行全面系统的总结并形成高质量的未成年人犯罪检察工作机制的调研报告，就可以成为刑事诉讼法修改未成年人制度特别程序的重要参考依据。

"一证通"制度也是先在实践中探索出来，后来经过调研总结形成在全市检察机关施行的制度。"一证通"就是以前我们羁押一个人到看守所里面，要去提检、提押和提讯分别需要三个不同的证件，非常混乱，衔接不周密容易导致脱节甚至超期羁押。如在侦查阶段应该由公安机关主导来提解提押提讯，但如果检察机关有人想要做点猫腻，自己开了一个提押证或提讯证，把侦查环节的犯罪嫌疑人提出来问了，并进行一些规避法律的串供手段，就会影响司法的公正。后来就有检察机关把三证搞成了一个证，即"提讯、提解、提押"证，无论案件在哪一个环节只有这一个证，案件进行到什么阶段，这一证就流转到该环节的办案人手中，如果其他环节要用证的话，必须到正在办案的这个环节去借。这一改革杜绝了可能导致的不规范和各环节的脱节行为，以及可能造成的超期羁押问题。这个改革引起了最高人民检察院的重视和关注，虽然是一个非常简单的叠加，却解决了大问题，这就是"一证通"制度。就像力帆集团以前摩托车不好卖，后来把摩托车油箱由横着安装改为竖着安装，减小了摩托车体形，摩托车就非常畅销了。"三证合一"为"一证通"也是类似道理。如果没有仔细的思考和认真总结调研，就不会有这样一个创造发明，就不会有这样一个管用的工作机制。

另外，在考察法规、修改完善立法方面，实务调研工作也起到重要支撑作用。去年我们三分院做了关于新刑事诉讼法实施情况问题及对策的一个课题，这是最高人民检察院的实务研究课题。这就是一个典型的对法律实行情况的一个调研，可以说它是一个比较综合的报告。既有对法律实施情况的基本考察，也有对法律制度规定的一个反思及建议。

第五方面，简单总结一下实务调研的方法。我之前在讲实务调研的类型、功能和举例说明如何撰写调研报告时已顺带作了些介绍。简单地说，实务调研就是三个环节：收集材料，整理材料，作出判断。第一步收集材料，相对比较困难些，因为有些案例你不一定能收集得到。需要通过各种渠道方式去收集。收集资料数据是很重要的环节。通过对收集数据的分析可以发现很多特点和规律。不一定要收集很多，只要收集到一定量可以佐证调查者的观点就行了。再者就是收集文字资料。很多时候我们可以直接使用现成公开的资料作为调查报告的素材。如检察机关向人大常委会的工作报告就可以直接引用。关于收集口头反映情况，也就是说很多关于文字材料以外的素材，就要走访调查具体办案的检察官，请他们谈体会和感受。我们去年做了一次针对未成年人犯罪刑事诉讼制度实行情况的走访调查。关于未成年人犯罪附条件不起诉必须有一个必经的程序——社会调查报告，是关于未成年人家庭背景、成长环境、学校情况等的报告，用来考察是否可以对其作不起诉处理。这个制度看起来很好但实际执行起来非常不乐观。为什么呢？首先是谁来搞社会调查？现在司法局下面每一个乡镇有一个司法所，司法所只有一个司法员，这一个司法员承担非常多的事务，包括调解、社区矫正等相关的司法事务，要求他再去做未成年犯罪人社会调查，他可能就要转委托了。这样弄来弄去可能就会影响调查的质量。有些甚至随便盖个章就送来了，有些甚至直接跟未成年人家长说，你给我钱，我就帮你搞一个对你孩子有利的调查报告，帮助他达到不起诉的目的。同时也增加了检察办案人的工作量，所以很多检察官都不情愿搞这个附条件不起诉，新刑事诉讼法实施以来搞的很少很少。另外，就是收集参考资料，参考资料类型就比较多了，如外地的案例、外地的判决书、理论著述等。

第二步是整理分析材料工作。如关于重庆市醉驾案件的情况，首先要掌握重庆市醉驾案件总量，然后分析其地区分布情况，再把醉驾案件与其他刑事案件发案量作对比，发现相对于盗窃、伤害、抢劫等多发性犯罪而言，醉驾案件的比重迅速上升，在短短一年时间内已跃居各种犯罪之前，作为一个轻罪这种现象非常异常，这就是一个新特点。另外还分析了一些较突出的问题，如对道路的理解，如车库里面的路是否为道路就有争议。女司机不会倒车，老公喝了酒倒车，那倒车也是驾驶啊，那车库算是道路吗？车库也是交警划线进行管理的路。再如对机动车理解也有争议，在乡村道路上行驶的无牌照的摩托车能否认定为机动车。抓分歧问题也是归纳特点的又一方法。在司法工作中发生认识分歧就要研究。醉驾案最大的争议问题就是入罪标准，最初按每 100 毫升 80 毫克标准立案。这个标准是行政标准，应不应该作为追诉标准，这个是有争议的。经调研后我们提出了一个建议，因为农村人的酒量比较大，很容易就达到了立案标准，打击的面太宽，是不是可以调高一些，我们提出调到 130 毫克。后来市院检察长作为人大代表，向全国人大提出了议案。还有就是当事人提出异议的问题也是值得研究的，如当事人提出，如发现醉驾后对当事人进行血液检验需要很长时间，有的人对检验结果提出质疑，是不是用他的血作为检材，是猪的血还是狗的血。还有就是对抽血的程序有争议。抽血的时候先用酒精来消毒，那么检验出的酒精含量来源于消毒酒精还是驾驶人血液里的酒精？对这些问题进行分析研究以后，相应的对策也就随之产生。虽然没有法律明确规定，但是我们可以运用法律理念、法律原则研究这些问题，我们在工作中就始终能够占据主动权。

刑法适用的一些问题，刑事诉讼法适用的一些问题，还有证据和检察改革方面的问题，这些问题任何一个检察官都是有责任研究的，也都有必要研究，多的话我就不说了，非常感谢大家耐心听我的演讲。

**石经海：** 黄检用了两个半小时为我们解读了实务调研，实际上实务调研与我们写调研论文是不一样的，实际上是一个工作调研，如何去适用法律，如何去解决工作方面的问题。下面请嘉宾做点评。

**梅传强：** 从刚才黄检的分析中，大家都应该认识到了，实务调研对我们法科学生来说是非常重要的，是基本素质。从学校看，我们大一的时候就有社会调查，研究生特别是法硕的学位论文就要求是调研报告。我对调研报告怎么写，简单说一下。无论是本科生的调查报告还是研究生的，很多基本的结构形式没有掌握。调研报告一般是五个部分。第一部分，调查的目的与意义，为什么要调查。第二部分，调查的方法、时间、地点和对象。调查的方法是案例调查，还是访谈调查，或者是问卷调查。访谈的对象到底是犯罪人，还是司法人员，还是家属或者是受害人，因为不同的人对案件的认识是不同的。第三部分就是调查的结果。因为我们收集了很多原始资料，对原始资料就有一个整理的过程，这就需要我们去伪存真、去粗取精。那么在调查结果这一部分，用图表直观地表示出来。提醒大家注意，图表图表，图是图，表是表，图和表是不一样的，上学期连博士写论文都有人把图表搞混了。一般图名是在图的下方，表名在表的上方,不要搞错了。第四部分是调查报告的精华部分,就是分析与讨论。这就需要参考理论知识,用法律的规定对结果进行分析,为什么会出现这样的结果,它背后的原因是什么、有什么规律。这要在调查的讨论分析中去完成。最后一部分就是结论与建议。可能在我们读书的时候一般是两个方面,可能是预防犯罪,也可能是对立法缺陷的建议。如果是工作以后就是对工作提建议。完整的调研报告,这几个部分都是少不了的。

**李昌林:** 大家听了这个讲座,都会感觉到难。你们是不是以为毕业以后就解放了?我告诉你们早着呢。你们参加工作之后,不仅要办案还要有调研,通过调研来提高自己。你们如果成了办案机器的话,那就不可能成为一楼墙上(西南政法大学渝北校区第三教学楼一楼杰出校友展示墙——编者注)的那类人,如果你们想上墙的话大家还要努力。所以大家要充分利用在校时间把自己的资料准备、论文撰写这些基本技能培养好,大家一定要知道,这些实务研究文章要比理论性的论文不知道难多少倍。我们学校对法硕的要求太高了,要写调研报告、工作总结,写案例分析,抄都抄不了,需要收集大量的素材,需要对实务问题有敏锐的观察力。其实,学会收集资料是最重要的。调研不仅要解决理论问题,更重要的是总结实践经验,要把它上升为立法参考或实践指导。我希望大家能够利用在校的时间,把调研的方法学好。

**石经海:** 刚才梅老师和李老师从不同的方面对今晚的讲座做了一些点评与补充。其实,我们在学校更多的是理论层面的学习,今天黄检告诉我们,如果想要做一个专家型的实务工作者,作为一个专家型的检察官,只有课本里的东西是不够的,一定是要在实务中调查了解,没有调查没有发言权。我们要全面正确的适用案件,很多情况下就要做调研,具体如何做调研与我们做老师的是不一样的。所以,他今天讲的与其说是如何做调研,不如说是在跟大家讲如何做一个专家型的实务工作者,所以希望大家能够重视未来走向工作中如何成为实务工作者。今天的讲座到此结束,谢谢大家。

# 07

## 客观主义与客观义务的融合
### ——案件审查的检察官视角

主讲人：**陈荣鹏**（重庆市江北区人民检察院副检察长、第五届全国十佳公诉人、西南政法大学 2014 级刑法学专业博士研究生）
主持人：**梅传强**（西南政法大学法学院党总支书记、教授、博士生导师）
嘉　宾：**张步文**（西南大学法学院副院长、教授）
　　　　**陈　伟**（西南政法大学法学院教授）
　　　　**颜　飞**（西南政法大学法学院副院长、副教授、硕士生导师）
时　间：2016 年 4 月 27 日
地　点：西南政法大学图书馆学术报告厅

**梅传强**：今天的主讲人是第五届全国十佳公诉人、重庆市江北区人民检察院副检察长——陈荣鹏。今天，荣鹏检察长具有双重身份，既是作为专家型的检察长探讨检察实务当中的疑难问题，同时也是我们刑法专业的在读博士生完成硕博论坛的讲座任务。今天的三位嘉宾都非常优秀。第一位是来自西南大学法学院的副院长张步文教授。步文教授是我的博士同学，也是在重庆检察系统挂职多年，有丰富的检察实务经验。我相信他的点评和荣鹏的主讲会遥相呼应。第二位嘉宾是颜飞博士。大家对颜飞肯定非常熟悉，而且他也曾经在江北检察院挂职检察长助理 5 年，检察方面的经验也是非常丰富。第三位点评嘉宾是陈伟教授，是刑法专业最年轻的博导。陈伟教授同样也在检察系统挂职。所以，三位嘉宾都是有检察实务经验的专家学者，我相信他们之间的交流会使今天的讲座非常有意义。除了主讲人、三位嘉宾之外，出席今天讲座的还有讲座的赞助商重庆中钦律师事务所的李主任、律师以及来自江北检察院的检察官。下面,我们有请陈荣鹏副检察长做主题演讲。

**陈荣鹏**:今天我探讨的是"客观义务与客观主义的融合——案件审查的检察官视角"。之所以选择这个题目是因为自己的基础理论比较薄弱,又感觉需要给大家讲一些有档次的内容,所以选择这个题目。但是,后来发现有些上当了。这个题目对于我来说,有些难以驾驭。讲起客观二字,在概念中感觉比较迷茫。一般来说,我们更多的是从存在论的意义上讲某些事物是客观存在的。唯物主义会比较倾向于将某种理论向客观方面靠近。但是,今天讲的客观义务和客观主义,我个人觉得它更是一种规范意义上或者建构意义上的概念。这个概念对于大家可能有点陌生,但实际上这个概念是我们工作和学习生活中不可或缺、每天都会与之打交道的思维模式。今天分三个部分跟大家沟通,第一部分是客观义务——矛盾中坚守的基本立场;第二部分是客观主义——迷思中可行的逻辑体系;第三部分是如何指导事实审查与法律适用的实践。

谈起客观义务和客观主义,是一个比较抽象的概念。这个概念来自于理论的创新,但是有时候理论和实践会脱节。这里举几个案例,我们在求学的过程中一般会按照一个抽象性的概念来探讨怎么去思考和分析问题。这就是司法考试的一个逻辑架构。我本人非常喜欢做司法考试的题目,这种感觉类似于高中时候喜欢做数理化一样。我觉得出题人非常有意思,比如说"飞机爆炸案"——一个女生和她的同居男友产生隔阂,准备除之而后快,劝男友坐飞机,结果男友去坐飞机,机毁人亡。另一个常举的例子——"射杀稻草人案",行为人基于伤害的意思将稻草人误当为A开枪,"偶然防卫案",T射杀O,后发现当时O正瞄准A欲将A杀害。所有经历过司法考试的人对这些题目耳熟能详。接下来的一道题目是2015年司法考试的题目:甲以伤害的故意砍了乙两刀,后来又想杀乙,但只有一刀砍中乙并致其死亡,且无法查明是前后四刀中的哪一刀导致死亡的,关于本案下列哪一选项是正确的? ABCD 四个选项。当我们遇到这样的题目时,毫不犹豫选择A,但是最后的答案是D。为什么工作十多年来没有发生射杀稻草人的事件呢?或者当频繁的空难发生之后,好像似乎也没有类似的案件出现去追究某些人的刑事责任?究竟问题出在哪里?

这里,给大家举一个实践中可能会遇到的案例,这是一个真实案例——父子贩毒案。父亲李刚是一个曾因贩毒被判处15年有期徒刑的有犯罪前科的人,在4月1日购毒人给这个父亲打电话说要购买毒品200克海洛因。父亲把200克海洛因包装好之后交给儿子李飞，由儿子与下家交接毒品，到达指定地点就被公安人员抓获，毒品当场被查获。根据购毒者的证人证言，购毒者从李刚处购买了200克海洛因，而且之前李刚还曾两次贩卖毒品给该购毒人，但是后者不知道李刚毒品的来源。按照购毒人陈述的购毒时间以及通话记录能够显示：李刚与购毒人有频繁的电话联系。李刚到案后承认这次具体的贩毒行为，但是否认前两次交易。而其子李飞在侦查阶段做有罪供述，在审查起诉期间翻供，并声称被刑讯逼供。

当我们比对真实的案例和抽象的案例时发现：真实的案例里面存在现实的、非虚拟的因素，我们怎样去审查逮捕？审查起诉？作为律师，接受了这样的案件，该如何辩护？而这样的案件，法官又会如何判决？根据刚才的描述，大家应该明白这个案子的症结在什么地方。最后一次交接毒品被现场查获，但是检察机关会不会将前两次购毒人所供述的购毒事实起诉到法院？法院会如何判决？律师有没有作为的空间？还有一个焦点：有没有为李飞辩护无罪的空间？这就可能涉及客观义务的几个问题了。作为检察官，如果是在几年之前，我会将三笔贩毒事实一并起诉到法院，而李飞作为贩毒的共犯，逮捕李飞是没有多大问题的，起诉的可能性也是非常大的。但是以现在的司法状况来看，可能就要面临一个问题了。换做几年前，我们起诉的时候考虑的可能是：反正有一笔是保底的事实，其他的事实一并起诉等法官去判决。但是律师应该怎么做？法官应该怎么做？这就涉及人的立场问题。客观义务究竟是谁的义务？是律师的义务，还是法官的义务？

接下来的问题是：客观义务是否需要？这个问题应该承接第一个问题。作为律师朋友来说应该能想到，律师在这个案子中的职责是不仅要把前两笔事实尽量辩护成无罪，甚至最后一次现场查获的毒品交易，即使律师在跟李刚见面的过程中李刚也认可这笔事实，律师也可能通过证据审查过程中发现证据的疑点，即使律师内心确信李刚这次贩毒，也可能做无罪辩护。我觉得这应该是一个律师的职责。当然，也有律师会做罪轻的辩护，这也是律师自己的选择。法官居中裁判，承担客观义务。那么，检察官在该案中应该起什么样的作用？如果检察官把这个案子一并起诉到法院，可能会给被告人带来怎样的风险？检察官有没有义务在审查起诉或者在批捕阶段就把这两起没有现场查获毒品的事实拦腰截断不起诉到法院？如果不起诉到法院，法院肯定不会对这两次事实进行裁判。那么，检察官有没有这样的必要？客观义务究竟是诉讼义务还是实体义务？既然李刚前两笔交易实际上应该很有可能是存在的，在座的各位内心也可能会有这样的想法：如果起诉三笔犯罪事实，是不是更接近实体真实？但是，在诉讼上该履行怎样的义务？

这就涉及我今天的主讲内容——检察官的客观义务。龙宗智教授将检察官的客观义务，界定为检察官的公正义务，是指检察官为了发现真实案情，实现诉讼目的，不应该站在当事人的立场，而应该站在客观公正的立场进行诉讼活动。

客观义务是个舶来品，追溯它的源头应该是1877年德意志帝国的刑事诉讼法。即使今天在德国的刑事诉讼法中也规定了检察官相关的客观义务，包括检察官在审查案件的过程中追求案件最大的真实化，不仅要收集不利于被告人的证据，也要收集有利于被告人的证据。其次，检察官当他认为法院判决的罪名不利于被告人时，检察官可以替被告人提起上诉。客观义务发源于德国，在欧洲一些国家的刑事诉讼中都体现了客观义务的一些要素。日本和我国的台湾地区在相关的诉讼规则中都规定了检察官的客观义务。

客观义务的内涵是追求实质真实、平衡控辩实力悬殊以及追求法律的公正实施。客观义务的背景来源于职权主义模式，以保护被告人免于法官的擅断，并且保护其免于警察的恣意。为什么需要检察官来防止法官的擅断呢？又需要检察官来防止免于警察的恣意呢？刚刚提到在大陆法系国家有检察官的客观义务，其实在美国的刑事诉讼中也追求检察官的客观义务。联合国关于检察官义务的规定中也规定了：不偏不倚地履行其职能，避免任何政治、社会、文化、性别或者任何其他形式的歧视，保证公共利益按照客观形式标准进行，适当考虑到被告人、犯罪嫌疑人的立场，是检察官的义务。好，问题来了：检察官的义务是高贵的谎言，还是真实存在的理念、制度？检察官的客观义务与现在运行的一些制度是否存在着矛盾？大家想过没有为什么当年在砸烂公检法中，检察院是被砸得最彻底的？可是，后来为什么要恢复它？恢复以后，大家认为的检察院主要是诉讼环节的纽带，把案子起诉到法院。可是这个职责为什么不能让公安直接行使呢，为什么需要检察官来行使？

现在，刑事诉讼中规定了检察官在刑事诉讼中的地位是法律监督机关，可是法律监督机关与自己的职责有没有矛盾？检察机关有审查逮捕权，审查逮捕权本来属于司法裁决权,为什么要交给检察官来行使?有人说逮捕后的案件通常都会起诉到法院,缺乏对逮捕的制约,所以现在有很多人认为这个权力应该交给法院。这样行不行?我们有没有想过:有人提出作为法律监督机关,检察院监督法院,那谁来监督检察院,这是一个真实的命题还是一个伪命题?如果按照现有的模式,法院的地位在诉讼中越来越强,以审判为中心是中央司法改革的方向。就我们的观察而言,检察机关的法律监督地位丝毫不影响以审判为中心的地位,而法院的审判权也有赖于相关的机构对其监督。谁来监督?人大?诉讼中的案件证据需要有人来扎扎实实的对其监督,当有人对法院监督,而法院的权限又非常大的时候,法院如果认为自己的判决是公正的,法院也可以坚持自己的立场。这样的监督模式有什么问题?如果不采用这种模式,是不是更有利于案件的实体查明?大家觉得审查逮捕权应该交给法院。目前检察机关在审查逮捕这个环节按照逮捕的三个条件——证据标准、刑罚标准、社会危险性标准把握,社会危险性条件不可或缺。可是,目前有些依据社会危险性判断而未逮捕的案子,到了法院环节为保障当事人到案,先逮捕了再进行判决。如果把审查逮捕权交给法院,逮捕后的案件更会追求有罪判决率,在目前的体制下更难以对其制约。由此,一系列的因素、所有的问题要立足本国的实践考虑,怎样才能更有效地结合本土的经验发挥诉讼中现有模式的最大机能。

坚持检察机关的客观义务立场,有学者提出了以下的完善建议。包括要坚持程序改革的正确方向,防止将检察官当事人化,并且要切实完善律师在刑事诉讼中的权利。现在的问题不是律师见不到材料。律师很忙,很多案子检察官找律师找不到。因此,检察官的客观义务是一种理念,也是现实中存在的运行的一种模式、一种制度,已经融入了检察工作的血液中。按照检察官的客观义务,第一,在审查阶段检察官应该全面收集、保全证据。第二,在审查起诉阶段,检察官不得违背公平正义原则进行差别追诉;对非法证据要严格排除。在审查案件的过程中,客观性的证据应保持优先。第三,在审查阶段,检察官不能片面追求获得有罪判决和对被告人的从重审查。此外,客观义务还包括了定罪救济责任、诉讼关照义务和程序维护使命。以检察官审查案子为例,非法证据排除在重庆落实的应该算是非常好的。可能也会有人反映在职务犯罪的案件中存在非法证据或者疲劳审讯。现在我们适用的非法证据排除的标准比刑事诉讼法规定的更为严格。刑事诉讼法规定,采用刑讯逼供等方式取得的犯罪嫌疑人、被告人供述和以暴力、威胁方式取得的证人证言应该予以排除。但是，有没有思考过：对某个人有一次讯问涉嫌刑讯逼供，但是后几次的审讯都有录音录像并且做了有罪供述，那后面的供述要不要排除？现在最高人民检察院和最高人民法院正在制定相关的制度。重庆市的相关规定：若第一次刑讯逼供取得证据和后续关联性取得的证据，如果不能切断和第一次供述的关联性，就需要排除。在审查起诉过程中或者在侦查过程中，犯罪嫌疑人已经关押在看守所，如果侦查人员将其提到外边审讯，提讯完了再放到看守所里，可不可以？按照刑事诉讼法的规定，到看守所外提讯是不可以的。可以将其带出看守所进行相关的辨认或者指认，如果特殊情况需要带出看守所审讯，需要经过严格的审批手续，而且需要全程同步录音录像。当在所外的一个片段或者某一时间超出了合理许可的范畴，刑事诉讼法中没有明确，但实践中已经将其排除掉了，而这个排除环节可能并不等到法院阶段，在检察机关可能就已经排除掉了。在审查批捕环节排除的程度如何？一个涉及毒品犯罪的案件，公安机关所移送的卷宗中没有附毒品称量仪器的检验证明，当不能确定一个毒品称量仪器过没过有效期时，即使被告人自己承认贩毒，在审查逮捕环节我们有具体的案例，检察机关也可以对其不予逮捕。这些制度有些时候甚至超出我们的想象，也超出了辩护律师的预期。

中立审查责任在实践中还有很多案例，比如，今年最高人民检察院公告报上的王玉雷涉嫌故意杀人案。微信上有一个片子叫《即将批捕》——讲述了公安机关在刑事拘留犯罪嫌疑人王玉雷后，移送到检察机关批捕，检察院对一个涉嫌杀人的犯罪嫌疑人，在7天之内作出了不予批准的决定。这个案件是2014年发生的，当时，王玉雷最先发现了死者并拨打了"110"。公安机关认为，王玉雷的父母同死者的家人有矛盾，具备作案动机、作案时间，而且在侦查过程中有撒谎的行为，经过审讯，将其列为重点嫌疑人。但是，在审查逮捕过程中发现，他针对凶器的供述有很多次，但是每次供述的凶器是什么不稳定，供述是按照现场查获到的凶器、比照这些凶器一步步接近的，供述不自然。检察官发现他身上有被刑讯逼供的痕迹，最后作了不批准逮捕的决定。

需要严把起诉关。这是我们最近做的一个不起诉的案子。大家快速浏览一下会发现，它跟许霆案非常相似。从主观上讲，周某先前收取了其他公司的账目，当其他公司催款时，在手机银行上输入给对方打款13万元，但是手机银行上绑定的这张银行卡里本身没有钱，对方说收到钱了，又让其打款23万元。后来才发现当天是银行的系统出现故障，周某不相信，又通过这个手机银行给自己的其他银行卡试着转5万元，转了几次没转成。这样的案子涉及法益的判断，也涉及在此过程中行为人主观上的明知以及在客观上存款归属等一系列民事法律纠纷问题，还涉及对于这种银行系统过错，在刑事司法实践中是应该由银行来埋单还是由当事人来埋单的价值判断问题。客观义务还表现在，在起诉的过程中可能会面临着公诉变更，如果发现案件不应该判处无罪，可能会撤回起诉。如果认为一个案子的被告人是无罪的，检察机关可以提起抗诉，即使法院判决了，检察机关也可以坚持抗诉。最近的陈满案，就是由检察机关出面抗诉，经过最高人民法院指定浙江省高院改判的案子。对曾经起诉过的人，检察机关发现错误予以抗诉。其实，包括我刚才讲到的父子贩毒案，按照现在的理念，三笔犯罪事实中的前面两笔交易没有现场查获毒品交易，很有可能在起诉过程中就不会起诉前两笔了。只是说有可能，因为客观理念也存在地区差异和个体差异的现实状况。

为什么刚才我所举的这些例子包括我们耳熟能详的一些冤案中，检察机关履行了客观义务，尽量收集全部的证据了但是还是有冤案出现呢？在王玉雷案中，为什么把王玉雷锁定为犯罪嫌疑人？是因为我们认为王玉雷的父母与死者的家属发生过矛盾，具有作案动机。刚才所举的案子都是有犯罪动机存在。父子贩毒案，作为父亲，一个有毒品犯罪前科的人现在到案之后，查实了一笔，前面的两笔通过所谓的"内心确信"来考虑有没有犯。这就是问题，当我们努力收集证据时，如果方向发生了一些偏差，特别是侦查机关在先入为主的情况下，可能会对当事人产生极为不利的影响。这里就涉及今天报告的第二个部分：客观主义的问题。

一般认为，刑法中的客观主义是指认为犯罪是对社会有害的行为，如果没有客观行为就没有犯罪。不以行为，而以行为人的主观恶意为处罚根据，不仅会混淆法理和伦理关系，还可能造成法官的肆意判断。刑事责任的基础应该是表现在外部的犯罪人的行为。

其实谈起客观概念，大家可能有些犯难。大家翻一下教科书，里面涉及的概念，客观说、主观说太多了，几乎通篇都是。我以前似乎从来没有搞清过客观和主观的差别。因为有些问题，刑法教科书上称为主观说的概念，但其可能是客观主义者所持的立场。比如判断过失的标准，我们有行为人标准，还有社会一般人标准。社会一般人标准是客观说，但是更多的是主观主义的立场；而行为人标准，也就是看他有没有过失，是看他本人有没有意识到这个问题，有没有注意到义务的违反。这种主观说恰恰是客观主义所持的立场。当然，因为这样的混乱，大体而言，这些相关学者的研究，大概有这样几个层次，我们梳理起来，与客观主义息息相关。

第一，强调犯罪构成的客观侧面，客观主义者坚持结果无价值，或结果无价值与行为无价值的二元价值论。理论是这样，太抽象了。实践中的客观主义——我们发现一个案子时，首先要证明，结果是什么。杀人案件中，被害人是否死亡，死亡人是哪个特定人，是不是他杀？被害人有没有财产损失，哪些损失是他人违法所致？贩毒案件中，有贩卖行为发生，必须经过鉴定毒品是确定的。还有危险驾驶中，酒精是不是达到每百毫升80毫克以上。客观主义者坚持犯罪构成客观。举个案子，念斌投毒案。2015年法治案件有两个热火朝天的案件，念斌投毒案和复旦投毒案。念斌经过四次判决死刑立即执行，八次开庭，最后被判无罪。在2006年一天，念斌与邻居丁云虾发生经营纠纷。按照指控事实，也就是后来法院认定的事实，念斌认为丁云虾抢走他的顾客，产生不满。次日凌晨，产生投毒的念头，于是到他家附近向摆地摊的杨云炎处购买毒鼠药，念斌用毒鼠药倒入矿泉水中，溶解，潜入丁云虾家中倒入茶壶中，丁云虾的邻居陈炎娇用茶壶中的水做了稀饭和青椒炒鱿鱼，丁云虾的3个孩子、陈炎娇和女儿念福珠一起吃的饭。丁云虾回来后，没有青椒炒鱿鱼了，就吃了稀饭。最后丁云虾的两个孩子死亡。跟他们一起吃的悉数中毒。这是我梳理的案件脉络。注意，丁云虾吃的是稀饭，没有吃青椒炒鱿鱼，邻居陈炎娇和女儿念福珠也吃了稀饭和青椒炒鱿鱼，最后死亡的是丁云虾的两个孩子。这个案子中，法院认为证据不足以认定死于氟乙酸盐中毒，理由有很多。其中，辩护人提出一个观点：鉴定时没有进行空白对照检查。什么是空白对照检查？通俗一点讲，当我们检验死者呕吐物是否含有氟乙酸盐时，我们先是选择一个含有氟乙酸盐的标样，经过仪器测验，形成一个质谱图；然后将呕吐物经过仪器检验，再形成一个质谱图。两次检验形成的质谱图进行比对，两次质谱图曲线、高峰值等多项指标相近，符合检验值标准，就可以认定是氟乙酸盐中毒的征兆。辩护律师说，没有进行空白对照检查，他认为实验室在后面的呕吐检测中，没有把试管清洗干净，没有做空管测验，不能认定试管是干净的。如果试验仪器中残留了有毒物，怎么排除不是污染导致的呢？空白对照检查是本案的证据的一个软肋，但还有更多影响客观判断的因素。在念斌案中，当天晚上食用东西时，按照判决认定的事实，这个毒鼠药是先投放矿泉水瓶中，然后再倒入茶壶中，做了稀饭。丁云虾食用后也中毒，但为什么没有检测丁云虾？如果丁云虾也是氟乙酸盐中毒，那么稀饭中留存氟乙酸盐可能性大。辩护律师提出，没有对丁云虾中毒症状进行检测，而氟乙酸盐中毒症状会非常严重，丁云虾不符合氟乙酸盐中毒的症状，那么不排除是鱿鱼本身变质等原因导致的中毒。这些辩护意见相辅相成了。在复旦投毒案中，律师也会提出了没有进行空白对照检查的质疑。可是，复旦投毒杀人案件中，我认为应该判有罪，因为毒物的来源、投毒的过程证据是清楚的，不能因为我们现有技术条件的检测局限就放纵一个特定凶手。

第二，客观主义表征强调犯罪行为的定型性。最常见的案子是扒窃。什么是扒窃？扒窃这么一个小概念有很大问题。同学在图书馆上自习，手机放旁边，打瞌睡睡着了，手机被别人拿走了，构不构成扒窃？大家看到我列出来的2013年司法解释，在公共场所和公共交通工具上，盗窃他人随身携带的财物认定为扒窃。重庆市具体的规定是，随身携带的财物是被害人带在身上，与其身体有接触的财物。大家看到没有，进行了限缩解释。张明楷教授认为，我今天坐火车，行李架上我目之所及的东西，都是随身的范畴，你随手拿走，构成扒窃。可见观点之间分歧很大。在重庆司法实践中我们一般采取重庆观点：带在身上，与身体有接触。这是一个关键的概念。普通盗窃入刑在重庆以2000元为标准，而扒窃，如果没有其他情况，重庆是500元，如果是惯犯，携带凶器就没有数额限制了，这直接涉及出入罪的问题了。

第三，客观主义可能在刑法解释上更加注重形式解释，突出权利保障色彩。最近有个敲诈政府案，网络上炒的比较热。江苏一个农民因为土地补偿款，之前补偿了一部分，后来觉得赔少了，又跟政府签订合同，政府同意再补偿一些。提前给了他一部分钱，给他的钱是政府资金，后来达成一致意见了，政府说你把前面补偿的退回来，我再给你补后面的。这个人不干，就继续上访，补偿费要求21万元，政府不干。当地法院判决构成敲诈勒索罪，因为你拿政府进行敲诈。大家不要笑，这个案子江苏高院判无罪，其中一个理由认为虽然他的上访增加了信访压力，但信访权利是法律赋予公民的一项权利，因此不符合敲诈勒索的要件。这个案件发生在江苏,经济比较发达的地方。我觉得司法实践中我们仍有很多人在维护公权力和私权利的有效平衡。

第四,客观主义对主观故意在犯罪论中的体系性地位可能会发生分歧性意见。现在的客观主义经过古典犯罪论体系、目的行为论体系、目的理性综合体系等演变,之前将故意的要素完全纳入责任要素中来判断,现在将故意分开,一部分是构成要件故意,一部分是责任故意。按照这样一个德国的通说,一般来说,当你评判一个人的行为时,如果不考虑认识情况,不考虑主观因素,可能不好确定行为的属性。比如说父子贩毒案,交接行为一旦定性为贩卖,认定为构成要件符合贩卖行为,必然要考虑主观因素在里面。但是,承认构成要件的主观要素是不是不再坚持客观主义呢?答案是否定的。客观主义并不排除主观要素在构成要件、在违法性判断中予以考虑。

第五,我认为客观归责理论有利于贯彻刑法客观主义。德国刑法学界对客观归责比较推崇,以罗克辛为代表,我国台湾地区学者也大量借鉴客观归责概念。客观归责大概有几个因素,一是行为人借由侵害行为对行为客体制造了法所不容许的风险,二是不容许的风险在结果中实现,三是结果在构成要件效力范围之内,那么由这个行为导致的结果才能归责于行为人。什么叫客观归责?其实客观归责,有学者将其作为因果判断的方法,但是,很多人认为,到因果关系里面不足以限缩归责的判断、责任的判断。两个朋友并肩横穿马路,马路上驶过一辆汽车,甲为了防止乙被车撞伤,用手将乙往后面一拦,结果乙被身后另一车道驶过的汽车压死。甲的行为是本能吗,还是有意识的行为?我们将他评价为是故意推搡的行为,还是能够预见到车流量密集,可能导致乙死亡,应当预见没有预见,或者轻信可以避免的过失行为?一旦认定为故意或过失行为,通过违法性判断(如紧急避险)再进行免责的话,有的时候可能会比较危险。因此,我国台湾学者许玉秀提出,客观归责以"制造法所不容许的风险"作为犯罪构成要件的实质和共通的内涵,用"风险"描述对法益的危害特质,用"不被容许"限制刑罚过度干预人民的行动自由,以制造风险形容构成要件行为,表达行为不法的实质内涵。但是,客观归责理论,包括在德国,也有很多分歧。德国有学者认为,客观归责理论纯粹是虚构的无用的概念,比如我们刚才讲的行为,完全可以排除出行为、实行行为范畴。虽然可以认定他的行为与死者的死亡之间有因果关系,但是有多种途径都可以将他排除出追责范畴。但是我个人认为，客观归责理论暗合了我们司法的直接判断。比如，交通肇事致一人重伤。当你取得驾照开车上路时，你会不会预见到你的行为可能造成危险结果，撞伤人或撞死人？既然驾照考试这么严格，还要进行审查，那么，已经预见但轻信可以避免，结果导致人重伤，为什么不承担责任呢？又有，老师让学生回去请家长，结果学生在路上自杀，老师承不承担相关刑事责任呢？醉驾救母案。一个人喝多了，回到家发现母亲生病了，驾驶车送母去医院。按照现有思维判断，首先他的行为是危险行为，但是又有违法阻却事由，也有人说，我可以直接评价为构成犯罪再从轻处理，可是这样急中救母的行为是不是一定要评价为符合构成要件的行为，再通过违法性或责任判断来出罪？医生打疫苗也是一样的道理。所有的疫苗都要签订风险条款，即明知道打疫苗可能出现不良状况。明知道而为之，通过制造危险行为或降低危险行为直接排除掉构成要件的适格性。这种行为不要当成构成要件符合性后，再来讨论违法阻却和责任阻却。事实上，实践中，公安机关遇到有些案子会征求检察人员的意见，问我们这些案件构不构成犯罪。有些案子，我们一般不按照三阶层进行判断，也不按照四要件判断来思考，潜意识是按照行为是否被民众、社会认可而直接进行出罪判断的，否则，很可能判断主观上有恶意，有可能先入为主。

最后一个部分，简单谈谈客观义务和客观主义的融合。刚才我们讲到了客观义务，也讲到了客观主义。当我们在法庭上看到，公诉人在庭审发表公诉意见时，一般先说主体，再说行为，先认定主体，再来进行判断，这是司法裁判的角度。但是有很多案子，真实的逻辑思维应该是怎样呢？相对来说，作为一个"非典型检察官"的思维，我认为应该按照下面方法进行判断。第一，有效提炼涉案关联事实，即哪些行为可能纳入刑法构成要件，需要我们全面客观判断；第二，我们要用行为及制造风险概念作初步判断，排除一些非罪行为；第三，选定可能的罪名；第四，确定罪名保护的法益，审查具体行为中法益有没有可能受损；第五，刑法因果关系判断；第六，构成要件类型判断，第七，具体责任判断。当然，在三至七的过程中，客观义务和客观主义相得益彰。

这样的逻辑思维过程不仅发生在检察官身上，可能我们每个生存于这个时代的法学学生及每个公民都会积极参与到这个思维判断过程中。比如最近发生的颐和酒店案件，由于时间关系，我就不放视频了。当时，我的第一直觉是这个案子最后可能不了了之了，结果后来抓到了一个，最后涉及介绍卖淫。一个人在拖一个女孩时,他是想干什么?想强奸?猥亵?强制猥亵妇女?有的同学可能当时会想到介绍卖淫,有的同学可能就想不到。这是下个层次的判断。介绍卖淫罪,司法实践要求的立案标准是介绍2人以上。现在介绍卖淫的案子比较多,一般情况下都是需要公安机关现行抓两个失足妇女,然后作为证据才可以认定。但是现在一个失足的妇女都没有找到,怎么认定?是嫖娼还是卖淫?怎么证明介绍卖淫成功了呢?当然有证明方法,如搜集证人证言,没有查实实际交易的主要通过言词证据来认定。同样的,介绍卖淫罪保护的法益是什么?为什么卖淫者不构刑,介绍卖淫者还要入刑呢?时间关系,就不具体讲了,司法案件比比皆是。包括去年的优衣库事件,现在结果没下文了。案发后,我说作为一个公诉人,办理优衣库案件,你首要工作是什么?是先把片子看一看,这就是客观义务。因为即使有鉴黄师,他的意见也仅供检察官和法官参考。以德国楼梯纵火案为例。先期查明的事实是:1994年3月16日凌晨,犯罪嫌疑人乙经过事发小区时,发现公寓楼之间的大门打开了,于是进入,用打火机点燃纸箱,引起成大火,造成很多人死亡。犯罪嫌疑人经鉴定精神异常,无法有效承担刑事责任。就此案,进一步查明的事实是:有一个房屋出租人,当时把纸箱搁在楼梯里,没有收走,然后引来了这样一个精神病人。不同的案件事实涉及案件的走向可能会发生根本的差异。

第二,运用行为及制造风险概念对案件进行初步判断,排除非罪行为。怎么来排除?2011年司法考试有一个被网民称为奇葩的案例。但是我个人觉得这个案例出得非常好。火灾中能救自己的妈不救,去救了自己的女朋友。如果你来判断构成犯罪,然后违法性阻却阻却不了,生命对等的情况下能不能阻却责任?有人说不可以阻却,有人说可以阻却责任。最后从轻处理,判处有期徒刑3年,缓刑3年。但我觉得真没必要,这个案子事实上到不了检察机关。因为公安机关在审查事实的时候,就能看到这个男生英勇地救助了这个女朋友,这是一个降低风险的行为,我们无法判断他是有意放弃对母亲的救助,而仅仅去对女友进行施救的。

第三,选定可能的罪名组合,并且确认涉嫌罪名的保护法益,审查具体事实中法益是否可能受到损害。质押车辆后再偷窃的案子在司法实践中并不少见。这里举个例子——余某某涉嫌盗窃案。余某某买了一辆车,先抵押给银行,然后又质押给第三方。结果这个第三方把车出借给另外的人使用。余某某觉得凭什么把它出借给你的朋友啊，然后又把车偷回来了。偷回来后，又马上质押给第三人。怎么办？构不构成犯罪？这个案子实际上首先就涉及法益的判断。刑法上盗窃罪涉及的法益究竟是所有权还是占有权？按照通说是占有权。也就是说合法占有值得保护，甚至非法占有在一定程度上也值得保护。但是这个保护权跟原所有人之间的权益怎样来平衡？再次，当所有人以民法上的权利主张质押人违反约定把车借给其他人，我履行我的先行抗辩权，因为你先违约我才把车先行取回来，所有这一系列的判断可能都会影响这个案子的最终去向。

第五是刑法因果关系及客观归责的判断。刚才已经讲了，不再赘述。

第六是构成要件类型化判断。这个问题刚才也已经讲过了，这里再举一个例子。比如说寻衅滋事案。最近，陈兴良教授在《中国法学》上发表了关于寻衅滋事的文章。因为寻衅滋事案现在已经有口袋化趋势。我们知道秦火火那个事件，通过网上发帖说赔偿不平等，对外国人赔了好多好多钱，大量转帖给善后工作造成不良影响。另外还涉及伪造一些名人的谣传进行诽谤。北京朝阳区法院判处秦火火寻衅滋事1年零6个月，并判诽谤罪有期徒刑2个月。可是大家注意到没有，秦火火到底干嘛了呢？在网上发帖。寻衅滋事这个要件是什么？寻衅滋事最后一项"在公共场所起哄闹事，造成公共场所秩序严重混乱的"。我在网上发帖，我怎么造成公共场所秩序混乱了？其前提是，"在公共场所起哄闹事"，在网上发帖属不属于在公共场所起哄闹事？在网上造谣如果认为是"在公共场所起哄闹事"，那后面造成了很多跟贴属不属于造成公共场所秩序严重混乱？又或者是不是一定要有当事人到了事故或理赔现场，造成现实场所的混乱才可以认定为"造成公共场所秩序混乱"？这一系列问题都涉及寻衅滋事这个罪名构成要件的类型化判断问题。在这里，可以和大家讲一下，《刑事审判参考》97期，在这个案子发生之后，最高人民法院的意见是寻衅滋事案中，在网上发帖也算在公共场所起哄闹事。但仅是跟了很多贴，还不足以认定"造成公共场所秩序严重混乱"，如果造成很多人到现场滋事，影响了善后处置，这才构成寻衅滋事罪。这是刑法上的价值判断，就是说区分前半截的公共场所和后半截的公共场所的概念。但是告诉大家一个最新的解释，在公共场所起哄闹事，在网上发帖，因此造成很多跟帖网上辱骂政府，造成网络重大混乱的，按照最新精神，是按寻衅滋事罪来进行处断的。这种解释可能跟陈兴良教授和很多学者的观点是不同的，但是这是目前可能的新的处理方式，也是针对特定的案子所进行的处理。

最后，关于责任的判断。责任判断以"闫啸天掏鸟案"为例。掏鸟案为什么最后有一个逆转？开始有辩解说被告人不知道猎捕的是一种珍稀动物，结果后来经过证据，经过客观方面的证据一个一个进行梳理，发现行为人之前掏过一次鸟，又购买过鸟，又卖过，而且这种鸟叫做燕隼，价值不菲、非常珍稀的。因此，你能掏这个鸟，说明对这个鸟的属性的判断是有认知的。从违法性的认识说，你应该认识到。所以说这种行为不能阻却责任。

因为时间关系，今天的讲座大概内容就是这些。总体来说，我个人觉得通过案例分析，我们注意到司法实践中客观主义和客观义务可能更加侧重客观结果的审查。为什么现实中没有出现像开篇所提到的打稻草人的案子或者说偶然防卫的案子，是因为，一个人打一个稻草人回家了谁知道，证据很难收集。一个人打死一个人，另外一个人正好是准备行凶的人，谁知道？怎么证明？理论上能讨论，但实体上几乎是不可能，不具有证明的可行性的。而实践中包括因果关系的判断，很多时候侧重点也不在因果关系的判断上，而在于死的人是不是他杀、是不是特定的人实施的他杀行为、他杀的行为究竟是什么行为。当这个行为判断出来后，客观方面的主要工作可能已经实施完毕。接下来就是在构成要件类型上面进行一个客观分析。好了，这就是给大家汇报的相关内容，讲得不对的地方欢迎各位猛烈地拍砖。

**梅传强**：陈荣鹏副检察长从司法考试的假设案例和实践当中的真实案例出发，指出了检察官客观义务的重要性以及在司法实践当中检察官客观义务的一些具体表现，然后通过详细地对客观主义作理论分析，最后又回归到了如何实现客观主义和客观义务融合。整个讲座，理论联系实际，最终解决了司法实务当中的一些疑难问题。从讲座内容本身来看，我觉得非常充实，而且讲座的效果大家已经感知。今天这个讲座，形式上很精彩，但是实质内容肯定还有很多值得探讨、值得商榷的地方。那么下面我们就把商榷和探讨的重任留给三位嘉宾。首先有请陈检的同学颜院长作点评。

**颜飞**：准确地说我是陈检的师弟。今天我来之前，对这个讲座最大的期望就是这是一个实体法与程序法相融合的讲座。站在程序法的角度来讲，非常强调检察官的客观义务，而站在刑法的角度来讲，更多是从客观主义的角度来进行。因此在讲座之前，我是非常想听到关于两者如何融合的问题。可能也是因为时间关系，讲座在第三部分客观主义与客观义务融合这一块讲得相对快一些，也可能是我理解有问题。我对内容有疑问，请陈检再做解答。

第一，刚才也提到，作为客观义务，更多的是一种权利保障，强调一种权利保护，但是听了这些案例以后，我觉得会不会是从追求稳当的诉讼结果出发的，换句话说，很多时候也许是在追诉这个事实之后，我在诉讼中可能面临一种风险：法律最终可能认定也可能不认定。那么我们现在就不诉。在这种情况下，你说我们是更坚持客观义务吗？我觉得从实体上、实质上好像没什么区别。站在我这个理解的角度，作为检察官的诉讼决策，在追求诉讼结果的情况下，如果我觉得从诉讼风险这个角度来评价，可能降低我败诉的风险，或者说降低我以后追诉评价的社会效果，从起诉和起诉后结果来看，可能不起诉对检方要更有利。但是这就叫做坚持了客观义务？我觉得可能还不完全。这是我的第一个疑问。

第二个疑问也是之前我们曾经私下探讨过的一个案件。通过这个案件的探讨来怀疑这个立场到底是不是客观立场？陈检可能还有一个印象，我们当时在探讨一起社区小女孩被性侵犯案件中，关键证据是只有被害人陈述，前面发生的情节是房间里面。房间里面到底发生了什么，目前来看只有本案被告人和小女孩清楚。检察院认为由于小女孩的陈述具有自然性、连贯性，因此予以采信，特别是提到作为小女孩并不清楚陈述事实中的哪些部分会决定罪与非罪，而她自然地讲出来具有更大的可信性。时前不久，我就看见陈检微信的朋友圈分享了一条消息：关于打击性侵犯案件，立场鲜明，打击性侵犯尤其是针对未成年人的性侵犯，那肯定有一个"宁肯错判不肯错放"。把这两件事情结合以后，如果说我们按照一开始讲的观点，其实更多从证据不是那么有利的情况下，我就不诉。因此这种情况下就叫作我坚持了客观义务。而在另外一种情况下，可能基于检察官个人也好，或者是刑事政策也好，或者说满足公众内心也好，把一些可能真正看起来带有一定诉讼风险的案件还是诉了。这时候怎么会谈客观义务呢？我感觉这里是不是有一定的矛盾？因此，让我更加质疑这个客观义务到底是不是一种迷失，有利于被告人的时候我不做，这还叫作坚持客观义务？因此，这个客观义务到底是什么？当然肯定还是站在存疑有利于被告人的角度，要加强权利保障，这些东西其实不是因为客观义务，而是刑事司法执法中当然就应该坚持的，而不是因为客观义务才这么做，没有客观义务，我们也应该这么做。因此把这些都叫客观义务，我觉得似乎把客观义务放得太大，而放得太大的东西容易对它评价不是太高,因为什么都可以往里面装。在这种情况下我们怎么去界定客观义务?这是今天我听了讲座后最大的疑惑。

**梅传强:** 现在有请陈伟教授作点评和探讨思疑。

**陈伟:** 刚才陈检已经提到说我们从四要件的逻辑顺序中坚守客观主义的立场。有观点认为三阶层说坚持客观主义,是从客观的层面来进行认定犯罪,所以说有助于保障人权;而四要件都是从主观入手,很容易先入为罪,相当于拿一个刀砍一个稻草人,说主观上有这样一个想法,客观上有这样一个行为,把主观放在前面,把客观放在后面,容易先入为主,进而认定为那就是犯罪未遂。但陈检说从四要件判断,实际上也可以得出无罪的可能。那么在这个层面,我认为今天是值得肯定的,我们不应该把三阶层、四要件的当下的学术上的对立延伸到说在实践中根本没办法进行判断。但另外我要提出一个问题,那么刚才也提到说客观主义是进行权利保障的,包括提到收集证据的时候要收集有利于被告人的证据,非法证据的排除要保障犯罪人的相应权利。我确实也碰到过,在法庭上公诉人直接认可了辩护人提出来的比如说立功、自首等法定情节。辩护人的主张直接在法庭上被公诉人认可,我觉得非常欣慰。不光是法官,还有下面的家属也看到了我们的辩护真的是有效的辩护。但是站在一个理性的、不是一个辩护人的立场上,我们会考虑,如果这时所有的立场,最后都倾向于公诉人或辩护人的立场的时候,那么我们所要求的控辩审这样一种稳定性的三角构造之间怎么进行平衡?这里面也包含着公诉人如果把我们辩护人的工作都做了,我们辩护人还有没有空间的问题。公诉人都认定了,我们这样的一个控辩之间的对立,如何在客观义务和客观主义的融合下来体现出来诉讼结构构造?

第二个问题,司法实践中,大家在关于主观故意的认定、关于"明知"的认定,等相关的问题上存在对立。主观的内容都是事后通过证据推定出来的。那么严格性地遵守客观主义,实际上在我看来可能是没有坚持的。这样推导出来的"主观的东西"可能是与客观是脱节的,因为主要是根据一些相关联的反常的情形,事后推定出来的这种认识,就认定了行为人主观上是有故意的。我们在主观认定的过程中,如何来保障客观主义,怎么来协调?

第三个问题,刚才陈检讲了很多例子,但总是给我一种选择性司法的感觉。比如说,毒品犯罪,《会议纪要》指出,吸毒者在运输毒品过程中被查获、毒品数量较大的就应该认定为"运输毒品",不再把它认定为"持有毒品"。在司法实践中，基本上毒品犯罪都没有未完成形态的认定。这个问题上你为什么不基于客观主义？在所有的未完成形态中从来就没有说要做区分，要把毒品犯罪排在外。那么这个时候基于客观主义，你应该得出一个它是"客观"的，就应该是这样一种未完成形态，在量刑的时候就应该考虑到这点。4月18日的《贪污贿赂案件司法解释》，既在数额方面相对提高了标准，也有强行规定从严的一面。比如，"事后收受他人财物"应当认定为是为他人谋利益。司法解释把"为他人谋取利益"这个要件极大程度地消减、淡化了。在立法没有修改的情况下，这个规定是否合理？如果检察官这个时候根据司法解释的规定认定为他人谋利益时，能不能坚持客观主义的立场？这样做可能会跟我们理论上的认识存在一些偏差。遵循还是不遵循，这个是我觉得在刑事政策的层面上；在司法解释层面关系到客观义务和客观立场如何进行良好的调节。司法解释虽然规定了，但司法实务中是否必须遵守，我觉得不是一个最新的问题。

**梅传强：** 陈伟教授是我们学校唯一获评"中国人文社科最具影响力青年学者"，而且今天原定是在人大领奖的。所以我提议大家用掌声对陈伟教授表示祝贺。现在有请西南大学张步文教授作点评。

**张步文：** 客观义务是什么，陈检刚才提到了定义，对客观主义也有解释，客观义务他还用到了龙老师的说法。但是，我们要注意，我理解今天他讲的客观义务就是我们诉讼法上的检察官的公正义务（客观公正义务），是指注重客观行为、客观的社会危害，包括有可能的情况下对客观结果的考核。那么在今天的讲座中，他的主观两个字基本只在一个地方提到，是在考核犯罪构成方面。尽管强调了客观归责，但我觉得还是没有到绝对的客观归责。我用一句话来带过，同学们，我们信书是要中毒的，信陈检这种实务也是要中毒的，如果想要不中毒，把这两者结合起来以毒攻毒。

我提几个问题。第一，客观主义，你说是矛盾中坚守的立场。矛盾是谁跟谁的矛盾？第二个问题，客观义务是程序上的义务还是实体上的义务？刚才颜飞博士在讲的时候似乎在告诉我们，你的客观义务是否仅仅诉讼中确保起诉成功胜诉的策略，这与你的客观义务是否一致呢？我觉得有大问题。但没有时间展开，所以程序上的义务是什么？实体上的义务是什么？这和我们这些年加强人权保护实施司法责任追究制的情况下，检察机关采取的保守的立场有什么关系？

客观主义对应的是主观主义或主观归责，地方客观主义解决的是什么迷思？客观主义本身有没有迷思？本身肯定有迷思，在我看来还可以做大量的探讨。关于融合，我要补充一个问题。其实他讲的在我眼中是另一种景象，检察官、律师、法官与主观主义也好，客观主义也好，关系不大。是理解证据的水平。在实务中，三要件也好，四要件也好，还是先找主观要件再找客观要件也好，这个问题真的有那么重要吗？难道起点不同结果就有不同吗？因为他在讲座中也提到了，实际不管用哪种理论，他们得出的结论还是高度一致的。究竟什么才是审查中的起始点、观察点、关键点？第三个问题，我对这个问题挺感兴趣，讲要件事实好理解，讲案件事实某种程度上也好理解，讲到观念事实真让人费解。什么叫观念事实？它跟案件事实、情节事实什么关系？跟我们的案件事实、主要事实有什么关系？如何在观念事实当中理解客观主义？如果这些不说明的话，脑子里产生的问题更是一大堆。

**梅传强：**有请陈检对三位嘉宾的问题做回应。

**陈荣鹏：**首先，针对颜博士提出的问题。他提到三个问题。一是关于客观义务如何与检察官作为起诉人的角色进行平衡？如果你在公诉环节已经"客观"了，这与把案件拿到法官面前，然后由法官进行评判，本质上有没有不同？其实另外两教授也提到了这两个问题，涉及角色定位问题。我个人是这样感受的，这感悟也是我心路历程的反映。我工作的时候是2002年，作为法科生刚毕业，其实我们检察官、法官和律师在学校里所接受的教育是相同的，职业角色定位让我们选择了不同的工作。当我们成为公诉人的时候，我们怎样来面对自己的角色定位？我觉得律师相对来说要更纯粹一些，而检察官的角色定位究竟应该积极的起诉，还是做好一个审前的法律人，有一定居中色彩的事前判断，之后再将你认为无异议的事实或相对可信的事实提交给法官，这实际上也是步文教授提到的矛盾问题。如果检察官的角色定位是纯粹的公诉人角色，会面临什么问题？在我国现在结构之下，公检法之间相互配合的局面下，他又面临怎样的问题？我个人觉得检察机关承担着起诉职责，这是法律监督的一个职责。那么多案子，起诉到法院的案子，法院改判率是非常少的，为什么？有两个因素，第一，法检之间有时候有很多默契。第二，检察人员所接受的相同的法律教育，使得在许多案件中的问题在检察机关内部进行了消化。而这种消化我认为是有必要的。这个案子提交到审判阶段处理的话，那么后程序环节对于一些问题，对一些强势的公诉机关所提交的指控体系，由法院进行评判，其实也有很大的阻力。而检察机关作为作为公诉机关，它掌握一些律师，甚至有时法官都没有掌握的基本事实，客观上讲，公诉案件的检察官对案件的事实认定和案件基本背景的了解，某种程度上比法官更全面。他深入地介入了侦查机关的侦查过程，甚至有些笔录是怎么制作出来的也比较了解。而且检察机关对于一些自侦案件，已经在审查环节运用不起诉、和解制度进行调和的案件，一旦突破了检察机关相对中立的这种角色定位，将案件起诉到法院去，一方面使犯罪嫌疑人的被动状态会持续，后续有罪判决的风险会加大，非法证据被排除的可能性也降低，因为一个坚持自己起诉、指控的公诉人是很少放弃自己在起诉中已经认定的事实、证据的，因此我觉得从诉讼构造来讲的话，这和他的审前的审查义务是不矛盾的。二是关于颜教授提到的猥亵幼女的一个案子。我刚刚也查了一下我当时发的微信，我发的是："性侵儿童犯罪零容忍，既应体现在社会共识中，也应在司法实务中恰当把握证明标准，绝不能以言词证据一对一为由，忽视客观证据和情理的分析，在此领域，宁可错放一百，不可错判一个，绝不是明智的选择。放纵意味着新的伤害。"是曾经有人说许多案子我们宁可错放一百，也不能错判一个。但我觉得在这些领域，特别是性侵幼女的领域，错放一百是不能容忍的，因为我们社会承受不起错放一百的代价。如果有些案件检法存在证据上的分歧，我们因为证据存疑放纵过一些人也是可以的，但是大批次的错放一百人这样的代价是不可以的。三是关于检察机关的角色定位。为什么我说检察人员有条件更深入了解案情证据？我可以简单地给大家举一个例子。在批捕环节，移送事实是盗窃2000元，犯罪嫌疑人和被害人陈述一致，但复核被害人偷了多少钱时，被害人说2000元。因为临界入罪边缘，承办人就多问一句：真的偷了2000元吗？他说其实偷了1800元。那怎么之前说是2000元呢？他说有办案民警对他说"1700、1800，那不是和2000差不多吗，就按照2000说吧。"如果我们不坚持客观义务，就不会把发现的问题呈现给法庭。

陈伟教授提到的关于在实践中三要件和四要件对立问题，包括理论和实践的对立问题，我非常认可步文教授的观点，就是大家一定要结合起来看，不要中某一方面的毒太深。客观主义或客观义务有同样的问题。客观义务是我们秉持的立场，也是我们和客观主义相融合的思维方法，但它有历史的局限性。这就是我们为什么说它存在矛盾的一个点。为什么在毒品犯罪中不认定未遂？检

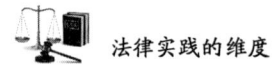

察机关的客观义务跑到哪里去了？是因为即使在起诉中认定了未遂，法院也不会判未遂，因为按照现有的体制模式，包括法院，其实应秉持客观主义立场的，但在一些场合，它可能也没有严格按照这种立场来走。一定程度上，它反映了主观主义在刑事司法实务中强大的影响力，因为司法实践中可能会认为，当你在交接毒品时，为了贩毒而购买毒品这个行为，严格按照三要件或四要件，他甚至连着手都不是，或者仅仅是预备，但这样认定对于毒品犯罪来说，不足以平衡毒品犯罪的社会危害性，主观主义思维在这里有用。但也可换一种思路，认为这可能是刑事政策因素在司法实践中的运用，而刑事政策在当下已经完全填补了李斯特的鸿沟，它不是说在入罪后，在最后评判它量刑的时候才会考虑，事实上在行为究竟属于既遂未遂这样的环节，司法实践已经把它运用了。当然，我不能说它不合理，我认为在当下它有现实合理性。当然能够想象到在一个特定时间段，诸如此类的问题司法实践中也会认定未遂。职务犯罪如何判断为他人谋取利益的要件，与此相同，不再赘述。

刚才步文教授提到几个问题，在这里我认真地作几个回应。第一，关于客观义务的矛盾、谁与谁的矛盾。其实刚才已经讲到了，矛盾来自检察机关内部角色自身立场的摇摆，来自现阶段诉讼体制导致的对检法甚至包括律师定位的一系列矛盾。那为什么选择检察机关的客观义务呢？它是一个理念，一种制度，它有一些美好鲜活的例子来证明，有些鲜活的人践行着客观义务。当然，说它是矛盾，也有很多局限于个体的、现实中的案例，事实上违背了客观义务。我认为违背客观义务的情况现实存在，它在诉讼构造中对犯罪嫌疑人的保障存在很大风险。因此，我们即使在矛盾中，也希望努力推进客观义务的践行。第二，关于客观主义的迷失，在哪里迷失？我已经讲到关于什么是"客观"，有很多的学术纷争，包括客观主义者，有很多人认为主观违法，有人认为客观违法。在客观主义和主观主义的对立中，哪些人属于客观主义？它的完整体系是什么？我们现在可能只能做一些简单的勾勒。我想这种粗线条的勾勒在理论上更多局限于一些思辨的问题的探讨，理论和实务的差距就在于它的重心可能不在于客观归责还是主观归责，它在于客观事实的判断。你先把我这些理论上认为简单的东西（事实问题），客客观观地拿死了，搞定了，才有助于后续问题的分析。

时间关系，加之自己诸多方面的原因和不足，今天可能不能对各位嘉宾的的问题作一一回应，学术之路漫长，我一定在以后的工作之路中好好学习，谢谢大家。

**梅传强：** 今晚的讲座到此结束。让我们再次用热烈的掌声感谢主讲人、感谢嘉宾、感谢我们的中钦律师事务所对法学院实务大讲堂的支持。感谢各位同学的参与。

# 08

# 法人环境犯罪刑事责任问题

**主讲人：曾粤兴**（昆明理工大学教授、博士生导师、法学院院长、
中国刑事诉讼法学研究会理事、中国刑法学研究会理事）
**主持人：梅传强**（西南政法大学法学院党总支书记、教授、博士生导师）
**嘉　　宾：袁　林**（西南政法大学法学院教授、博士生导师）
**　　　　　王利荣**（西南政法大学法学院教授、博士生导师）
**时　　间：** 2016年5月28日
**地　　点：** 西南政法大学敬业楼3031会议室

**梅传强：** 今天我们有幸邀请到我们西政优秀的校友，也是我们西政刑法学科的老朋友曾粤兴教授来做讲座。相信曾老师的情况大家都已经非常了解，我就不具体介绍了。现在就有请曾老师做讲座。

**曾粤兴：** 非常高兴能再次回母校来参加博士论文答辩，在这个间歇中，梅书记安排我给大家做个交流，也不是讲座，是个学术交流、学术报告，把我近期研究的一个问题即法人环境犯罪刑事责任问题向大家报告一下。

为什么要研究这个问题呢？好像这个问题不是我们母校着重研究的范围，大家了解得可能不是很多。大家都知道，环境犯罪是前瞻性的问题，但是法人的刑事责任问题在全球的刑法中是一个一般都不研究的问题。研究环境犯罪成果比较多的一个是日本，一个是我国台湾地区。日本和台湾的学者在研究这个领域的时候，也只谈企业法人或者商事法人的刑事责任，而我关注的领域不是这个领域，重点是政府法人的责任。不说漫长的历史，只说在改革开放以后，我们以牺牲环境为代价来发展经济的过程中，大量破坏环境的行为实际上是政

府实施的。由于是政府实施的，在理论上没有解决这个问题：政府该不该承担责任？或者说，政府的主要领导、主要决策者该不该承担责任？所以，这段时间我主要在考虑这个问题。

为了便于大家理解，我先把主要的观点给大家汇报一下。我研究的主要观点是政府法人的主要决策者对可能产生破坏环境的危害结果有所预见，而轻信政府有能力避免危害结果发生的可能，以至于危害结果发生的，主要决策者具有过于自信的过失。如果有证据表明有期待可能性，那么就有非难的必要和可能。为预防严重污染环境的犯罪，刑法应当对污染环境罪采取危险犯的立法模式，并增设破坏环境情形的刑事责任。换言之，就是把罪名改为"破坏环境罪"或者"危害环境罪"，而不仅仅是"污染环境罪"。将严重破坏环境或者危害环境的行为作为非难的对象，将实害犯（结果犯）作为加重处罚的情节，同时对于故意实施的行为应该配置10年以上有期徒刑、无期徒刑。这是我的主要观点。中间还涉及博士论文答辩中提到的一些问题，比如，对危害行为的解释应该基于形式解释的立场还是基于实质解释的立场？等涉及的时候，我再汇报。

本来准备的内容是五个方面：一是环境与环境犯罪；二是责任与刑事责任；三是污染与破坏行为；四是政府法人的刑事责任分析；五是企业法人的刑事责任分析。限于时间关系，前面铺垫的内容就简要地提一下，重点是报告政府法人的刑事责任问题。

第一，环境与环境犯罪。环境犯罪已经成为21世纪全球共同关注的问题。我们国家提出了"一带一路"的发展倡议，而"一带一路"沿线涉及60多个国家，全都面临着严重的环境安全问题。不仅如此，发达国家也存在碳排放为主的环境污染问题。可以说，环境安全问题在全球经济和社会发展中已经具有支撑和保障作用。

但是，要研究环境犯罪首先要解决的一个问题是什么是环境。对此要有所了解。到目前为止，无论是环境科学还是环境法学还是刑法学在概念上的认识是不统一的。所以，我在第一大部分谈的是环境与环境犯罪。在哲学和人文科学领域所说的环境与公众所称的环境不完全一致，环境法学所讲的环境与哲学、人文科学所讲的环境是否一致也存在争议。大众所讲的环境，泛指人们身临其境的中间状态，比如政治环境、生活环境、生态环境、国际环境、国内环境、工作环境、家庭环境等。大众的理解是最广义的理解。哲学和人文科学所说的环境，主要是环境伦理学上的环境，含义比较中观，但是在不同的伦理观念中，含义也有差别，差别主要体现在以下几个方面：非人类中心主义基本上持荒野自然观，也就是纯粹的自然观或者大自然观，即把环境理解为受人类干扰最小或者未经开发的地域或者生态系统，具有系统性，组成该系统的每个事物通过自然界复杂的结构，相互依存、共同构成生态自然的整体。这个结构的组成具有自我组织性、先在性，就是老天给的，在人类认识它之前就已经存在了。因此，人本身只是这个环境的一个因子，自然的存在不以人的存在为要件，相反，人的存在以自然的存在为根本。按照非人类中心主义的观点，非人类和人类一样都是自然物的存在形式，因此，一样具有不可剥夺的天赋价值，所以，人类只能顺从自然，并且应当敬畏生命。非人类中心主义的观点在环境伦理学上具有重要的地位，所谓的动物保护理论就是根据这一套观点产生的。要不然，我们为什么要保护动物？动物受保护的权利来自于哪里？其理论依据就是这个非人类中心主义。相反，所谓的"人类中心主义"的观点是，人类是中心。它承认环境是人与自然组成的整体，不过，它理解的环境就不是荒野的自然，不是纯粹的自然，它包括人为的自然，范围就更广一些。人类是非人类的目的中心，非人类为人类服务，是人类中心主义的价值观。其主张，人类和非人类在自然的关系上坚持人类价值的本位性，强调人类在自然生态系统的优先地位和目的地位；在人与人关系的维度上，强调整体的、长远的人类利益高于人们局部的、暂时的利益。顺便说明，尽管某些法学研究者认为，环境科学意义上的环境和生态学意义上的环境在究竟是以人类为中心还是以所有生物为中心的问题上存在区别，但是这些学者同意环境和生态是同一个含义。所以，有些学者主张不用环境法学的名头，把它称为生态法学。提出这个理论的两位环境法学者还获得了"杰出青年法学家"称号。

那么，我们回过头来看环境保护法是如何规定的。2014年修订的环境保护法第2条延续了1989年的定义：本法所称"环境"是指影响人类生存和发展的各种天然的和经过人工改造的、自然因素的总体。这个定义显然和非人类中心主义的主张存在区别，而与人类中心主义的认识基本一致。但是，人类中心主义的理论在近几年受到批判，这是因为这个理论过于强调以人、以人类为中心，让自然、让环境为人类服务，很容易导致牺牲环境。所以，人类中心主义的理论很容易受到批判。对这个理论的修正，我们称为"新人类中心主义"理论。

过去的人类中心主义的理论实际上是局限于一国领域之内的人们,而"新人类中心主义"理论主张的人类是指全人类、全球性的,环境问题不仅仅是一个国家单独的问题,而是跨国际的问题,是国际性的问题。

接下来呢,就是什么是环境犯罪?关于环境犯罪,首先要认识到环境犯罪属于行政犯,它的罪名大多采用空白罪状,也就是以违反环境资源保护法的法律法规或者国家规定为前提,因此,环境刑法具有行政从属性。当然,对于哪些属于环境犯罪是有争议的。在外延上,狭义地说,立足于我国刑法第六章第六节破坏环境资源保护罪的规定,认为环境犯罪是指违反环境保护法规,破坏自然环境和污染自然环境,情节严重的行为,有15个罪名,实际上等同于破坏环境资源的犯罪。至于立法上的用语搭配也是我们值得研究的一个问题。

我们把危害环境的行为分为两大类:一类是破坏行为,一类是污染行为。我们立法上现在用的术语是,对于污染来讲,它的宾语是环境,污染环境。对于这类破坏行为来讲,其宾语是环境资源。环境资源是并列词组还是修正词组?这是非常值得研究的问题。我希望今天的报告不是让大家接受我的观点,而是希望我的研究能给各位带来一些启发,有兴趣的同学也可以关注、研究这些问题。它的区别在什么地方呢?按照我们现在的立法规定来讲,我们的视野是比较狭窄的。我们把"破坏行为"定义为"破坏资源的行为",把"污染行为"定义为"污染环境的行为",而环境和资源又是两个不同的概念,资源是组成环境的要素,比如,森林资源、土地资源、动物资源,其他破坏的资源不包括在内,比如大气资源就没有在里面。这就带来一个问题,破坏资源的行为可不可能同时又污染环境?反过来一样,污染环境的行为可不可能破坏环境资源?这是个值得研究的问题。如果你们好好看一下,其实研究环境刑法的著作不多,像我给我的博士生安排要读的重要的书目就是六七本,如果把这六七本书好好看一下,你会发现:到目前为止,只有个别学者,比如王秀梅、赵秉志老师注意到这个问题,但是遗憾的是,他们没有展开,仅仅是注意到这是个问题。个别学者注意到:无论是污染行为还是破坏行为指向的对象都可以是环境或者资源,从而把环境犯罪概括为自然人故意或者过失、法人无过失的污染、破坏环境及自然资源,进而严重损害环境要素、人类健康、生命或者损害巨额公私财产的行为。这个看来很细小的区别引发出这个问题。难道污染行为不可能污染环境资源？破坏行为只能针对环境资源进行吗？我的回答是否定的。一方面，很多破坏环境的行为本身就具有污染环境的属性，比如说放火、投放危险物质；另一方面，破坏环境的结果往往伴随着环境被污染的结果，比如，到过葛洲坝的人都知道，坝区漂浮的垃圾堆积如山，江面上的垃圾，卡车开上去都不会沉没，到了这种程度。这个我是亲自去看过的。另外有一个我没去实地考察过，从看到的相关报道和相关图片，三峡大坝堆积的垃圾，捡垃圾的人直接蹬着三轮车上去都不会沉下去。当然，我是把建设三峡大坝的行为视为准危害行为。我后面要谈准破坏行为，也可以肯定的是，三峡坝区的水质已经受到污染。

第二，作为一个铺垫，介绍一下责任和刑事责任。这对我们的研究生来说不难理解。因为我们都要学习外国刑法理论。现在有一部分"崇日学者"直接在我们的刑法理论上讲这些。为什么我称为"崇日学者"呢？一个国家的理论是需要有民族自尊心的，不要动不动就认为国外的东西就是好东西，盲目地搬来，特别是对那些"贩卖"日本刑法理论的学者，我是非常有看法的。我跟日本学者的交流比较早，我从2001年跟日本学者在一起进行中日刑法理论的研讨，到现在一直都跟日本学者保持着联系。我直截了当地讲，也是借这个场合谈一下感想。比如，三阶层犯罪成立的理论，我在公开场合讲这个理论是不能引到中国来的，为什么？日本从事法学工作和法学研究的人最低文化程度都在硕士以上，如果是学者，文化程度就是博士，但这套理论在日本到现在都没讨论清楚。日本人都没搞清楚的问题引到中国来合适吗？我们的司法官的文化程度是什么程度？大部分是本科生，还不一定是法律本科生，有一部分是硕士，硕士也是以法律硕士为主，你把一个外国人都弄不清楚的、争论不休的理论引到中国来，其一，能适应吗？其二，它能够解决问题吗？有的学者用一些典型案例试图说明用我们的传统的四要件理论无法解释，我说那是你的水平问题，你拿出任何一个案例，我都能给你合理的解释。在这个问题上，我和陈忠林教授的观点是一样的：那是你的水平不够。在我们看来不是什么难题的东西，而你们却争论不清楚，非要用德日的理论来解决，恰恰很多案例他们用德日的理论去解决反而没有解决清楚。人文社会科学和哲学有一定的共性，这个共性在什么地方呢？它不生产科学，不生产真理。我们对任何社会科学的认识都可以说有两种以上的观点都是正确的。所以，我们不能对某个人对某个事物的看法，用对与错来评价。只能用妥当不妥当、合理不合理来评价。包括德国的伽达默尔、海德格尔所谓的唯一正解都只是相对最合理的见解,把其称为唯一的正解,而不是说某种见解就是真理。换句话说,在犯罪成立的体系上,比较广泛的是中国体系、德日体系、英美体系,我们称为三大体系。在这三大体系上,就我个人的观点来讲,最合理又好用的是英美体系。为什么呢?因为它是把程序刑法和实体刑法比较完美地结合在一起。我们的体系是把程序法和实体法分开的,但是我们的体系比德日的体系好用。在这种情况下,既然三种体系都能比较合理地解决这个问题,那么我们为什么要选择日本的呢?实质上德日体系中,德国和日本的不是一回事。德国学者在犯罪阶层认识上和日本学者的认识不是一回事。某些学者"贩卖"的是日本的刑法理论,不是德国的刑法理论。为什么选择小国的理论来取代自己的理论?从民族自尊心上讲,目前台湾地区活着的法学家中名气最大的就是刑法学者甘天贵。甘天贵先生语重心长地对我们与会的中青年学者说了他的观点,台湾的刑法研究一直跟着日本的跑,跑不出什么名堂,希望中青年学者从民族自尊心出发,创立中国自己的刑法理论。我不希望我们母校的学生盲目的追日。

  责任,大家都理解。责任是构成要件和违法性之外的犯罪成立体系的要件,是对违法行为侵害法益的事实,而认为违反其基本的伦理所应该加以非难的一种无价值判断。我之所以引用这些概念,是因为我们刑事责任绕不开这个问题。刑事责任理论来自于德国。有必要讲一下这个。责任可以简称为非难或者非难可能性、必要性,这都是翻译的问题。刑事责任应该理解为行为侵害法益的事实之后所应该加以刑罚的非难的无价值判断,逻辑上属于责任的一种。刑事责任属于责任的一种。这个是没什么争议的。换言之,责任的后果除了刑罚,还有保安处分以及其他非刑罚处罚措施,比如责令具结悔过、收容教养等。大陆学者对刑事责任的研究比较晚,到现在来讲还没有达成一致的共识,研究的空间还有很多。实力强的、对基础理论感兴趣的同学们还可以继续研究这个刑事责任。如果是对抽象的问题把握不住,可以研究具体的类罪或者个罪的刑事责任。影响比较大的是这几种学说:道义责任说、社会责任说、法的责任说、规范责任说。道义责任说是古典刑事法学派提出来的,是时间最悠久的。虽然它不断受到抨击,但是实际上它一方面能够合理地解释人为什么会故意犯罪,另外一方面实际上对过失犯罪的解释也是可以胜任的。所以,到现在为止,道义

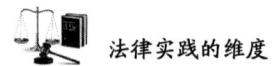

责任论在我们国家一直都有影响。这个责任论的基本意思是人之所以犯罪是自由意志选择的结果。有些学者认为,对过失犯罪来讲,道义责任论不大好解释,所以后面有学者修正了道义责任论,我们把它称为"修正的道义责任论"。其弥补了旧的道义责任论的缺陷,认为从责任的根据看,人是由素质和环境决定的,但是又具有相对的意志自由。社会责任论,又称为"性格责任论",认为责任可以解释为对于有社会危险性的人,由社会科处作为社会防卫手段的刑罚。其认为犯罪人是由素质和环境决定的,刑事责任的根据不在于人有没有自由的意思,而在于防卫社会,而在于行为人对社会危险的性格。也就是说,所谓的社会危险性。责任的大小由犯人将来反复犯罪的危险性的大小来决定。大家一听就知道,这是所谓的新派即刑事人类学派和刑事实证学派的观点。法的责任论认为,刑法上的责任是采用刑法的手段根据法的立场的非难可能性,非难的对象是违法行为对法律的侵害和危险。该理论承认行为人有选择行为的自由,因其可能选择适法的行为,但是却偏偏选择了违法的行为,所以有非难的根据。实际上,它和道义责任论是相通的。我们所称的新古典主义选择的理论和改造的理论是对道义责任论的一种改造。规范责任论认为,责任的要素有三个。规范责任论在目前的影响逐渐增大,特别是以日本刑法为研究重点的几个院校,比如北大、清华、吉大、山大、武大等高校的学者,其研究的成果大多数是主张规范责任论。我个人也倾向于采用规范责任论,因为规范责任论能够比较合理、比较妥当地解释一些问题。它把责任的要素分为三个:责任能力、故意或者过失、期待可能性。责任能力是责任的前提,有期待可能性或者非难可能性,再结合心理的事实,也就是故意或者过失,方可成立责任。特别是我们研究过失犯罪时,如果我们能够加上非难可能性的考虑,加上期待可能性的考虑,至少追究责任的范围不会像现在这样大,追究的过程也不会像现在这么随意。过失犯罪,包括过失的事故,包括对破坏或者污染环境犯罪的选择性和随意性非常强。有些案件中,只要你在这个官位上,哪怕你在这个官位上实际上不管某个企业的事情,这个企业发生了污染环境的行为,也就把你的责任弄进来了。这说明,我们在责任的理论方面实际上还是存在缺陷的。

给大家介绍一下,最近几年有学者主张,在环境犯罪中也引入严格责任。但是,到目前为止,学者们对严格责任的认识并不十分严格。美国学者在严格责任的认识上,有两种观点,一种是绝对的严格责任,一种是相对的严格责任。

绝对的严格责任是指在定罪、量刑的时候不考虑有没有过错，无须考虑。相对的严格责任推定有过错，除非能拿出相反的证据，否则，这个推定成立。允许做自我辩护，允许举证抗辩，相应地，举证责任不是在控方，而是在被告人一方。这是相对的严格责任。我自己指导的博士生在这方面都是采用相对的严格责任，可能能够比较妥当地解决一些现实生活中逐渐增加的新的破坏或者污染环境、环境资源的问题。

第三，污染与破坏行为。直接从法条入手。新修改的《环境保护法》第63条规定，企业事业单位和其他生产经营者有下列行为之一，尚不构成犯罪的，除依照有关法律法规规定予以处罚外，由县级以上人民政府环境保护主管部门或者其他有关部门将案件移送公安机关，对其直接负责的主管人员和其他直接责任人员处10日以上15日以下拘留；情节较轻的，处5日以上10日以下拘留。其中有四个方面：其一，建设项目未依法进行环境评价，被责令停止建设、拒不执行的，简称"违反环评的"；其二，违反法律规定，未取得排污许可证排放污染物，被责令停止排污、拒不执行的，简称"违规排放的"；其三，通过暗管、渗井、渗坑、灌注或者篡改、伪造监测数据，或者不正常运行防治污染设施等逃避监管的方式违法排放污染物的，简称"违法排放的"；其四，生产、使用国家明令禁止生产、使用的农药，被责令改正，拒不改正的。这个法条隐含了几层意思：首先，在《环境保护法》规定的只有上述四种污染或者破坏环境的行为，才可能构成犯罪，而且后四种都是污染型的犯罪。显然，外延比刑法的规定大大收缩了，《刑法》规定的破坏环境犯罪的外延在《环境保护法》中收得更小。其次，只有企业事业单位和其他生产经营者才可能成为环境犯罪的责任主体，这就带来下述问题：其一，政府法人不能成为破坏环境犯罪的责任主体吗？其二，其他行为，比如外来物种入侵，能否成为非难对象？我不知道各位对外来物种入侵有没有了解。对于外来物种入侵，我讲一讲国内外的例子。国外的例子，如果到过澳大利亚的就知道，澳大利亚有兔子，本地人不会吃兔子，澳大利亚世世代代的人都不吃兔子。据说，澳大利亚岛上还有一亿多只兔子。在本世纪初，兔子最多高达到20亿只。在1759年的时候，有个英国人从英国移民到澳洲，携带了几只野兔和家兔，放养了这几只兔子，因为这些兔子在澳洲没有天敌，迅速繁殖开来。兔子吃草的同时还要打洞（从嫩草根部），导致澳大利亚很多草场出问题了。浙江一带的同学可能在灌木丛见过一种黄色的花，这种黄花不是中国的,这是从境外引种进来的。引进以后,在江浙一带大量泛滥,关键在于有这种植物生长的地方就排除其他植物的生长,其他植物就不可能成活。另外一个例子是西南地区的紫茎泽兰,我们称为"飞机草",春天的时候开白花,公路沿线非常多。紫茎泽兰生长的地方,其他植物就不可能成活。它被称为"植物的绞杀机"。这个紫茎泽兰是怎么进来的?当年"二战"的时候,盟军的运输车辆无意间带进来的。为什么公路沿线生长的最多呢?美军的车辆从公路沿线经过,汽车颠簸,种子掉下来,就开始无限制地蔓延。这个东西神奇到什么地步呢?野火烧不尽,春风吹又生。点一把火把它烧死了,第二年下一场春雨,它马上疯长。现在已经有治理的途径了,用来加工隔热板、加工建材。另外,就是很多姑娘很喜欢吃的小龙虾,都是外来物种。它的危害在什么地方呢?小龙虾自然繁殖的地方,水稻必然减产。

第四,讲一下政府法人危害环境行为的刑事责任问题。在改革开放之前,政府和民众往往喜欢把江河作为运载、消化垃圾的工具,这不是从新中国成立开始的,从古到今,中国人和印度人都一样没有把江河湖海当回事。印度人的江河湖海不光是用来运送垃圾,还用来消化尸体。比如说,在恒河流域,人死后是水葬。把尸体清洗之后放到河里就漂走了。印度人脏到什么程度?尸体就在旁边,他们就能捧起水来喝。中国人没到这一步,但是中国人什么东西都往河里扔,河道就成了垃圾的运输通道。当年,由于工业体系没有达到今天的规模,所以问题不突出。因为河水有自我净化能力。改革开放之后,乡镇企业异军突起,在城镇各种合作企业、合资企业、私营企业如雨后春笋般生长;在海边、湖边各种养殖业迅猛发展,江河湖海迅速变成垃圾厂、废水池、臭水沟,其背后常常有当地政府的决策作为支撑。1988年。中央政府为了解决山区贫困农民经济收入问题,抛开《宪法》第9条的规定,决定个人、集体一起上。《宪法》第9条规定矿产资源属于国有,也就是全民所有。既然是国有,那所有权属于国家。这个风波是从云南开始的:当时,有位领导人去云南考察,发现云南的资源,特别是矿产资源全国第一,觉得是不是当地人民守着金山不会致富?那老百姓一起上吧。结果,他还没回到北京,云南省委省政府就决定干脆国家、集体和个人一起上,赶紧开矿;省外一些地方也纷纷这样做,逼得中央不得不发文同意这样做。《宪法》第9条实际上就这样被废掉了。采矿者仅仅交一点资源占用费和税费就可以把属于全民所有的矿产资源变成属于企业、个人所有的矿产,导致私挖、滥铲盛行，山河破碎、植被被毁、泥石流爆发。大型矿区无法进行规模化的开采，生态环境受到严重的破坏。

讲到这个问题呢，我顺带讲一个问题。不管你们是学刑法还是学民法，很值得研究的一个问题——矿产资源法的一个缺陷。到现在为止，矿产资源法还没有解决一个问题：资源是如何变成矿产品的？资源的所有权是如何变为企业个人对产品的所有权？

临近20世纪90年代，随着城市的急剧扩张、工业的迅速发展，带来电力消费的窘迫。因此，决策者就把目光转向大江大河。以三峡水电站为代表的一大批水电开发项目纷纷上马。水电开发所在的山头急剧裸露，以地震为主的地质灾害正好进入频发区。除了地震，山体滑坡、泥石流频频光顾城镇、山村，也引发了较为激烈的争论。这些超大型的水电项目是否会引发地质灾害？或者说，是不是引发地质灾害的原因？要给大家介绍一下，大型的水电项目以美国为代表。20世纪50年代之前，美国基本完成了大型的水电项目的建设。也就是说，"二战"之前，美国基本完成了大型的水电项目的建设。"二战"之后，增加了一小部分。现在美国是炸坝，把原来的一些高坝炸掉。为什么呢？美国发现建了这些大坝以后，虽然局部的生态环境可能有所改观，比如，原来这个地方是不毛之地，绿色很少，现在经水库涵养形成了一个小气候，原来没有树木的地方竟然长出了树木。但是，从大的方面来讲，对河流经过的沿线的生态环境的改变基本上是副作用的，特别是一些需要回游产卵的水生动物大量减少，甚至绝迹。所以，现在采取的措施是通过发展新型能源来发展电力，把原来的大坝炸掉。我们国家走的路子正好相反，我们现在还在大规模地搞大型水电站建设。

三峡大坝的修建备受世人的关注，也饱受争议。大致的过程给大家介绍一下。这个项目是1992年全国人大批准，但是在人大批准的时候，我国已经有了环境影响评价制度，偏偏这个项目没有经过环评，人大就通过了。经过19年的艰苦建设，于2002年初步建成，2003年7月正式并网发电。到目前为止，经过十几年的运行，据观察表明，当年坚决反对该项目上马的黄万里院士所预料的后果，比如说上海地区的海水倒灌、上中游泥沙淤塞、断流引起湖泊萎缩、珍稀动植物种群减少、引发地质灾害等，一一应验。从三峡大坝建好到现在，江湖关系快速调整，并导致湖泊的生态环境剧烈变化，湖泊与长江的联系被大坝隔断，由此湖泊与长江失去了天然的水利联系，湖泊的换水周期延长，湖泊对污染物的净化、水体的自净能力下降，因此，加重湖泊水体的水质恶化和富营养化的趋势，成为蓝藻等频发的重要因素。洞庭湖和鄱阳湖作为长江中游仅存的两个通江的湖泊，就受到三峡工程的巨大影响。三峡水电站运行十几年来，这两个超大的湖泊已经两次见底。有专家指出，以下危害尤为明显：长江珍惜动植物濒危灭绝，库区水污染加重，坝下冲刷对坝下河岸构成威胁，河口地带土地减少，海岸冲刷，海水倒灌，渔场受损，陆生生态在库区成为难以解决的问题，地质灾害发生，新老滑坡变形、坍塌，发生新老滑坡坍塌200余处，岸边塌方百余处，不稳定库岸30多千米，涌浪开始出现，库区22个县区地质灾害隐患点9324处，修建前为5521处，差不多翻了一倍。2003年蓄水后，新增3812处。当然，作为正面的报告，三峡集团的报告也指出了三峡大坝对环境的正面影响，比如，每年可替代原煤5000万吨，水力发电后减少了火力发电，由此可每年减少向空气中排放二氧化碳1万吨、二氧化硫200万吨、一氧化硫1万吨、氮氧化物37万吨、这是三峡集团自己的报告。

  我思考的问题是：假如三峡大坝引发强烈的地震或者大面积滑坡或者沙石淤塞导致溃坝或者是淹没城市，这不是耸人听闻的说法，如果你们看一些水力学家的报告，这个后果现在已经出现了。长江和黄河不一样。比如三门峡水电站一建起来就是个废坝，不仅是个废坝，而且还把关中平原给淹没了，导致关中平原大片的粮田盐碱化。三门峡是个废坝，主要原因是泥沙淤积。长江不同，长江是沙石淤积，石头是排不出去的。现在三峡面临的就是这个问题，石头越来越多。你们虽然生在重庆，但是也可能不知道这里的变化。我们外面的反而关注这些。假如三峡水电站跟三门峡水电站一样，不仅成为废坝，还造成土壤退化、泥沙覆盖、水患频发，此类工程是否可以认为是对生态环境的巨大破坏？如果答案是肯定的，有关主要的决策者在一片反对声中为了所谓的"发展"而拒绝接受专家建议，甚至置常识于不顾的情况下做出的决策行为，是否具有追究其刑事责任的空间？如何追究其刑事责任？如果答案是否定的，如何防止此类悲剧重演？建三峡水电站不是没有经验，在这之前的三门峡水电站已经是个很好的例子。当年三门峡水电站最初的设想就是建175米，美国的专家来中国考察之后全体反对，说那个地方不能建水电站；以清华大学为代表的中国专家都参加了考察，张光斗两次都犯同样的错误，从政治立场出发考虑。当时，毛主席决策，不能建175米，那样的话会淹没关中平原，建140米左右。苏联专家全体赞同项目上马，美国专家全体反对，中国专家一半反对一半支持，最后决定项目上马。但是，项目上马之后的第一年就发现有问题，3年之后，毛主席说不行就把它炸掉，后来专家说炸坝比建坝更难，花的钱更多。毛主席说，那你们想办法解决一下这个问题。所以，后面采取了很多的措施，把泥沙排放的问题解决了一部分，但是关中平原盐碱化的问题到现在一直都无法解决。到后来，三峡水电站建设的时候，几十个专家反对，但是政府不管反对声，这些专家自费出版了一本书，基本是反对三峡上马。

假如这一类的大坝成为灾害引发巨大的事故、后果，该不该问责？如果不该问责，如何防止此类结果的发生？我的结论是如果不问责的话，这种行为将无休止地循环往复，因此，必须问责。但是，我有一个观点：对国家机关来讲，政府法人不能承担刑事责任。为什么呢？首先，机关法人成立的理论，按照洛克的理论，政府是我们让渡权力成立的机构，用来增大保护弱者的实力，解决个人、群体无法解决的困难，如果给这个机构戴上一顶罪犯的帽子的话，公民在情感上可否接受？比如，某政府某部门被贴上犯罪的标签，你是否还愿意去该部门办事？人民政府戴上一顶罪犯的帽子，你还相不相信这个政府？这是第一个问题——情感接受和法律信仰的问题。第二个问题，财政运转的钱来自于老百姓，如果处罚机关法人，那责任实际上是转移到纳税人身上了，处罚的是机关，出钱的是老百姓。所以，我不主张让政府法人承担责任。我主张的是对政府法人的主要决策者追究刑事责任。我主张这个观点的时候，有人还问过我：如果是集体决策呢？中国人邪恶的智慧也就体现在这个地方。中国人的脑袋非常好用，比如，规避责任的时候，采用集体表决的方式，以后追究责任的时候，也推卸到集体的责任，而集体的责任就意味着谁都没有责任，就像全民所有的财产一样，你、我、大家都有，但实际上谁也没有。我的观点是只要你是主要决策者，"一窝端"。什么是主要决策者？实际上参加决策的人。比如，人民代表大会中很多人大代表不具有决策的能力，那就属于非主要决策者。当然，在我的研究中，我特别声明，在我们的政治背景下，我不研究党委决策问题，只研究政府决策问题。我们的制度设计非常巧妙，党委做的决定让政府去实施的时候，都是建议政府，只是建议，听与不听是政府的事情。也提醒同学们在以后研究的时候，仅仅研究政府的行为，到此为止。谁来承担呢？就是主要决策者来承担,这样可以促使一些主要决策者在决策时发表言论,可以提出保留意见,以后查会议记录和会议纪要,能证明自己提了反对意见,如果以后引发严重后果,自己没有责任;积极促成决策结果的,由这些人承担责任。

这是我的基本观点。讲得对与不对,大家可以自由发表意见。

**梅传强:** 曾老师用了一个小时的时间将主要观点进行了介绍。接下来还是按照讲座的流程,先是嘉宾简单评议一下,然后同学们有什么观点可以自由交流。

**袁林:** 首先,很高兴听曾老师讲环境犯罪方面的问题。说实话,我们学校在这方面的研究是空白,没有人研究,这确实是现在很重要的问题之一。我是重庆市环保局的首席法律顾问,他们委托我做一个课题"污染环境犯罪中的证据问题、实体问题",重庆公检法三家想出台一个规范性文件,就是推动环境犯罪追责。因为现在环境污染、破坏环境资源这方面的犯罪很突出,但是,追究责任却很少。为此,我在重庆进行了一些调研。重庆只有十几件污染、破坏环境资源的犯罪案件。这是急需要进行研究的。曾老师的一个观点我特别赞同:追究决策者的责任。依法治国的大纲有个很重要的前提是决策要依法,还要进行风险性和科学性的评估。我们现在还没有把这个纳入进来,这个环境污染风险的评估和科学评测的问题,我觉得曾老师这个观点值得学习,我想在座的同学们也应该跟着曾老师高声呼喊一下。

另外,这个政府责任,现在基本上不谈,企业责任也很少。浙江那边追究环境犯罪的案件多一些。经我们调查发现,企业污染往往只对垃圾的处理、污染排放的具体处理以及个体户追究了责任。所以,现在很重要的问题是:哪些责任应该归责于企业?这是实践中很严重的问题。企业是污染大户,也是纳税大户,对当地的经济发展有着重要作用,如果是真的要处罚,就拉几个较小的来处罚一下。污染该怎么治理?该怎么追责?这也是责任主体的问题。在重庆,前年开人代会的时候,我提出了重庆有好几个水库污染,当时重庆市环保局的局长说要打老虎,结果到后来连只老鼠都没打到。我觉得关注这一块确实很有意义。曾老师研究的角度也很好。我就谈这些。

**王利荣:** 前一段时间,我有个毕业的博士生在四川省高院,他们也想做一个指导意见,就有一点涉及污染环境罪,就谈到了《刑法修正案(八)》对这一条的修改。原来是结果犯,修正案八修改以后改为情节犯,同时还加了一档法定刑。他就问我如果做这个量刑指南,第一档情节该怎么认定?我说,按照我的理解，情节严重还是客观的。目前造成的实害程度还没有达到非常严重的程度。这个可以参考放火罪。放火罪没有造成严重后果的是3—10年。你可以参考这个罪的程度来设置，这个主要是实施量刑。

不过，我觉得这个罪的修改有一定道理，但是中国的立法修改往往在很大层面上确实是应景式的选择。刚才，曾老师主要是从三峡大坝造成的环境资源污染和破坏这个角度来讨论的，讨论这样大的决策问题往往可以找到决策者本身，这个追责只是理论上的追责，事实上是追不了的。这是一个方面，因为理论上我们可以讨论，这在将来也可能是这样的。但另一个方面引起我思考的是，对于重大环境污染事故本身的加重程度来说，它可能不是真正的一个原因。我觉得最难办的恰恰是日积月累。因为我的侄女就在环保局，我问她，江河的污染主要是什么造成的呢？她说，主要有两个原因：一个原因是长期使用化肥。化肥是长期使用的，大家都在使用，去追究谁的责任？有时候，用刑法解决问题是解决不了的。另外一个原因是生活污水没有办法处理。在合川这个地方，有一条小江，已经完全污染了。这条小江附近也没有大的工厂，那是从哪里来的污染源？她说就是生活污水。城市和农村大量的集中，生活污水没办法处理，养鸡、养猪都是很大的污染源。现在工业污染恰恰是个小数，还恰恰是能够控制住的，我们真正难以控制住的是这样一些持续性的、长期性的污染源。这个可能是我们现在最大的问题。

当然，讨论这个问题肯定有它的示范性。但大家都在排放生活污水、都在犯罪。有的时候，这个问题真的是解决不了。我充满了困惑，但是我也没有什么好办法。

**袁林**：王老师所说的跟曾老师的角度不一样。王老师所说的有几种情形。就像吃药，长期吃多了，身体积累了毒素，那是一回事。其实污水处理也存在政府不作为的问题，比如，该建污水处理厂，但是不建；有些地方建了污水处理厂，不用；如果追责的话，每一届的市长都要被追责，等于历来的领导全部都要追责。因为环境污染不是一天两天造成的，这个真的是个问题。

**梅传强**：同学们有没有什么问题需要跟曾老师交流的？

**提问一**：刚才王老师说证明很困难。其实，污染的发生、因果关系的出现并不是一个行为实施后就马上显现，而是需要经过长期的时间和过程，另外还会出现多因一果，中间还掺杂了很多介入因素，还有就是责任主体范围不明确。

就像这两年的雾霾现象,在冬天每家每户都在烧煤、每辆汽车都在烧油,都在污染空气,假如中国发生了像80年代英国发生的雾霾事件,这种情况怎么追责?比如,像因为三峡大坝引发了大地震,我们怎么去追责?这个追责是很难的。首先,在刑法上,你需要证明因果关系存在。一种是疫学因果关系,这个在小范围的事故中能讲,那大的事故能不能讲?如果全部按照严格责任处罚,是不是处罚太大了、更不好操作?很多刑法条文都只是宣示性的,实际处罚不了、操作不下去,这样的话,刑法可能会失灵。我觉得这些是不是靠行政决策、行政法层面去考虑怎么去预防,这个可能意义更大一点。这是我不成熟的看法,还希望曾老师指教。

**曾粤兴**:你提的这个问题很好。我们之所以是用刑法来制裁这方面的行为,是因为现在的行政管制是失灵的。不仅在中国是失灵的,在日本也曾经失灵过,所以在70年代才设立公害犯罪。现在我们解决因果关系的理论除了疫学因果关系之外,还有修正的条件说。疫学因果关系理论主要是解决什么问题呢?已经引起环境污染地的居民身体发生病害的情况下,才能够适用疫学因果关系说。如果没有导致身体发生病变,无法用这个学说,我们用修正的条件说。修正的条件说,我举个例子,你们就懂了。比如,张三的父母把张三生下来,张三经过学校的教育,但是学校教育没有成功,离开了校园后在外面经常惹是生非,杀人了。按照过去的条件说,他妈不生他,他就不会走上犯罪的道路,他妈有责任;学校如果把他教育成功了,他也不至于流落社会走上犯罪的道路,学校也有责任;他身边有一些不良的人对他诱导,没有这些人,他也不会走上犯罪的道路,他身边的这些人也要承担责任。他本人当然也要承担责任。这个理论在德国司法实践中用了很长时间,大家发现这个理论不合理,这样无限推导下去就有问题。这就产生了修正的条件说,修正到什么程度?最密切联系。如果用一些科学的数据来讲,它可以解决问题,但是有些问题还是无法解决的。实际上还是一个经验的判断。法律是一个应用学科,有很多不科学的地方或者不大精确的地方就在于很多的判断都是来自主观的判断。比如,这个行为有没有社会危害性?尽管我们讲社会危害性是一种客观存在,但实际上是我们的主观认识、一种主观判断。第一个问题,判断会出现差距;第二个问题,有个典型的案例:阳宗海污染案件,这是最高人民法院判例中的一个案件。阳宗海是昆明一个风景很优美的地方,它是一个人工水库,但是由于长期没有排水的功能,实际上就已经变成了一个湖泊。湖泊周边搞了一个度假旅游地，建了很多别墅。同时，这个湖泊周边有十几家化工厂，还有一家火力发电厂。火力发电厂需要排放废水，但是火力发电厂排放的废水不含砷，有七八家化工厂都在排放砷（也就是常说的砒霜的主要成分），附近的居民发现原来甘甜的水怎么变苦了？马上向政府报告，政府赶紧派人检测，砷污染超标几百倍。按照政府的检测报告推算，相当于是12辆卡车拉的砷倒入了阳宗海。又加上附近接二连三的发生地震，地震发生的地方离阳宗海最近的地方是500千米。最后，政府调查发现，锦业公司是排砷的大户，因此，就把该公司的法定代表人拿下，追究刑事责任。检察官在公诉时，沿用陈旧的因果关系理论（也就是现在本科教材用的那套理论，是国外70年代以前的理论，实际上已经是老掉牙的理论），用那套理论去支持公诉，庭就开不下去。公诉人表述的是"锦业公司造成了阳宗海的砷污染"，辩护人就提出了：相当于12辆卡车的容量的砷造成的污染，该企业现在排放的砷也不到一卡车的量，不是该企业造成了这么大的污染。辩护律师提出是地震引发的。当时，大家都觉得是个笑话。当天的庭就开不下去了，当时是公开审判，下面坐了很多人，300多人的法庭都坐满了人。检察院给我打电话（我是检察院的专家咨询委员），问我怎么表述这个因果关系？我说，你们赶紧修正一下，不能说是他们造成的，顶多说是锦业公司参与造成的。湖底的砷急剧变化，是若干因素、若干企业共同造成的，也就是哲学上的多因一果，你不能说是一家公司造成的，充其量是参与了这个行为，参与造成了污染。后来，这个案子顺利审下去了，老总也被判了刑。我给他们提供的是密切关系说，也就是修正的条件说。你是排污大户，其他的企业排放的砷明显没有该企业排放的高，我不追究你，追究谁？你的排污行为与湖底的污染结果有最紧密的关系，同时该厂的位置也是离砷污染浓度最高的最近的那个地方，以这个理由判的。

举一反三，我们来解决所谓的大气污染的问题，就有这个问题了。比如雾霾，上万家企业造成的，你追究哪一家？你只能追究排放以碳为主的严重的超标的企业，也就是那些所谓的排放大户。现在北京处理这样问题已经容易多了，因为那些大户已经被迁移出去了，如首钢。

**袁林**：根据环保局的调查，现在的生活污水特别严重。像重庆这样大一点的城市还好一点，至少还有一些污水处理设施，但是小村镇的规模性的养猪带来了多大的污染,尤其是粪便的污染。

**曾粤兴**:过去,老百姓还能使用猪粪,但是现在的话根本不用。现在的养殖企业要处理粪便,都是交钱让人家来处理。过去,还等着卖钱,但是现在是要交钱。在云南周边的二类保护区以内,养殖场全部已经搬走了。

**提问二**:刚才您讲到政府法人不宜追究刑事责任,我个人觉得政府法人还是要细分一下。因为政府法人有决策机构、审批机构、执行机构、监督机构。

**曾粤兴**:这个在我文章里有,鉴于今天的时间关系,就简单说了一下主要决策者。

**提问三**:环境问题是近些年来提出的大的问题。我就是想问一下。环境问题是在这种特殊的政治制度之下决策者造成的还是在特殊的经济发展阶段造成的?还是由其他多种因素共同造成的?环境问题的出路究竟在哪里?

**曾粤兴**:都有。我刚才讲的有一些因素,比如我特别举了三门峡水电站和三峡水电站,这是政府决策造成的。里面铺垫了一些,就是经济发展伴随着其他因素。

**提问四**:如果经济发展方式不转变,是不是这种环境污染一直会进行下去,没有出路了?

**曾粤兴**:应该不是。其实,政府已经高度意识到这个问题了,有些地方下的力度很大,在座的各位都可能是受益者。当年,我们在这里读书的时候,享受不到这样的空气。我们一离开沙坪坝闻的都是很难闻的气味,你们不知道,当年我是被安排留校的。我为什么跑了,其中一个因素就是我一上街就呕吐,闻着那股工业气味非常难受。

**梅传强**:我们老校区挨着化工厂、铁钢厂。

**曾粤兴**:那些污染大户都已经关停,政府采取了很多措施,像北京的首钢就已经迁出去了。

**提问五**:但迁出去还是会继续污染其他地方。

**曾粤兴**:不仅是迁出去,还进行了技术改造。

**袁林**:现在治理污染是花了很大成本的,重钢花了30多个亿在治污。现在排放的基本上能达标。

**曾粤兴**:这些企业不是简单地进行搬迁,还要进行技术改造。技术改造后,污染的强度就减弱,同时大气、土壤都有天然的自净能力,在它自净能力范围之内不会造成什么污染；超过它的自净能力之后，超过环境的承载能力，才会造成污染。

**提问六**：刚才王老师提到生活垃圾污染的问题，不知曾老师有什么看法？

**曾粤兴**：那是道德、民事法律、行政法律调整的领域。我讲的观点也不是造成了什么环境污染和破坏都要追究政府法人、企业的责任，我不是这个意思。我选的都是有代表性的例子，实际上是在暗示什么呢？对于严重造成环境破坏和污染的行为，如果严重的行为都不处理，不严重的那些或者是比较严重的那些更是刹不住。处理环境犯罪，实际上各个国家都不可能发现一家、处理一家，都只可能是枪打出头鸟，逐步治理好。比如，德国鲁尔工业区，原来是德国污染最严重的地区，它也不是通过刑法的手段治理，而是通过环保的手段来治理。而且一开始它的治理是不成功的，治理没有到科学的层面上。我们的河岸大多是进行硬化处理的，水泥、石头、钢筋，其实这是很愚蠢的做法，这样彻底消除了河道的自净能力。所以，搞环境保护和环境法学研究的人都知道，我们有一句行话"流经中国城市的任何一条河流都会污染"，主要是水流动滞缓，第一个特征出来了——水草、蓝藻出现；第二个特征——发酸、发臭。水中的小鱼小虾也就翻着肚皮了。德国鲁尔工业区一开始就是采用这种方式，最后推倒重来，它把硬化河道的部分建在道路的中间，再堆土，河道下面不进行硬化处理。两岸做硬化处理，但是两岸还要堆土，下面也不进行硬化处理，这样，三面都可以进行自然的净化。德国鲁尔工业区现在变成风景旅游点，它是用环境科学技术来恢复，而不是通过简单地追究刑事责任。为什么呢？德国鲁尔工业区是德国工业的支柱，为德国的发展作出了巨大贡献，同时也不存在政府的盲目决策，只是说因为人的认识能力不到位，等认识到对环境有污染的时候，就采取了关、停、并、转的方式。

我讲的我们要追究责任的情形是，专家已经告诉了你这样做会有严重的后果，你不听，甚至连环评都不搞，就决策上马，最后造成严重后果，这就该问责了。

**梅传强**：从今天讲座的内容来看，曾老师知识渊博、语言幽默，而且观点也很独到，大家听了以后应该是非常有启发和收获的。最后，让我们再一次用掌声对曾老师的精彩讲座表示感谢。

# 09

# 虚假诉讼司法应对机制的构建与完善

**主讲人：陈 斯**（东莞市第一人民法院院长、教授、法学博士）
**主持人：唐 力**（西南政法大学法学院院长、教授、博士生导师）
**嘉　宾：马登科**（西南政法大学法学院民事诉讼法教研室主任、教授、博士生导师）
　　　　**包冰锋**（西南政法大学法学院副教授、硕士生导师）
　　　　**毋爱斌**（西南政法大学法学院副教授、硕士生导师）
**时　间：** 2016 年 12 月 24 日
**地　点：** 西南政法大学敬业楼 3031 会议室

**唐力：** 欢迎参加法律实务大讲堂，今天我们非常荣幸地邀请到了广东东莞市第一人民法院陈斯院长。陈院长是东莞市第一人民法院党组书记、院长、高级法官，法学博士，东莞市法官协会的副会长、东莞市社科联副主席，中山大学、厦门大学、西南政法大学兼职教授，暨南大学法学院、西南政法大学硕士生导师。自 1990 年开始，在公开刊物上发表文章一百余篇，其中学术论文二十余篇，并合著有《平衡法要义》《中国区际民事司法协助研究》等专著。参加今晚讲座的点评嘉宾分别是法学院民事诉讼法教研室主任马登科教授，民事诉讼法教研室副主任包冰锋副教授，司法制度教研室毋爱斌副教授。今晚与会的还有来自中钦律师事务所的各位领导及律师，西南政法大学本科生、研究生以及博士生，欢迎你们！

今天陈院长讲座的题目是"虚假诉讼的成因与应对"。在司法实践中，虚假诉讼现象普遍存在，在 2012 年修改民事诉讼法时，立法者对于虚假诉讼进行了法律规制。但从学术研究和实务的角度，对于虚假诉讼这一现象的研究都有相当难度。从本专业选择此研究方向的硕士生的研究成果看，也不尽如人意。根据我个人所从事的仲裁实践，也感觉到部分案件具有迷惑性，对于其是否属于虚假的仲裁案件难以认定。我在仲裁工作中经办过一件疑似虚假仲裁的案件，经过自己的思考以及与东莞第一法院法官们的讨论，最终也未得出确切结论。这种案件在我国诉讼实践中更为普遍，尤其近几年这类案件数量呈上升趋势。对于这类问题，我们都比较迷惑。所以今天陈院长从实务的角度、法官的角度同时也是以学者的角度对虚假诉讼的成因以及应对方式做一场专题讲座。

**陈斯：** 感谢各位老师同学，很高兴能与大家一同讨论分享，今天的选题为"虚假诉讼司法应对机制的构建与完善"。本次选题的原因在于：近年来虚假诉讼的现象越发普遍，尤其在东莞等地。与其他地区一样，东莞近几年经济下行压力很大，这导致了诉讼量的增加，同时一些人妄图通过虚假诉讼的方式来实现非法利益。如何甄别应对这一现象，目前实践中还未有较好对策，本院于是以此为方向进行了调研，但实践还需与理论相结合，因此欲与民事诉讼法专业的老师及同学一同研讨分享，以深化我院对于虚假诉讼的认识，以更好地指导实践。

今晚的讲座是以案例的形式来展开，这样大家的认识会深刻一点。首先从一个比较容易甄别的劳务合同纠纷开始。该案原告系企业职工，起诉甲企业要求其支付工资、补偿金等共计 4.8 万元，公司积极应诉并同意了原告的全部诉请。这种情况在诉讼实践中是比较少见的，有经验的法官都会怀疑案件的真实性。承办法官经调查发现，原告工作的公司 2013 年就已经停业，但为什么停业后这么长时间还在为公司工作？按正常的经验看，若公司不能发工资给劳动者了，劳动者正常情况下是不可能继续为其工作的。本案原告其实是保安，除了他还有 60 多个劳动者也提起仲裁或诉讼，要求这个追讨被告公司的欠薪。后经开庭审理，法院认为本案应该是原告与被告还有一个关联公司恶意串通，目的是参与分配被告的财产。本院于是驳回了原告的诉讼请求，其后面还有六十几个劳动者关注着这个案件结果，若本院判原告胜诉，其余人会依据这一前例来起诉，当本院判决驳回原告请求后，他们都未再来起诉。这个案件在虚假诉讼中是比较容易甄别的，因为事实比较清晰，被告刚好有待执行的财产由债权人参与分配，这类事实都是在甄别虚假诉讼中很重要的因素。

刚才的案例是让大家对虚假诉讼有个大概的认识。需要说明的是，虚假诉讼不是专业的法律用语，之前并没有这种说法，最早是2007年郑州中院在开会时提到了虚假诉讼这一概念，后由于实务中不断发现有这种情况存在，于是统一使用虚假诉讼这一概念。有学者对于虚假诉讼进行了归纳，将虚假诉讼定义为当事人恶意串通、虚构法律关系的恶意诉讼，在理论上涉及诉权问题。法院早年对于虚假诉讼问题并未引起足够的重视，近年来该问题日趋严重，于是国家在立法上开始对这一现象进行规制：2012年修订的《民事诉讼法》第112、113条专门对其进行规范；2015年通过的《刑法修正案（九）》也增设了虚假诉讼罪；2016年最高人民法院防范和制裁虚假诉讼的指导意见对于这一现象进行了专门的认定。

本院在实践中归纳了虚假诉讼的主要特点。首先，当事人双方之间通常为熟人关系，主要为亲戚朋友、关联企业、企业职工与企业主等。其次，虚假诉讼共同特点在于提供的证据在形式上是符合法定条件的，单从证据不能有效对其进行鉴别。再次，当事人间没有实质分歧，不会产生激烈的庭审对抗，在庭上经常互相认可。又次，该类案件当事人大多要求尽快结案，其中要求调解结案的居多。最后，在实质性的认定中，该类案件的诉讼标的往往与当事人自身的经济状况不符。如民间借贷类虚假诉讼，经常出现大额的借款，但这种借款通常与出借人本身的经济实力不相符，如果有雄厚经济实力的人通常不愿意冒着法律风险来提起虚假诉讼，愿意为之的通常是朋友、熟人、亲戚等。

虚假诉讼的成因较为复杂，首先，从社会学的角度来分析，这跟我们社会道德层面的整体滑坡有关。社会诚信危机让整个社会在经济关系中不讲诚信，在诉讼领域中同样存在这种问题。在这些人看来，通过虚假诉讼取得利益往往比通过做其他生意来的更快、更容易，这在一定程度上助长了虚假诉讼这一现象的滋生。前几年，在广东有部分山区法院出现了很多虚假诉讼案件，几乎所有案件都与深圳的房产买卖相关。在限购政策下，居民在深圳买房的限额为两套，为规避这一政策，部分房主通过虚构债务来以房抵债，凭借法院出具的调解书或判决完成房产过户。比如在梅州市平远县法院，一名庭长直接经手的深圳房产纠纷有126个，其中有120个案件都调解结案，而这126个案件几乎全是虚假诉讼，当事人意图通过以物抵债的方式多持一套房产。究其原因，深圳虽限制已有两套房的居民再购买房产，但对于司法上以物抵债方式是没有限制的，房产部门也不会拒绝过户。在全国范围内，北京、上海、深圳都有限购政策，也都存在通过虚假诉讼多持房产的问题，但深圳这种现象比较严重，因为深圳炒房团体数量较为庞大。这一问题逐渐引起最高人民法院的重视。该类诉讼甚至在广东一些山区法院形成了一种产业链，由法官直接参与，律师作为中介，一些二手房中介公司牵头，成批地制造这种虚假诉讼。在一个偶然的机会下，该现象被法院发现，这次事件逮捕的涉案法官、律师多达十几名，对于中国法院系统造成了恶劣的影响。其次，从法理分析说的角度看，上述事件发生的主要原因在于司法规制不完善。我国现在对如何应对虚假诉讼，如何规制虚假诉讼当事人没有一套完整的机制。最后，从成本与收益相匹配的角度出发，当事人制造虚假诉讼，可得利益很可观而成本较小，比如前例中提到的以调解结案完成房产过户的案件，时间和金钱相对较低。

现在简要介绍虚假诉讼在司法实践中的现状以及法院的对策。本院的调研虽只是围绕本院的工作所展开，但也会提到一些其他法院的类似情况，这可以在一定程度上反映全国其他法院的情况。现在虚假诉讼案件在全国都可能发生，即使重庆这类没有限购政策的城市也出现了很多虚假诉讼的情况。就本法院来说，从2011年至2016年，本院共审理接近27万件案件，但被认定为虚假诉讼的案件非常少，2011年到2015年，本院总共认定了23件虚假诉讼案件，涉案金额达1900多万元。但以上数据只是被确认为虚假诉讼的，实践中还有大量法官怀疑是虚假诉讼但最后因各种原因没能进行确认的。经调查发现，本法院超过七成的法官都接触过虚假诉讼案件，由此可知这类案件数量的庞大。

关于虚假诉讼的基本类型。占比最高的为民间借贷案件，主要因为民间借贷作假成本较低，伪造一份当事人认可的借条即可；劳动合同类虚假诉讼需要先跟劳动者串通好，造假成本相对较高，占比较小；房屋租赁类虚假诉讼也普遍存在，以广东顺德一房屋租赁案件为例，该案经法院查明系虚假诉讼，且标的额较大，造成影响较为恶劣，最高人民法院对此案开出了有史以来针对虚假诉讼最高额的罚单，当事人双方各罚款100万元；此外，离婚案件也是虚假诉讼的高发区，当事人的目的多为虚构债务逃避责任或者在离婚时多分家产；广东等地典型的虚假诉讼主要是为规避房产限购政策而提起的诉讼，以平远法院为例，这类案件主要针对深圳的房产限购政策，深圳日渐迫近北上广的房价水平也是当事人制造虚假诉讼的原因之一。除以上类型外，还有为转移财产，躲避破产清算、虚构债权，躲避执行等提起的虚假诉讼。

关于虚假诉讼的处理方式。实践中本院对于疑似虚假诉讼的案件处理方式通常为责令当事人撤诉，原因有二：一是此种方式风险较小，能减小法官纠查虚假诉讼案件的法律风险。二是此种方式解决问题效率高，能有效节省司法资源。本院法官识别和解决虚假诉讼案件的机制主要是审查。首先审查案件类型，重点审查对象为金额较大的民间借贷、以物抵债以及关联企业的合同纠纷等。其次审查关联当事人，调查其是否有濒临破产或大量欠债的情况，并查看其名下财产有无查封情况。此外，法官在审理案件时，非常重视当事人间对案件争议事实的抗辩情况，当事人一方对对方主张的事实全部自认，是虚假诉讼的重要特征，当事人意图通过无对抗的诉讼方式以加速庭审进程。就此类案件而言，对抗制的诉讼模式不能有效发挥作用，法院唯有采取职权主义的方式，由法官主动介入证据调查以查明事实。举一个真实的案例，此案被告对原告主张事实全部自认并同意对方所有诉请，承办法官对此案真实性产生怀疑但无法通过询问当事人得到解答，最终采取测谎的方式得以认定该案为虚假诉讼。此种方式成本较高，且主观性较强，在实践中不具有可操作性。实践中，对于个案是否为虚假诉讼，一般不由法官或合议庭独自把握，而是通过组织法官论坛的方式来共同探讨，比如民间借贷类虚假诉讼，通过法官论坛可以归纳出此类虚假诉讼的共同特征，以辅助法官在司法实践中对此类案件作出准确认定。

关于虚假诉讼的实践困境及成因分析。自2011年到2015年，本院经办案件量接近20万件，仅有23件被认定为虚假诉讼，这并非表明虚假诉讼案件本身数量少，而是由于虚假诉讼判定难度大，导致大量疑似虚假案件未被认定。造成上述现象的原因在于：

一方面，从证据的形式要件上审查，很难对虚假诉讼作出判断。在实践中，当事人制造虚假诉讼时都有律师参与，律师能根据法律要求有针对性地制造出一整套虚假证据，比如民间借贷类虚假诉讼，律师会准备借据、汇款单、其他凭证等一整套证据，以形成完整的证据链，法官仅从证据材料上无法对虚假诉讼进行审查判断。当事人在对证据造假时，甚至还会提供假的证人，比如民间借贷案件中收买第三人向法院作伪证，证明借款时第三人在场并对借款进行了见证。此类虚假诉讼的判定难度更加突出，在只审查书面证据的情况下，法官可以通过自由心证认定这种案件的虚假性，但若当事人还提供了证人证言，在无确凿证据的情况下，法官无法对其虚假性进行认定。此外，部分案件借款金额巨大，一旦认定失误会给当事人和法院造成严重后果，这导致法官在进行虚假性判定时会有较大心理压力。

另一方面，我国法院现行的案件处理机制是虚假诉讼认定困难的重要成因。法院处理案件严格遵守调解优先原则，甚至以调解结案率作为法官考核的标准，不可否认调解对纠纷化解提供了很大的助力，节省了司法资源，提高了司法效率，从整体节约了社会资源，但过分依赖调解，也为虚假诉讼打开了方便之门。根据统计，虚假诉讼的结案方式大多为调解结案。以东莞法院为例，该地区法院人少案多的矛盾突出，法官倾向于通过庭前调解、立案调解将程序简单化，这就间接助长了虚假诉讼的滋生。实际上，虚假诉讼案件经不起深入调查，法院调查越深入就越容易使此类案件露出马脚，但调查力度不足就会导致虚假诉讼的泛滥。以我院经办的一件虚假诉讼案件为例，法院受理案件后依法通知双方当事人前来进行庭前调解，双方十分配合法院工作，被告在调解中立即同意对方请求，法官随即出具调解书，后当事人以此申请强制执行。但在强制执行阶段出现第三人，并主张债权债务关系自始不存在，第三人遂向法院申请再审。再审时，本院对该案被告公司的印章进行了鉴定，查明公司印章系2010年刻制，借款的落款时间却为2009年。后根据该公司财务报表发现，该公司账户上并没有本次两百万元的借款，原告也不能说明借款的来由以及还款具体事项，本院遂认定该案系虚假诉讼。这一案件系我院成立以来唯一一件通过再审程序确认为虚假诉讼的案件。法院过于注重调解结案，以单纯的阅卷和简单的询问来审查认定虚假诉讼是不合理的。这就是调解思维与裁判思维的区别。若从追求公正，追求完美的诉讼结果的角度出发，裁判是最佳的方式，但从纠纷解决的角度出发，调解是最合适的方式，法官需在这两种方式中做出选择。我们期待法院立足于自身情况，更多地回归于庭审，而不是过分依赖调解。

关于庭审方式，职权主义与当事人主义在民事诉讼法学界和实践中已争论多年，我国法院处于从职权主义向当事人主义的过渡时期。承办案件数量多的法院，更为推崇当事人主义。在对抗制的庭审中，法官能通过双方当事人的辩论快速找出双方证据存在的瑕疵，不用花费过多精力去研究案情、甄别证据，有效减少了法官的工作量。但当事人主义诉讼模式无法对虚假诉讼进行有效应对，因为当事人不存在实质的争议，庭审也是双方预先安排好的，法官不能通过双方的辩论以辨析证据。相反，在职权主义诉讼模式下，法官主动介入证据调查，能增强纠查虚假诉讼的力度。有一起民间借贷类虚假诉讼案件，标的额接近1000万元，原被告主动到法院要求调解，调解过程中法官察觉该案疑似为虚假诉讼，遂对当事人进行调查询问，经过调解阶段的调查，法官决定开庭审理此案，并在庭审中确认该案为虚假诉讼。虚假诉讼都是设计好的谎言，为了使一个谎言合理，当事人需要编造更多的谎言，若法官能不断地追问，细致调查最终即能将其识破。比如在该案中，出借人仍持有部分已还借款的借条而并未将其交与借款人；出借人明知借款人未还清旧债，又出借500万元给对方，这都是不符合常理的。在此案审理过程中，承办法官没有过分遵循当事人主义的庭审模式，而是主动地行使职权，介入庭审并主导了庭审过程，经过细致地询问将虚假诉讼甄别出来。这就是当事人主义与职权主义的区别。二者各有优劣，就我个人而言我更推崇当事人主义，我认为应该赋予当事人更多的责任。但是在面对类似虚假诉讼的情况时，法官不能拘泥于一种诉讼模式，不管是当事人主义、职权主义都要根据案情的不同来选择。英美的当事人主义庭审方式，是基于高度法制化和社会对法制特别推崇，还需律师在其中发挥作用，但目前中国还不具备这种条件，甚至部分律师还全程参与制造虚假诉讼。不能说英美就没有这种现象，但在英美发生这种事情的可能性很小，律师不太愿意为了不法利益而虚构事实欺骗法院。

关于证据审查，我国立法并未对法官自由心证的规则作出明确规定，立法对法官经验法则的运用有明确规定，但心证的过程即如何推演，立法并未有明确要求。租赁合同类型的虚假诉讼也普遍存在，当事人通常利用买卖不破租赁这一规则来获取不正当利益。有一起案件，涉案房产已经被法院拍卖，但当事人想继续占有这个房屋，于是设计了房屋已被出租这一情节，且租户一次性交了20年的租金，这与租赁的通常情况不符。法官另经调查查明，租户在合同签订一年后即支付20年的租金，租金自当年1月开始计算，但房东到8月还未交付别墅，而承租人还愿意支付140多万元租金，此外，法官在调查中还发现涉案别墅早已被法院查封，这些情况明显与常理不符。后经法院调查查明，当事人双方系另外一个案件的共同被告，两人起诉的目的在于虚构债权债务以参与分配。除了租赁不符合常理外，法官还发现，该案被告从头至尾均未出庭。经过总结，我们发现，虚假诉讼由于本身事实为虚构的，当事人一般不愿出庭，大部分案件是律师出庭，因为律师不是直接当事人，编造谎言比较顺畅，且在部分案件中，虚假证据就是律师指导当事人伪造的，律师可以根据法律的规定来完整地陈述事实提交证据。通过以上案例可以看出法官心证的过程，近年来，大量毕业生进入法院系统工作，并在三五年的历练后成为法官，这些青年法官有朝气也有法律知识，但是缺乏一定的社会经验，在发现疑似虚假诉讼时不能作出准确判断。

我院针对归纳的情况提出部分建议，有同学对于这些建议提出了一些质疑，如立案前的审查。我承认立案前即审查出虚假诉讼较为困难，但在立案时作出预警是可以做到的。

我们归纳了五点，但是要在立案的时候做到初步预警，这对立案法官的经验提出了很高的要求。立案的法官要熟悉虚假诉讼出现的几种典型形式，特别是刚才谈到的几类诉讼。如果立案法官有足够的警惕，在立案之时就较为容易识别该案是否是虚假诉讼。我们可以做一些工作，例如推行诚信制度、虚假诉讼的风险提示制度。该项制度的功能在于标示各类案件属于虚假诉讼案件的可能性，一旦接手虚假诉讼可能性较高案件时的，经办法官会得到重点提示，经办法官会重点留意审理的过程，以识别确定的案件是否是虚假诉讼。我们计划专门开发一种系统来记录我们所经办过的虚假诉讼案件，主要目的在于将虚假诉讼中的各种信息在法官内部进行通报。这个想法起源于这样一个事实：我们发现有些人特别会作假，这些人在不同的案件中都是当事人，可以说是虚假诉讼的专业户。现在正是缺乏通报这样的机制，各个法院对于独自审理的少量虚假诉讼案件的特征无法准确归纳，就很难发现虚假诉讼的共同特征。但是一旦形成信息共享机制，虚假诉讼的特征就很清晰，进而识别虚假诉讼也更加容易。我们现在已经汇编了被认定为虚假诉讼的23个案件，准备发布。

同时，识别虚假诉讼的机制也是案外第三人的权利救济机制。识别虚假诉讼手段是也可以审查案外第三人的权利。从虚假诉讼的根源上来看，当事人虚构案件事实，提起虚假诉讼，主要是意图控制法院作出判决来损害案外第三人的权利，进而来达到其他非法目的。这是识别虚假诉讼的一条路径，但是相比第三人撤销之诉成本却更高。因此，我们比较推荐同时作为案外第三人权利救济机制的另一项制度——第三人撤销之诉。案外人可以直接启动该种程序。除此之外，启动再审，向检察院申请抗诉都较第三人撤销之诉麻烦，所以我们都建议案外人提起"第三人撤销之诉"以维护自身合法权益。

告知制度，即告知案外人虚假诉讼的判决结果的制度，是案外人启动再审的前提条件。这是我们调研的时候出现的想法。在现实中是否能够做到，我认为也不是很容易。法院主动通知案外的利害关系人虚假诉讼的判决结果的可能性不大。所以如何使告知制度有效运行，是值得琢磨的问题。台湾规定，法院通知第三人，第三人无正当理由拒不到庭的，即丧失提起三撤的权利。

关于建立虚假诉讼侵权损害赔偿制度。目前，我国现行侵权责任法没有将虚假诉讼侵权损害作为侵权的事由。法院即使确定了虚假诉讼，也没有人想到以该种事由提起侵权之诉来实现对自己权利的救济。

关于当事人的问责制度。从我们法院的情况来看，基本上没有对虚假诉讼当事人予以较为严厉的处罚，而主要原因是费时、费力。多数处罚是口头训诫，个别是轻量罚款。

这是一个虚假的租赁合同纠纷。根据我所了解，该案是新中国成立以来对虚假诉讼处罚最严厉的案件。合同约定一次性取得20年房屋租赁使用权，并且一次性给付20年租金。后来案外人某公司向法院反映合同是伪造的。法官分析认为，这个案件确有蹊跷。理由如下：按照社会一般经验，房屋（这是一家酒店）的装修费用都是由承租人自己承担，即经营方装修，通常没有由出租人装修房屋后交付承租人去经营的。换句话说，承租人一般不会负有在租赁房屋后再行给付出租人装修成本的义务。这样的合同签订方式与市场习惯不符。还有一个最为明显的原因，租赁合同的当事人的法定代表人是亲兄弟。由此推出本案的真实情况是：亲兄弟伪造了租赁合同关系，使一方取得房产20年的使用权，以对抗经过拍卖取得该房产的权利人。最后法院认定两家公司恶意串通，数额特别巨大，并对两家公司各罚款100万元。该数额已到达民诉法规定的罚金最高额度，也是新中国成立以来对于妨碍民事诉讼的行为罚款最多的一次。另一件是去年由最高人民法院第二巡回法庭法官胡云腾审理的案件，也被认定为虚假诉讼。最高人民法院公报公布了这个案件，即上海欧宝公司起诉辽宁特莱维公司（2015民二终字第324号），处理结果为当事人双方各罚款50万元。这是对诉讼当事人问责的问题。

对法官的问责，我已经举了几个例子，讲到在广东省的法院里曾经有多位法官参与虚假诉讼，但是据我所知，最后被判处刑罚的寥寥无几。上述法官大部分是被开除，还有部分接受的处罚仅仅是党纪处分、免职。我所说的那位调解结案一百多件的那位法官，因为虚假诉讼被判处有期徒刑 2 年 6 个月。具体来说，其本人是立案庭庭长，其经办案件基本通过调解方式解决。戏剧化地，该法官当年还荣获梅州市十佳调解能手称号。梅州市在广东属于欠发达地区，法院每年办理的案件并不多。在小数目的案件中，有一百多个案件是调解结案的，超立案量的 50%，这个是不得了的。在我的设想中，不同的情形所导致的责任轻重会有所不同。这是湖南郴州的一个案例，当事人意图通过虚假诉讼规避限购政策。该案的主审法官因为事发获刑 2 年 6 个月。对于法官的追责问题实际上涉及司法责任制履职保障制度。如果其主观上是故意，即协助当事人达成虚假诉讼需要判决结果，那么一定要严厉问责；如果纯粹是法官的业务能力有限导致没有识破当事人制造的虚假诉讼，那么责任应该一分为二。我认为，法官不存在过失的情况下，即当事人所设之局太过精密，法官司法水平即便再高超也不足以识破，因此，不能让法官承担责任；法官的确存在过失的情况下，可以给予适当的责任，但是同时也不能将其作为终身追究责任的依据。

构建一种多元的防范体制，即各部门要互通有无。具体来说，公检法、职能部门、行业协会等各部门之间互相通报，形成一种信息共享机制。失信者的名单是该机制的一种体现。最近几年，最高人民法院承诺要基本解决我国执行难的问题，失信者名单则是其借用的手段。失信者名单利用当下发达的网络系统对失信人进行公布，具有强大的威慑力，给不主动履行法院判决的当事人（"老赖"）造成了极大的心理压力。一年内，大量的陈年积案中被判决承担给付义务的当事人主动向法院要求履行。举个我们法院的案件作为例子。当事人移民加拿大，其在中国的一个民事诉讼中被控拖欠物业管理费，最后被判决承担 3 万余元的给付义务，该当事人拒绝履行。因此，该当事人被列上失信者黑名单，被限制高消费致其不能买机票回国。上述情况很多见，即一直拒绝履行义务的当事人在见识到失信者名单的威慑力后，都主动履行。

检察院也专门就虚假诉讼做很多工作。我们做这个研究的时候，发现各地检察院发表了很多调研文章。这些文章里包括具体的做法，即通过检察院及时介入法院诉讼流程里，发现虚假诉讼，对当事人予以追责。检察院热衷通过部门联动来发现虚假诉讼。下述是深圳龙岗法院通过调解审理结案的不动产纠纷一案（虚假诉讼）。案情是当事人交付房款，起诉开发商没将相应的住房交付并过户，请求法院判决开发商退还房款，审理中，开发商同意将房屋过户。因此进入调解程序，很快就结案了。然而，案件被人投诉，检察院介入。案情水落石出。原来原告要求被告过户的房地产本就不是商品房，而是集资建房；被告不是开发商而是居民小组，而这原告10个人根本就不是集资建房居民小组的成员。他们为了获得该小产权房的产权，就串通居民小组，企图通过虚假诉讼获得房屋产权。小产权房的房价可能就是普通商品房价格的几分之一，但是购买资格有限，购买者也不能取得产权，不易于房产的流转。这就是隐藏在虚假诉讼背后的巨大利益。检察院查到，该案的经办法官就是某一位原告的儿子，后以就滥用职权罪被提起公诉。我要讲的就到这里，一会大家有什么想法可以跟我交流。

**唐力**：谢谢陈斯院长给我们带来这么丰富的信息，特别是介绍了一线法官如何发现虚假诉讼的一些经验。从这样一些虚假诉讼案件来看，我觉得其背后隐藏了一些的巨大的利益。虚假诉讼之所以很多，从这些案件来看，可能是处罚太轻。因为虚假诉讼的违法成本低，那么就使当事人愿意走这条路去获得更大的利益，即使罚款100万元，对公司来讲也是九牛一毛。当事人没有一例是被判刑的，是很遗憾的。在这其中，我们还要反思当事人为什么可以通过虚假诉讼来获得巨大的利益，可能在目前制度设计上还有问题。他们存在考虑利用制度存在漏洞通过虚假诉讼来实现不法利益的这样一个动机。举一个简单例子，我们学校在卖单价大幅低于市场商品房房价的福利房。学校的规则是没有住房的职工可以买一套，同时学校可以保证每位职工都可以买一套。假如有夫妻二人同时是职工，而且想买两套该类福利房，他们就可以虚假离婚。这样一个虚假诉讼，就能给当事人带来巨大利益。这就是制度设计本身激发了当事人的虚假诉讼动机。所以除了陈斯院长谈到的防范虚假诉讼的方法之外，我们还要思考本身容易促使一些虚假诉讼的制度源头。下面，我们进入嘉宾讨论点评环节。

**马登科**：谢谢陈斯院长从一线带来的如此丰富鲜活的案列，并且做了一个非常系统全方位的思考。我的感受也是非常强烈。在我看来，虚假诉讼从目前反馈的内容，都是为了达到一种非法目的。具体来说，目的有三。第一是规避国家司法政策，例如规避"商品房限购"；第二是规避税收，或者说是侵害国家利益；第三是侵害第三人合法利益。这里谈到的侵害第三人的利益的方式，还不足以满足《民事诉讼法》第56条第3款所规定的条件，即案外第三人可以就诉讼标的的独立请求权而起诉参加诉讼。案外人非对某种特定物，享有排他性权利，而是基于另一种类似优先权的情形，比如农民工在财产分配中就满足其工资债权有优先权。开发商通过一系列虚假诉讼转移财产，导致农民工在债权的实现当中有障碍。这其实是另一种情况，符合《合同法》第74条的规定，即撤销权的规定，当事人即便虚构法律关系，但该种虚构的法律关系本身可以说是当事人之间的私权处分，本身应该不违背民法精神。虚假诉讼防范的是基于这种虚构的法律关系导致其他债权人失去了请求能力。此时，我认为《民事诉讼法》第56条第3款是不能适用的，即案外人不属于有独立请求权第三人。具体来说，这种情形应该属于《合同法》第74条规定的情形，叫撤销权的诉讼。这就牵涉到既判力效力的问题，在虚假诉讼中，经过当事人主张和法院确认的法律关系是不是有法律效力，即主文有效和理由有效的问题。根据2015年民事诉讼司法法解释的内容，我认为，判决主文认定的效力，不但对双方当事人有效，而且扩张到对第三人有效。如果严格按照限定既判力主管范围扩张，是只对当事人双方有效的。另外一种情况是，我认为判决或者调解理由中认定的事实，特别是自认的事实，是不具有免证效力的，而是对其他人无效。理由是：如果承认免证效力的存在实际上是利用前面权利的处置导致对后面一个法律关系，一个具体事实的判断。这时候让法官来承受全面审查的职能，不论怎么强化法官的职能，都是做不到的。所以，我认为防范虚假诉讼还是要通过完善我们的诉讼制度来达成。

**唐力：**谢谢马主任从制度构建方面谈了一些看法。刚才的发言当中涉及很多问题，例如虚假诉讼中也看到了法官的身影，也看到律师的身影。一般来说，买卖不破租赁这样的专业操作，一般的老百姓可能是不会知道的，最有可能的就是有律师出主意。下面我们有请包老师。

**包冰锋：**陈斯院长已经为我们详细介绍了虚假诉讼的成因以及应对方法等各方面。我们对于虚假诉讼是不是在我国表现得特别激烈不敢下定论，但确实如马主任说的，我国的虚假诉讼正处在大规模的爆发期。我这学期在韩国做研究，昨天接到这个讲座的题目，也去类似中国知网的韩国知网查询了，得出的结果是韩国学界鲜有人研究这种社会现象。韩国民事诉讼法研究会会刊叫作《民事诉讼》，我查询了刊物中全部文章，也未得到韩国学者研究虚假诉讼的结果，但这肯定不代表韩国没有虚假诉讼，只能说韩国学界对该现象的研究较少。我现在结合自己的研究方向，谈一些自己的看法。陈斯院长有提到，有些类型的案件，可能是有律师来包办的，当事人基本不出庭。这种情况下，最高人民法院《关于防范和制裁虚假诉讼的指导意见》规定，涉嫌虚假诉讼的，应当传唤当事人本人到庭，就有关案件事实接受询问，同时，《关于适用〈中华人民共和国民事诉讼法〉的解释》第110条也规定了人民法院认为有必要的，可以要求当事人本人到庭，就案件有关事实接受询问。我与到西南政法大学来进行培训的法官做过交流，了解到法官对这类的规定应该如何操作并不是很清楚。简单介绍一下，法院认为有必要的时候，可以要求当事人本人出庭，并就案件有关事实接受询问。像陈斯院长说的那种情况，当事人已经委托律师，则当事人可以不用出庭。法院不能作出视为撤诉或者缺席判决的诉讼行为。意图进行虚假诉讼的当事人以期通过雇用律师代理出庭防止自己因为自己的出庭在审理中露出马脚，同时律师也可以编造一系列理由搪塞法官对案件细节的询问。上述最高人民法院的指导意见和司法解释的本意在于，当事人本人出庭接受法官严厉仔细的审查，则很可能会在陈述中出现漏洞。从这个方面来讲，要求当事人本人出庭是一个防范虚假诉讼的方法。

**唐力：** 这种做法的确会有帮助。但目前的民事诉讼法并没有强制原被告出庭的制度，尽管新司法解释新增加了一些内容，却很难强制实施这些制度。陈院长介绍到在一个案例中引入了测谎，问题在于当事人不到庭怎么办？

**陈斯：** 我们会有诉讼风险告知，拒不到庭可能会承担不利后果。

**唐力：** 民事诉讼中测谎很少见。如果测谎行之有效，识别虚假诉讼就相对更简单一点了。下面有请毋老师。

**毋爱斌：** 非常感谢陈斯院长。首先我的个人感受就是，陈院长虽然以一种非常朴素的语言讲述了虚假诉讼的相关问题，但同时也从司法制度、社会联动角度，对虚假诉讼的防治提出了很多全面独特的观点。我认为在上述解决方案中还存在一些问题亟待进一步解决。比如，法院案多人少，识别虚假诉讼耗费的成本与国家现阶段对司法的资源投入是一个矛盾；再者，多部门联动可能使得外部过多介入民事纠纷解决的程序当中，对法官的独立裁判产生一定的影响。在大量涉嫌虚假诉讼的案件中，最后被认定为虚假诉讼的案件却不占多数。我认为这种现象出现的原因可能在于在法官职业保障方面。我个人提出三项对虚假诉讼防范的意见。第一是社会诚信的构建；第二是加大惩罚的力度，以大幅度提高违法成本；第三是对民事诉讼程序的完善。新民事诉讼法司法解释的出台，表明了最高人民法院对虚假诉讼的重视。比如，对妨碍民事诉讼程序的虚假、恶意串通等情形，规定了惩罚制度；对于自认制度，法官现在认为当事人自认的事实与法院查明事实不符的，可以对当事人的自认不予认可。正如包老师刚才的论述，强制当事人到庭对其进行询问，加大了法官在案件审理当中的职权，这与陈院长刚才讲到的诉讼模式的选择不谋而合。

**唐力**：三位老师发表了精彩的点评。下面请陈院长回应。。

**陈斯**：首先是马主任所说的有独立请求权第三人参加诉讼和合同法规定的撤销权的问题，我认为这两项制度不冲突。有独立请求权第三人参加诉讼是诉讼权利的行使；而《合同法》第74条规定的撤销权，本身是赋予合同当事人的一个权利，当事人既可以通过诉讼来主张，也可以不通过。并没有冲突。是权利行使的不同方式。至于马主任阐述的继续完善诉讼制度，完善诉讼制度肯定是积极的，但不太可能做到滴水不漏。现实中，各种制度都非常严密会让老百姓的自由空间变得很小。况且，制度完善到极致可以防患任何一个疏漏也不现实。回归到最原始的层面，虚假诉讼涉及道德层面以及对伦理的诠释。每个人都讲信用才是防范虚假诉讼的关键点，但恰恰思想是不能通过制度来约束的。这是我对马老师的回应。至于包老师提出的当事人出庭的看法，我完全赞同。根据我作为法官的经验，我的通常做法是反复传唤当事人出庭接受询问。我认为，发现虚假诉讼最佳办法就是当事人出庭，然后通过严格的庭审调查事实。当事人是最了解案件真相的人，询问代理律师通常不会得出什么结果的。所以我认为包老师的看法很对。第三是毋老师提到的多部门联动。多部门联动是指发现有虚假诉讼的情况，一个部门通知给其他相关的部门，形成信息共享机制，并不会影响法官独立性。某些当事人是虚假诉讼的专业户，这种职业人不通过这种多部门联动来打击是很难杜绝的。毋老师提到法官发现涉嫌虚假诉讼很多，但是认定并判罚的很少。这里的原因就在于其法官嫌费时费力，并不完全是职业保障的问题。我国的司法架构导致人案矛盾极其突出，法官在这种机制里面起的作用与他可能获得的收益和承担的风险不成比例，难以调动其积极性。另一方面，法官过多的精力花在识别是否是虚假诉讼上，则会导致难以投入足够的时间在正常的案件上。这是个两难的问题。但仅仅归咎于保障制度不足的话，我认为没有抓住根本点。这是我对毋老师的回应。

**唐力**：现在中国民事司法领域当中有两大困难，一是执行难，二是虚假诉讼。

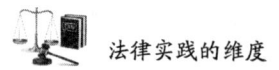

重庆高院宣布基本解决执行难，但是解决虚假诉讼的进程才刚刚开始。我们进入到提问环节。

**提问一**：今天讲到的虚假诉讼，主要是原被告之间恶意串通制造的虚假诉讼。我想问，原告和第三人串通产生的诉讼企图损害被告的利益的诉讼是否属于虚假诉讼？

**陈斯**：并非虚假诉讼。虚假诉讼的一大特点是虚构事实，问题中所描述的情况并非虚构事实。

**唐力**：举例，第三人私刻被告印章并与原告串通，以被告的名义在原告处借钱1000万元，原告起诉要求被告还钱。

**陈斯**：这个例子里原被告没有恶意串通，而虚假诉讼的特征就是原被告恶意串通，损害第三人利益。该例中的情形属于私刻印章，是违法犯罪活动，被告应该直接报警。

**提问一**：如果被告本身就对原告负有500万元的债务，那么例中所属情况属于虚假诉讼吗？

**陈斯**：仅仅是伪造证据。原告与第三人串通将只能证明500万元债务存在的证据伪造成1000万元的。

**提问二**：根据我的理解，当事人可以通过人民调解后请求法院确认调解协议。为什么当事人为了实现非法利益不采用这种方式，而是采用虚假诉讼呢？

**陈斯**：实际上，法官审查人民调解达成的协议往往更加严格。

**唐力**：我发现虚假诉讼和执行难都有一个共同的特点，处罚力度不够。拒绝执行法律文书罪早有规定，但实践中判拒执罪的案例非常；刑法出台了虚假诉讼罪，也很少落实。

**陈斯**：我回应一下唐院长这个疑问。我们多起拒执罪最后不了了之，原因在于该罪公诉提起程序过于烦琐。拒执罪应该由法院直接判罚。事实上，现在的程序是必须先移交公安机关侦查，然后交给检察院起诉，最后由法院判决。公安机关对拒执行为认识不深刻，导致其不愿意接受该类案件，程序从一开始就推动不下去。如果要解决这种问题，法院应当有权在遇到这种情况直接判决，因为我们掌握了扎实的证据。从权力制约上来看，检察院可以行使起诉的权力。如此制度设计可以省去多步程序。如今，大部分拒执案件无法在程序上有进展，这就是原因。

**唐力：** 今天的讲座就到这里。陈院长给我们带来了大量的实践信息，通过这个课题的研究，得出了许多对策，特别是我，在今后的仲裁案件当中，我也按照您的方法去甄别甄别。最后我们以热烈的掌声感谢我们陈斯院长。谢谢各位的参与。

# 10

# 商业秘密案件审判的实践理性

**主讲人：陈　斯**（东莞市第一人民法院院长、教授、法学博士）
**主持人：唐　力**（西南政法大学法学院院长、教授、博士生导师）
**嘉　宾：邓宏光**（西南政法大学民商法学院教授、博士生导师）
　　　　**毌爱斌**（西南政法大学法学院副教授、硕士生导师）
**时　间：** 2017 年 5 月 24 日
**地　点：** 西南政法大学敬业楼 3031 会议室

**唐力：** 今天我们非常荣幸地请到了一位老朋友，东莞第一人民法院党委书记、院长陈斯教授，来给我们作一场实证方面的讲座。在这里我们要特别感谢东莞第一人民法院和陈院长这么多年对我们学生的培养，给予了大力支持，我们每年派到东莞法院实习的学生有 40 个左右，东莞法院给我们提供了很好的实习条件。陈院长今天讲座的题目是商业秘密案件的审判实践理性。

**陈斯：** 我今天的讲座主题，主要是最近做的研究，这个研究是一些类型化的案件。该研究在法院里是从小众案件展开的，知道的人不是特别多。今晚大家可能是抱着新奇的态度来的，后面我们可以深入交流。

商业秘密是反不正当竞争法里面规范的内容。在法院的案件类型里，这样的案件类型比较少，但是现实生活中很多。所以我们在案件处理上，有很多独特的地方，特别是在比较复杂的问题上，如涉及证据方面的，法官本身都存在很大的争议。今天我们就围绕证据方面来展开这个主题。法学院的老师和学生们平时较少参与到商业秘密案件，为了让大家对今天的选题有印象，我先介绍一下什么叫商业秘密。《反不正当竞争法》第 10 条即明确说明，商业秘密是指不为公众所知悉，能为权利人带来经济利益，具有实用性并经权利人采取保密措施的经营信息和技术信息。注意，一个是技术信息，一个是经营信息。商业秘密和其他的类型案件如专利和著作权不一样，不为公众所知悉，能否带来经济利益在实践中比较含糊，界定比较困难，我一会儿举一些案例让大家了解一下。为了和国际接轨，《和贸易有关的知识产权协定》也提到了商业秘密。商业秘密有四个特征，首先必须是秘密，不为公众所知悉，其次是要有价值，能带来经济利益，再次是实用，最后就是要采取保密措施。我接下来要讲的是举证制度和证据分配的问题，所以我一定要把这些问题说清楚，比如什么是秘密，怎么体现它的价值，它的实用性如何来体现，怎么来保密，采取什么措施。什么是保密，这是在诉讼中经常遇到的问题，法官很苦恼，当事人也很苦恼，商业秘密案件与其他案件比，原告的败诉率很高。正常来说，在其他的诉讼中，原告胜诉的概率占70%或80%以上，唯独商业秘密案件，大概有一半的案件是原告败诉。

我们法院这几年受理的此类案件数量不多，但是很有价值，所以我归纳了一下。2012年的时候很多，这两年少了，这和广州知识产权法院的设立有关，技术秘密全部划归为广州知识产权法院管辖，我们法院不再受理，所以我们这里主要是有关经营信息秘密。请大家注意，胜诉率是57.1%，这是我们这里的情况。撤诉率63.2%，这是商业秘密案件的典型特点。为什么要撤诉，因为案件审到后面，原告没有办法举证，感觉赢不了就撤诉了。另一个原因就是如果一直诉讼，很多案件都要驳回诉讼请求。所以，比较其他的民事案件，原告的胜诉率非常低。经过总结，商业秘密案件，一是原告的撤诉率高，二是胜诉率低。在这些案件中，员工泄露商业秘密占比最多，比如很多共同侵权，侵犯技术秘密。另外，和专利、著作权交叉的时候，很难区分哪一些是专利保护、著作权保护，这些案件要到具体案件中才会比较明确，下面我提供几个案例给大家分析。比如在审理的案件中有很多骨干员工跳槽的情况。我们有个案件是这样的。原告是一个经营生产电子秤的厂家，他在国内占的份额很高，他的员工跳槽后，自己成立了一家公司，跟别人合作，生产和原来的东家一模一样的产品。原告起诉涉及商业秘密问题，员工把原来公司生产电子秤的秘密带出来作为股份入股，和原来的工厂进行同业竞争。我们一会儿会提到竞业禁止，原则上公司和员工会签一个协议，就是禁止员工跳槽后在一段时间内经营与原雇主相同的业务，叫员工竞业禁止，

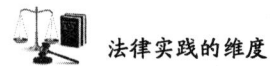

在我们的案件中有很多，同业竞争，股东、高管等案件比比皆是。我列了一下，涉及商业秘密的法律条文主要有《反不正当竞争法》第10条和第25条，《劳动合同法》第23条，《刑法》第219条。什么是商业秘密，用的手段，刑法的规定，这些法条囊括了有关商业秘密的全部规定。

我今天为什么要重点讲证据呢，因为审理案件关键就是打证据。而且证明责任的分配，直接会导致这个案件的胜诉或者败诉。我重点谈审判难点，第一个是诉讼主体的问题。《反不正当竞争法》第2条规定，不正当竞争是由经营者实施的，在这里经营者是这类案件的一个前提，这里说主体可以扩展到法人、其他组织和个人，但是对于个人，限定为从事商品经营或者从事营利性活动。有一个问题，假如我不是从事商品经营或者从事营利性活动，能不能成为这个主体？我举个例子，一个祖传秘方的持有人，比如王老吉，它是广东的一个家传秘方，假如他没有从事经营活动，但他的祖传秘方受到侵害，能不能受到保护，严格来说他不是经营者。还有就是，比如知悉国家秘密的，这些人也不是经营者，他能不能成为主体？第二个是证据的认定问题。商业秘密和专利、著作权的证据问题不太一样，它不强求商业秘密的先进性，有些法院会认定某技术不够先进，所以不构成商业秘密。这是一个很大的问题。其实，只要能带来价值并且采取了保密措施，就能认定为商业秘密，而不一定要认定为先进的技术。

现在讲讲客户名单的问题。客户名单在审理案件的时候经常产生争议。客户名单有时候比较不容易取得，但有些客户的姓名、联系地址和联系方式等却是比较容易取得的，这些能不能作为商业秘密？之所以我要提出客户名单，是因为我们在审理案件的时候经常有分歧，有些案件即使有客户名单，我们最后也没有认定为商业秘密，但有些我们支持了。这涉及个案，也关乎法官个人的理解。通常认为，客户名单除了名称、联系地址、联系方式，应该还包括交易习惯、意向内容，一些客户特殊的方式。上述内容，如果不是单个个体经常打交道，是不知道的，我们经常会认为这是商业秘密，假如缺少这些，我们可能就不能认定是商业秘密。职工在企业履行职务的过程中，可能会获取一些信息，这时候会出现争议，到底这算职工个人所获得的秘密还是应该属于企业的秘密？有时候客户是看人而不是企业的，比如唐院长，我们对他有信赖，我主要是因为唐院长才来跟他合作，而不一定是看企业。如果该员工走了，那可能客户还是会找这个员工。这时候就存在到底构不构成商业秘密的问题，所以个人的知识、个人的积累，跟企业的财富，中间有个重叠的东西。在该重叠上我们怎么来认定。最高人民法院的司法解释对客户名单有个限定，即保持长期稳定关系。我觉得这个限定有点问题，交易次数少的难道就不能构成商业秘密吗？实际上，有时候交易次数不多，却能给企业带来重大的经济效益，这些客户存在的意义更大。所以我们认为，司法解释的限定有点问题。客户名单的限定，不能一概而论，有时候无业务往来的客户也会是潜在的客户。

关于第三方鉴定，也是在商业秘密案中经常会遇见的问题。有时候专业性会很强，法官凭自己的知识没有办法作出评判，这时候就需要有第三方鉴定。在司法实务中也会经常遇到鉴定问题，不同的鉴定机构对同一个事实、同一方案得出的结论是完全不同的。这在司法实践中比比皆是，法官怎么来判定，是一个很大的问题。这里有个案件是我们自己审的，是关于技术秘密的。被告主张不是商业秘密，是市场公知的一个信息，而且技术有很多不同的地方。这时不是法官作出评判，因为法官不是专业人才，不懂，我们就要借助于专业的鉴定机构。我们这次是交给深圳市质量技术监督局下属的一个事务所，最后作出了是商业秘密的鉴定意见。鉴定机构有时候为了赚钱，会更多地倾向于符合当事人的要求出具鉴定意见书。这种司法鉴定的问题，不单单是商业秘密的案件，所有涉及鉴定的案件都存在。西南政法大学也有一个司法鉴定中心，我们有些笔迹鉴定都是交给这里鉴定的。同一件事实，不同的鉴定机构作出的意见可能完全相反。对于司法鉴定在商业秘密案件中的作用有着不同的观点，一种观点认为既然法官不懂，那就必须要鉴定机构去鉴定，而且商业秘密一定要通过鉴定才具备权威性，而不能由法官直接的认定。另一种观点是认为不能完全看鉴定，有些案件法官通过他的经验和常识都可以判断。

举证责任的分配也是这类案件里面比较头疼的问题。最高人民法院的司法解释要求原告的举证责任，一是他对拥有的商业秘密须符合法定条件，即商业秘密是合法的。二是对方当事人的信息或者商业秘密相同或者实质相同。如果说对方侵权，就要跟原告的商业秘密有相同性、同时性。三是对方当事人采取了不正当手段。但是对于不正当手段的举证很困难。为什么说这类案件原告败诉率很高，因为如果对上述三项全部承担举证责任，很多当事人几乎是不可能完成的，包括商业秘密符合法定条件的证据，商业秘密的载体，还有商业价值，和对该商业秘密采取的具体保密措施等。举证责任的问题，现在对原告、权利

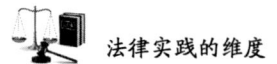

人的要求太高。我们这里还有个案件，实行的是举证责任的转移。原告是一家公司，诉另外一家公司，还有一个自然人黄某某。黄某某是该案中的关键人物，他原来是原告公司的经理，后来去了被告公司，这两家公司属于同类竞争的公司，生产的设备几乎一模一样，但是原告的公司技术更先进。然而黄某某跳槽后，被告公司的业务量大大提升，原告公司的业务直线下降。而且被告的机械设备、产品、技术有明显提高。所以原告认为黄某某侵犯了他的商业秘密，要求被告共同承担赔偿责任。但是被告主张该信息是行业内普遍皆知的，所以不承认这是一个商业秘密。后来，我们认为原告的基本举证责任已经完成，就要求被告证明该商业秘密是行业普遍皆知的。本案存在一个举证责任倒置问题。我们把举证责任分配给了被告，而被告没有办法举证这个是为公众所知悉的，最后败诉。侵权人获取商业秘密的手段具有一定的隐蔽性，权利人要去证明是非法获取，难度很大。四是合理的保密措施。怎样的保密措施才是合理的，也是一个很有争议的话题，在我们的审判实践中也出现很多的争议。最高人民法院的司法解释规定了与其商业价值相适应的合理保护措施。什么是与其商业价值相适应？什么才是合理的保护措施？这很模糊。在现实中很难认定，这个时候实际上就是把裁量权交给了法官。实践中争议最大的是签订保密合同、制定保密规章的措施，是不是构成合理的保密措施。有一种观点认为，只要是合同有约定的，或者保密规章有规定，就构成合理的保密措施。这里我们又有个案件，保密措施主要通过劳动合同、员工守则、保密协议来规范，但是对报价单没有具体的保密措施，都是由各个业务员自己来掌握，最后认定该公司没有采取保密措施。但是类似的案件，有的法院认为只要有劳动合同，有员工守则，就认定为已经采取了保密措施。在这个案件中，虽然原告主张被告是根据原告的报价单去抢的生意，但是我们认为原告没有采取保密措施，就判定这不是一个商业秘密。劳动合同、员工守则，不视为对报价单的合理保密措施。另外一种观点认为，只要能够证明存在保密条款和保密的规章，即便保密内容不明确，也可以视为已经采取合理的保密措施。

我刚才分析了这几类案件的情况，实际上想说的是解决思路。一是要拓宽主体，现在的法律规定把商业秘密侵权行为主体限定为经营者，范围太窄。对于权利主体，国家工商总局规定，任何民事主体都可以成为商业秘密的权利主体。二是鉴定问题。在现在案件审理中，很多鉴定人不出庭，只有一个鉴定意见。

鉴定报告经常出现自相矛盾情况，这时，我们认为最好引入专家辅助人，请一些专家出庭，对鉴定人作出的鉴定意见给出专业意见，这是新《民事诉讼法》第79条的规定。如果没有专家辅助人制度，没有专业人员对鉴定意见来说明，往往会导致说什么都有理。所以我们的意见是要请专家组。三是对原告举证责任，不能够要求太高。我们认为，对商业秘密有个初步证明，且不能够从公开渠道轻易获取的，这时举证责任就可以转移，由被告举证。这是商业保密案件一般采取的方法，叫相同嫁接处理，作为侵权认定的基本方法和思路。四是怎样的保密措施才算合理，各个法院在认定上有很大的分歧。我们认为，如果强求企业针对每一项信息都颁布保密规章，是不现实的，要求太过严格。所以，我认为只要有一定的合理的保密措施，就可以认定这是合理的保密措施。最近要对反不正当竞争法作出重大修改，我们有几个立法建议。一是拓宽法律适用主体，要包括公民和其他组织，不能限定经营者的范围。二是明晰商业秘密的客体，只要具备秘密的价值性、实用性、保密性都应该属于商业秘密，而不应该仅限于经营信息和技术信息。现在的法律规定仅限于经营信息和技术信息，但随着社会不断的在发展变化，每天都有新的情况新的东西出现，只要是符合四个要素的都应该是商业秘密。还有侵权举证责任，侵权举证责任区分不明确是这类案件中最麻烦的，而且它通常使得商业秘密的权益人处于一个非常不利的位置。我们认为，这需要实现举证责任的转移，要明确原被告举证责任的分配。这也是修订稿第22条的规定："商业秘密权利人能够证明对方使用的信息，与其商业秘密实质相同以及他人有获取商业秘密的，他人对其使用的信息具有合法来源，承担举证责任。"这实际上把证明责任向被告进行了转移。我们认为，已为公众所知的举证责任应由被告承担。要求原告证明这个事实不存在，本身就是非常困难的。证明存在是比较容易的，证明不存在是很难的。司法解释列举了六种不为公众所知情的情况，这也为被告反驳原告提供了主要思路，被告对已为公众所知的举证更加方便。还有就是保密措施要求太严格。我们认为，只要是符合条件的，就认为有保密措施。这也是现实生活中常见的情况，企业主要采取这些方式来达到保密措施。程度如何把握，我们发现还是存在很多的争议。在正常情况下足以防止保密信息泄露，什么叫正常情况下足以防止，在现实中是很含糊的，所以这个要进行细化。我们的建议是，商业秘密的范围与其他的补充信息，要有明确的区别。掌握商业机密的人员要限定，保密人员引入要有相关的规定,支付一定的报酬,这是《劳动合同法》第 23 条的规定。假如要求上述人跳槽后不能够参与原行业的竞争,那么就应该支付一定的报酬,让他们能够得到补偿。还有就是电子数据加密以及在外贸合同中要有保密条款。上述列举的这几项,都是我希望在新的修改法案中增加的。这是我今天讲的主要内容,是非常小众的,我估计很多人都闻所未闻,大家理解掌握会有点困难,所以大家有问题可以提,没有问题以后也可以继续交流。今天我只是提供思路给大家,有时候大家做研究写论文不一定都随大溜,不一定找大家都接收最多的最广的,往往写一点类似于这种小众的,可以写出更好的东西,在研究的时候更容易出成果。我就讲这些。

**唐力**:非常感谢陈斯院长给我们带来实践中商业秘密案例审理的信息,在该类案件中,证据问题非常关键,而且涉及证明责任的分配。我对陈院长的一些观点非常赞同,特别是在一些证明中采取一定的措施,比如,某些相关的要件由对方当事人证明,这种分配可能更加合理。当然,我们看到陈院长在审判实践中,实际上是采取了一个降低证明标准,由对方提反证来解决实践难题的方法。立法中可以直接规定由对方当事人直接证明相反事实,这种规定可能更加合理、更好操作。比如环境污染的因果关系,就由加害方来证明,这在《侵权责任法》第 6 条中规定得相当清楚。尽管这个论题比较专业,但是也涉及了诉讼证明中的一些基本内容,包括鉴定的问题,也包括专家辅助责任的问题,这些都是我们学习过程中经常遇到和碰到的问题。我们感谢陈院长给我们的精彩讲座。下面有请嘉宾邓宏光教授做点评。

**邓宏光**:谢谢陈院长的精彩演讲。这对我来说也是一种学习,我们平时上商业秘密法的课程时,如果没有相关案件,就是雾里看花的感觉。当然,我们在看判例的时候也有很多的困惑和很多的疑问,包括实践中的商业秘密问题。第一个问题是是否构成侵害商业秘密,这是关键,在这个过程中秘密性的认定往往是最难的。在秘密的界定过程中就涉及了工资等划定的问题。最高人民法院的司法解释对此有很多规定,但是我估计在实际操作过程中有困难,比如不管是法官还是鉴定机构,掌握的技术支持都可能是有限的,所以,在实践中确实需要有鉴定机构对技术过程中进行比对。对于经营信息,包括客户名单在内的机密信息,那么就只有靠法官综合各种因素来评判认定它是否构成秘密性,因为鉴定机构往往也不能确定,比如,客户名单,名单详细到什么程度的时候才构成了商业秘密，与经营策略等类似的信息在什么情况下可以构成商业秘密。在最高人民法院提审的涉客户名单案件中，一审二审认定不构成商业秘密，最高人民法院在提审过程中就认为，该客户名单相对详细而且不能很容易从外界获得的，就认定该客户名单构成商业秘密。我想请教几个相关的问题，一是在司法实践过程中，我们可能会遇到这种情况——大家都清楚是商业秘密，也采取了相应的保密措施，但是没有跟员工签保密协议，那么在员工跳槽后，员工是不是可以随便做？二是如果签了保密协议，但是离职之后没有给竞业禁止的补偿金，员工是否可以随便做？三是商业秘密中的损害问题，这是个大问题。当侵犯商业秘密构成刑事犯罪且造成损失，50 万元作为报案的标准，那么我们要怎样认定是否符合报案标准的 50 万元。举个"老干妈"的案例，"老干妈"发现外面生产出跟其味道相似的产品。假如一个员工走了，且把配方带出去，那么我们怎样认定他涉嫌犯罪。如果他生产的产量很大，却还没有投放市场的情况又怎么认定？在实践中如果列为刑事案件，对受害人帮助是最大的，但是受制于定罪量刑的标准。

**陈斯：** 第一个问题，关于未签保密协议或者未获得补偿的，我刚才也提到过，这是我们认为的在立法上要加以更新的问题。事实上，对商业秘密的保护，不能限定得太狭窄，尤其是未必一定要签订保密协议。因为在很多时候，公众一接触就知道这个肯定是商业秘密，它符合几个特征，不是随便就能获得的，它一定是这个企业经过多年的积累，比如说客户名单，如果说企业不是一直在做这个行业，去保持跟客户的联系，是没有这个客户名单的。所以不是一定要签了保密协议，客户名单才是商业秘密。正常情况下，对秘密是会根据一些规章制度来明确的。所以我们认为，不能把签订保密协议作为是商业秘密的必要条件。第二个问题是如果没有付补偿，员工是否可以任意使用商业秘密或者进行同业竞争？我认为这是不可以的，虽然劳动合同法规定了要支付适当的补偿，这种补偿主要是因为员工有保密义务，同时在他离职以后不能马上进入同行和原单位进行竞争，确实有这样规定，但是不付补偿金不是随意地使用商业秘密或者进行同业竞争的充分条件。假如没有得到补偿，可以向原单位要求补偿，这和侵犯商业秘密是两回事。不能拿侵犯商业秘密来抵补偿金，这是我的观点。现实中是有这种案件的。有一个员工跳槽后，另成立了一家公司，就和原单位针锋相对，后来这个案件到了法院。他抗辩的主要理由就是自己离开原单位时没有获得任何补偿，所以就可以这样做。我们法院认为这样不行，未获得补偿不是可以侵犯商业秘密的条件。假如没给补偿金，可以要求给。

**提问一：**如果侵权人已经大量地生产了侵犯商业秘密的产品，虽然没有上市，也应该算在侵犯商业秘密造成的损失里面，不能说没有销售就不算权利人的损失，这是我个人的看法。

**邓宏光：**这可不可以比照知识产权犯罪，比如商标中非法金额的计算——已经销售了的产品，怎么算金额，如果没销售的半成品又怎么算。当然，在实践中我们接触的刑事案子过少，所以说不是太全面。

**陈斯：**是这样的，知识产权犯罪案件涉及的专业性很高，公安机关不太愿意介入，很多案件都不受理。如果公安因为立案侦查，自己不懂，就要去找专家，找专家就要提供费用，而且时间很长。还有我刚才提到的鉴定问题，同样会出现在公安机关的侦查中，不同的鉴定机构对同一个事实得出完全相反的结论，这时公安机关就无所适从不知道听谁的。现在的商业秘密案件很难立案，除非是大企业，比如像腾讯。第二个就是国企和央企，这些会比较重视。第三个是领导要办的，这个事情必须要办。除此之外的案件很难立案，这是我们了解的情况。我觉得你说的有道理，因为金额最好有一个评估。成品评估价值多少，半成品评估价值多少，只要达到一定数额就可以构成犯罪。

我有一个不成熟的想法想和前辈、老师分享或者说请教，就是关于如何认定商业秘密。从商业秘密的构成要件上来讲，第一个是非公开性。关于非公开性，我认为是商业秘密三个构成要件中唯一一个需要司法鉴定的。在西南政法大学司法鉴定中心有商业秘密鉴定，鉴定的主要内容就是这个商业秘密是否算公开，或者它的公开程度。第二个是关于商业秘密的价值性和实用性，即商业秘密能否带来经济利益的问题。是否可以带来利益或者是不是一种法益，我认为这才是法院应当认定的，具体的我一会儿来说。第三个就是关于保密性的问题。商业秘密的保密性，我认为应当这么来理解：不能仅仅从证据法的角度，也不能仅仅从司法的角度，应当结合反不正当竞争法和知识产权法的关系。我们一向鼓励知识的传播和流通，因此，如果可以申请知识产权就应当去申请知识产权，但是为什么大多数的企业最终选择了商业秘密的方式来把控呢，是因为商业秘密的保护确实有它的好处，比如，它可以延长甚至把自己的秘密永久地保留下去。但是，欲戴皇冠必承其重，无论是企业还是个人，要选择商业秘密就应当做好风险的预备，这个不应当由法律来帮助认定或者由国家来埋单，原告如果起诉就应该对此承担举证责任，法官不应当在认定过程中随意分配证明责任，因为证明责任的分配就意味着败诉的可能或者天平产生倾斜。

**陈斯**：首先我提一下，一个信息是不是商业秘密，从来都不只由法律来决定。是不是商业秘密，只能到具体的个案来认定。实际上在很多时候，是学者向我们论证了这个是商业秘密。为什么会出现你认为只有法院才能判定呢？因为个案来到法院，法院对此必须要作出一个裁判，法院不得不管。另外，关于法律措施，你认为不能够由法官来分配举证责任。实践中，法院的民事审判均存在这个问题，无论同不同意、承不承认，都要有人承担举证责任，如果没人承担举证责任，诉讼就没办法进行。所以有时候，举证责任不是法院自己想要分配，而是它的责任和义务。诉讼法规定，法院不得拒绝裁判，为了裁判就要分配举证责任。你认为原告应该做好保密措施，我们也这样认为，但是在现实生活中有无限可能，有些人就是没有做好，那这个时候怎么办呢？在案件处理的时候，我们就会通过分配举证责任来确定案件的胜败。并不是法院主动一定要去做什么事情，司法从来都是被动的，没有什么主动要去做的事情。但是在案件到了法院后，裁判就成了法院的责任，必须要做认定，就必须要作出责任的分配。

**提问三**：我有两个问题。第一个就是民刑交叉的问题。民事责任和刑事责任在此有一些小范围的重合。第二个问题就是举证责任，上面讲的侵权案件，新的诉讼法规定相同性是原告来举证，这涉及一个问题，这到底是举证责任的转移还是举证责任的减轻。也就是说，如果原告证明了相同性，那被告就必须要举出一个反证来削弱它的这个效力。

**陈斯**：商业秘密案件肯定有民刑交叉，但是交叉在什么地方呢？那就是管理的标准和损害的程度。实际上，现在我们处理绝大部分商业秘密案件，都是通过民事诉讼来完成的，虽然理论上如果能进入刑事部分，威慑力很大，但是现实中，就如我前述提到的：第一，立案很困难。有时侵害数额很大，而且手段非常恶劣，这完全可以构成刑事案件。但因为这是自诉案件，需要当事人自己报案，不能直接移送公安机关。但是在司法实践中，法院正在处理的民事纠纷，公安机关很少会受理为刑事案件，非常少，我基本上没见过。第二，关于相同性和接触。这两项实际上是举证责任的分配，按照以前的规定包括司法解释，把举证责任全分配给了原告。但是刚才提到了，如果把举证责任全部交给原告，实际上对商业秘密的保护是非常不利的，因为原告无法举证完全。这时就需要修改，新的修订稿重新分配了举证责任，这样对商业秘密权利的保护是更有利的。

**唐力**：法学是一个实践性非常强的学科，5月3日习总书记在中国政法大学的讲话也如此谈到。所以说，我们期望像今天这样的实践性讲座能够更多地开展，希望陈院长大力地支持我们。我们以前做过的法官、检察官走进课堂，这一年稍稍有些减少，今后在这一方面还要加加油。现在，本科、硕士同质化的趋向是非常严重的，某些本科阶段已经讲过的到了研究生阶段还在讲，特别是听同一个老师讲，这个问题值得反思。而且，我一直对研究生天天上课有很大的看法。不管是本科生还是硕士研究生，不管是学术型的还是专业型的，大多数同学都要从事实践，包括所谓的学术型研究生，估计最后也不是做学术，所以我们应该加大实践的力度。今天法学院选了这样一个稍稍专业一点的主题，我们就感到束手无策，甚至连问题都很难找到，今后我们应该加强实践的强度，要不然出校园后学术没有做好，实践也不懂。最近学校还要做一项改革，开设"面向基层的法律实验班"，从2016级学生中选拔，法律专业和非法专业都可以，然后配置到应用法学院，就培养学生到基层做法官，可能是员额制的要求。当然，老师是集全校的力量，在全校选任而不是应用法学院一家来配备。今后，法学院也应该加大实务教育和实践教育的力度。特别希望今后陈院长能把你们优秀的法官派到我校开讲座，我们下学期好好做一些这方面的努力。

**陈斯**：补充一下，我这次为什么来讲这个，我就是想做一个尝试，专门讲一些大家不懂的，看大家能不能批判我，因为我在西政经常接受批判的，我越是讲热门的话题，批我的人越厉害。于是我讲一些大家都不懂的话题，批判的人就很少了，感谢大家。

**唐力**：其实西政办学有两大特色——物质教育和论辩文化。上周，我校广东校友会王波会长以及一个常务会长，专门到学校跟我们交流，其中值得我们反思的就是刚刚陈院长谈到的批判问题。现在的学生在批判的路上走得太远太过，经常批评人。王波是律所主任，他们做了一些改革让大家提意见，有中政的、有西政的、有华政的、还有中南的，说这个不对或那个不对的全是咱们学校提的。王波就说，你说我不对，你提出建议。没有建议，反正就不对。他说这种批判精神现在已经不是批判而是批斗，感觉就不好，是很难与人相处的。

我觉得这很有道理，大家应该学着去理解，在批别人的时候可能自己观点本身就是错的，为了批斗他而批斗他，并没有想过如何对自己的观点进行论证。我们的论辩文化要有新证。

**陈斯**：其实我很享受批判的过程，但是我也非常赞同唐院长刚才说的，批判是其次的，建设性意见，比如提出更好的观点或者另外一种方法才是关键。就像刚才那位同学，虽然我不赞同他的观点，但是他敢于提出自己的观点，我觉得非常好。即不能只批判，批了就完事。如果自己没观点，那就不是好的批判了，纯粹是为批判而批判，批判之后再建设才更有价值。

**唐力**：我觉得可以争论。

**陈斯**：对。

**唐力**：我读书时，有位同学上台讲司法改革与法律文化，之后我上台就说我最讨厌讲文化的人，完了学生鼓掌。厦门大学诉讼法学专业的齐教授，他很怕来西政。有一次他来讲，我和孙长永以及另外几个人做点评嘉宾，我先点评，然后有人上去就说，齐老师讲了这么久，我一点也没听懂，比较混乱，还没有刚才唐教授说得清楚。这让齐老师一晚上都没睡着，凌晨四点钟给我打电话——睡不着，心里压抑。所以我们可以争论，不要去批斗，要有建设性的意见和观点，我希望我们今后的学术讨论都是这样的。自己不赞同对方什么观点，不要只骂人而自己没有任何观点，包括将来工作了，千万不能只说不对而无建议。咱们学校的老师也是这种性格，说学校不对，问有什么意见时又说没意见，反正就不对。这肯定就不好，这不是抱着一种学习的态度。好，今天就讲到这里，谢谢陈院长。